中浦院书系·**案例**系列　总主编　冯 俊

领导案例丛书　主编　奚洁人

领导心理调适案例

郑日昌 编

人民出版社

《中浦院书系》总序

中国浦东干部学院(简称中浦院,英文名称为 China Executive Leadership Academy, Pudong,英文缩写 CELAP)是一所国家级干部教育院校,是由中组部管理的中央直属事业单位,地处上海市浦东新区,上海市委、市政府对于学院的建设和发展给予了大力支持。2003 年开始创建,2005 年 3 月正式开学。学院开学之际,胡锦涛总书记发来贺信,提出要"努力把学院建设成为进行革命传统教育和基本国情教育的基地、提高领导干部素质和本领的熔炉以及开展国际培训交流合作的窗口",以及"联系实际创新路、加强培训求实效"的办学要求;习近平同志希望中国浦东干部学院"按照国际性、时代性和开放性要求,努力加强对学员进行马克思主义最新理论成果的教育,进行改革开放和社会主义现代化建设新鲜经验的教育,在帮助学员树立国际视野、提高执政能力方面更有特色"。学院紧紧围绕党和国家的工作大局,依托长三角地区丰富的革命传统资源和现代化建设实践资源,把党性修养和能力培养、理论培训和实践体验结合起来,紧扣改革开放、走中国特色社会主义道路的时代精神这条主线,坚持创新发展、特色发展、错位发展,走出了一条现代化、高水平、具有自身特色和优势的培训新路子,在国家级干部教育培训格局中发挥着不可替代的独特作用,得到广大干部的好评和社会的广泛认可。

《中浦院书系》是基于学院办学特点而逐步形成的,也是过去 10 年教学成果的积累。为适应干部教育培训改革创新的要求,学院在培训理念、教学布局、课程设计、教学方式方法等方面进行了一系列的新探索,提出并构建了"忠诚教育、能力培养、行为训练"的教学布局。忠诚教育,就是要对干部进行党的理想信念教育和世界观、人生观、事业观教育,教育干部忠诚于党的事业,忠诚于国家和人民的利益,忠诚于领导者的使命和岗位职责,围绕马克思主义中国化的最新成果开展基本理论教育。能力培养,就是要着力培养干部领导现代化建设的本领。建院以来,学院着力加强领导干部推动科学发展、促进社会和谐能力的培训,尤其在改革创新能力、公共服务能力、社会管理能力、国际交往能力、群众工作能力、应急管理能力、媒体应对能力方面形成了独具特色的系列课程。行为训练,就是通过必要的角色规范和行为方式训练,对领导干部进行岗位技能、行为品格、意志品质和心理素质的训练,比如时间管理技巧、情绪控制方法、媒体应对技术等,通过采取近似实战特点的行为训练,提高学员的工作技巧和岗位技能。学院在办学实践中逐步构建起课堂讲授、互动研讨、现场教学、案例教学、研究式教学、情景模拟式教学综合运用、相得益彰的培训特点。

《中浦院书系》包括了学院在教学科研过程中形成的如下几个系列。

大讲堂系列。对学院开设的讲座课程进行专题整理,形成了《改革开放实践与中国特色社会主义理论体系》、《全面提升开放型经济水平》、《城市经济结构战略性调整》、《城市创新驱动发展》、《城镇化与城乡发展一体化》、《国企改革与发展》、《生态文明建设》、《加强社会建设和创新社会管理》、《党建改革与创新》等 28 个专题。学院特别强调开放式办学,师资的选聘坚持"专兼结合、以兼为主"的原则,从国内外选聘具有丰富领导经验的官员、具有较高学术造诣的专家学者以及具有丰富管理经验的企业家作为学院的兼职教师,尤其注重聘请那些干过并干好事情的人来培训正在干事情的人。目前,学院已形成 1000 余人的相对稳定、不断优化的兼职教师队伍。大讲堂系列所选入的专题讲座,只是部分专兼职教师的精彩演讲,这些讲座内容不仅对广大领导干部的学习具有参考价值,而且对那些热衷于思考当代中国社会热点问题的人也有启发作用。

案例系列。案例教材是开展案例教学的基本条件,为促进案例教学,学院立足于构建有中浦院特色的案例教学模式和干部教育的案例库。目前已经完成了包括《领导决策案例》、《高效执行案例》、《领导沟通案例》、《组织文化案例》、《组织变革案例》、《危机管理案例》、《教育培训案例》、《领导心理调适案例》八本案例集。建院十年来,学院非常重视开发、利用和积累鲜活的和富有中国特色的案例,把案例开发和教学紧密结合起来,初步形成了案例开发与应用的新机制。学院通过公开招标,设立了十多个教学案例研究开发课题,并将案例及时运用到教学中去,"危机决策流程模拟"等一批案例教学课程受到学员欢迎。2009 年,学院设立了"改革开放经典案例研究"专题项目,"基层党建优秀案例征集与评奖活动",2012 年又进行了"科学发展观案例"的收集与整理,采取与社会各方面力量合作的方式,进一步丰富了学院教学案例库。

论坛系列。学员在干部培训中的主体地位越来越受到重视,在各专题班次上我们组织学员围绕主题展开讨论,变学员为教员,成为中浦院课堂的主角,形成了具有中浦院品牌特色的"学员论坛"。比如,省部级干部"应对金融危机、保持经济平稳较快增长"专题研究班,"建设社会主义新农村"专题班,"现代城市领导者专题培训班",还有西部开发、东部振兴、中部崛起等区域经济社会发展专题研究班,中央直属机关各种专门工作的特色专题班的学员,他们熟悉其所在领域的工作,对问题有独到的见解,他们走上讲坛,作出精彩的演讲,既活跃了学院培训工作的氛围,也为学院今后的相关培训提供了鲜活的素材。

研究报告系列。学院提出"科研支撑和服务教学"的发展战略,鼓励教师积极参与科研工作,组织了系列研究报告的编撰工作。如:《中国领导学研究报告 ·2006—2008》、《中国干部教育培训发展报告·2009》、《公共危机管理典型案例 ·2009》、《公共危机管理典型案例·2010》、《公共危机管理典型案例 ·2011》、《公共危机管理典型案例·2012》等,这些研究报告是我们追踪学术前沿,进行理论探索的结晶。

在我们未来的发展中,也许还会增加国外学术成果的翻译系列,和当代中国研究的英文系列,待准备成熟之后逐步推出。

总之,《中浦院书系》是一个开放式的为干部教育培训服务的丛书系列,是体现中国浦东干部学院特色的学术成果集。参与"书系"编写工作的不仅仅是中浦院的教研人员,而且包括社会各界关心中浦院发展的领导、学者和实践者。当然,还有学院的学员、兼职老师以及很多关心支持中浦院工作的人士,他们为"书系"的出版也做了大量工作,不能一一列举,在此一并致谢。这项工程得到了人民出版社领导、编辑的大力支持,他们为"书系"出版付出了辛勤的劳动,在此表示衷心的感谢。

中国浦东干部学院常务副院长

冯　俊

2014 年 1 月

中浦院

中浦院书系

《中浦院书系 · 领导案例丛书》序

　　案例教学也叫实例教学或个案教学。案例教学的历史渊源可以追溯到我国春秋战国时期和古希腊哲学家、教育家苏格拉底的"问答法"教学。西方近代教育中，案例教学在法律教育和医学教育领域较早地得到应用，至于在管理学或领导者教育培训方面的应用直到本世纪初才出现在美国哈佛大学商学院。我们知道，1908 年，哈佛大学创设工商管理学院，由经济学家盖伊（Edwin F. Gay）担任首任院长。在他的倡导下，在教学中更加重视理论与实践的联系，并加强了教学中教师与学生的讨论、互动。从1909 年至 1919 年，常常有一些实际部门的经理应邀到教室作报告并被提问和要求介绍分析他们遇到的问题及其解决的办法，讲述他们自己的故事，提供相应的材料，学生们也必须积极参与讨论，对此提出自己的意见，可以说这就是案例教学在商学院的最初应用。案例教学包含有两个基本条件：一是要有一个特定形式的教学材料（案例）；二是在教学中师生共同使用这些材料（案例）的互动合作过程。因此，一方面，教员有责任选择教学所需要的材料（案例），掌握在教学中熟练地运用这些材料（案例）的技能。另一方面，学员们有责任在课前就熟悉这些材料（案例），以便在课堂上在教师的指导下参与讨论，对这些材料（案例）发表自己的意见。显然，在案例教学中，除了教与学的主体以外，案例就成为教学的核心载体和媒介。所以，案例教学方法必然地催生了对于案例教材的需求。1920 年 9 月，由著名的营销专家奥兰德（Malvin T.C. Opeland）教授改编的商业方面的案例在哈佛商学院编辑出版，这就是第一本正式出版的案例教材。1921 年，哈佛商学院经教授投票，把这样的教学方法正式定名为"案例法"（case method），意味着案例教学的正式推行实施。

　　毫无疑问，现在案例教学法已经被广泛应用于全球各个国家和地区，广泛应用于各种类型的教育教学中，实践证明案例教学也是适合领导干部教育和培训的最重要的教学方法之一。案例教学是在教师的指导下，根据教学目标和内容的需要，通过对一个个含有矛盾冲突的具体教育情境的描述，组织学员对这些典型案例进行分析、讨论，从而激发和提高学员的学习主动性和积极性，启发和训练学员对案例涉及的"命题"进行思考、辩论和推理，并提出各种建设性的意见和建议，达到共享智慧、启迪思想以及价值引导的目的。因此，作为一种教学方法，案例教学有利于促进教师主导作用和学员主体作用的发挥；有利于改进教师课堂讲授和学生课外学习的效率；有利于提高学生分析和解决问题的能力；有利于培养团队合作精神；有利于促进教学中理论与实践的结合以及提高教师教学研究的水平。此外，案例教学一般对学员的知识储备和自身经验积累具有比较高的要求。这些特点和要求，使案例教学成为创新干部教育培训方式方法的重要途径，并日益显示出它在干部教育培训中的独特优势，也愈来愈受到广大领导干部的欢迎和有关部门的重视。

　　党的十七大强调，以改革创新精神全面推进党的建设新的伟大工程，必须把党的执政能力建设和先进性建设作为主线，必须落实到提高各级领导干部的素质和本领上来。2008 年 7 月中共中央召开的全国干部教育培训工作会议，明确将现代领导科学知识的培训列为提高领导干部知识素养和实践能力的重要内容，并进一步强调了要通过创新培训方式等途径推动和落实领导干部提高领导科学发展、服务人民群众、应对突发事件和驾驭复杂局面的能力。而案例教学正是以学习者为中心，以解决现实问题为导向，让受训干部在体验各种案例的实际情境基础上，展开思考、分析，通过学员之间、教学之间的互动、讨论，形成开放式的系统思维，进而得出科学、合理的解决方案和应对措施，本质上是一种实践性、模拟性的能力训练和价值引导。因此，加大案例教学在干部教育培训中运用的力度，既是当前干部学习成长的现实需要，也是干部教育创新，提高干部教育培训的针对性、有效性的必然要求。

如上所述，案例教材是开展案例教学的基本条件和核心要素之一。我们组织编写的这套《领导案例丛书》（八册），作为一套以开展领导学理论教学、提高干部领导能力为重点的系列教材，就是为贯彻落实党的十七大精神，适应当前干部教育培训创新的需要，以科学发展观为指导，为领导科学的理论学习和研究提供各类典型案例，目的是通过案例学习帮助领导人才更好地掌握领导工作的规律，强化战略思维能力和领导素质，提升领导水平和领导艺术，促进各级领导干部执政能力的提高。本丛书根据新的历史条件下对领导干部素质和能力的具体要求和所面临的现实问题进行设计、策划，力求体现时代性、针对性和实效性，围绕领导者经常面对的决策、执行、沟通、组织文化构建、组织变革、危机管理、教育培训、心理调适等八个方面的重大课题，通过大量成功和失败的经典案例进行精心编排，系统呈现，以期给各级各类干部教育培训机构及其教研人员提供一套进行案例教学较为实用的参考教材，同时也为广大领导者奉献一份资鉴珍藏、研修学习领导学方面的阅读资料。

本套《领导案例丛书》的总体设计和案例选编，遵循三个原则：一是坚持理论性原则，即强调学习理论、掌握理论和运用理论相统一的原则。案例教学虽然是一种实践性很强的教学方法，但仍然不能没有理论。如果离开了理论，或者在案例学习中不能达到理论的升华，就会停留在"故事描述"或"就事论事"的层面而缺乏普遍指导意义。所以本丛书的每一分册，都融入了相关的理论，或依照一定的理论框架进行案例的编排，以便于教学者通过本教材的运用，加深对相关理论的理解掌握，并提高应用能力。二是坚持典型性原则。案例教学的成功进行，不仅需要教师的功力和学生的主动参与，其重要前提是对于案例本身的选择和加工。作为教学载体和媒介的"案例"，必须具有典型性。这里的典型性，首先是指具有真实性，是那些已经发生过的真实事件。但是，并非所有发生过的事都可以用于案例教学，所以其次，案例必须具有故事性，也就是说事例本身具有内在的矛盾性，而且一般地讲这些矛盾还应具有其复杂性和不确定因素，这样才能在教学中引起思考和讨论，起到思维训练、能力培养的作用。其三它的典型性还表现为合规律性和具有可借鉴性。从理论上说，任何一种典型（包括事件和人物），都是一般与个别、特殊和普遍的矛盾统一，作为教学案例，正因为它具有特殊性和个性，才更加丰富生动，富有教学感染力，同时正因为它具有普遍性，合规律性，才会具有更多的借鉴意义和学习价值。三是坚持导向性原则。教学案例是发生在过去的事情，而案例教学的目的是为了解决现实的或者是未来的问题。因此，案例的选择和运用必须强调和坚持现实导向和未来导向的原则，否则就失去了它的教育学意义。另外，案例教学总体上说是一种以能力培养为重点和核心的教学方法，但是不可忽视其正确的价值导向功能，因为领导能力决不等同于一般性的技术或技能，它总是蕴含着一定的价值取向，服从和服务于一定的价值目标和教学目的，领导教育应该始终把正确的价值引导放在重要位置，贯穿在各个方面。案例教学正是可以以更加生动和直观的形式实现这样的教学目标。可以说，本套丛书的编写正是根据以上原则认真进行的。

中国浦东干部学院从创建开始，就十分重视案例教学方法的运用，并根据学院"忠诚教育、能力培养、行为训练"的培训理念和"课堂讲座、现场教学、互动研讨"三位一体的教学模式，积极探索创造具有自己特点的案例教学方式方法。因此，在本丛书编写过程中，我们经过认真筛选，选择一部分有代表性的现场教学点教学资料，经过改写后作为案例收入，这也是本丛书的特点之一。

《领导案例丛书》一共八册，其主要分工和内容安排如下：

领导决策是领导者的一项基本职责，也是一个复杂的动态博弈过程，包括发现问题、确定目标；集思广益，拟定方案；分析评估，选择最佳方案；实施方案、完善决策等阶段。《领导决策案例》通过典型案例呈现决策制定的各个阶段以及每一个阶段可能涉及的各种策略，比较各种决策模式在不同组织、不同情境下的应用，使领导者体会到个人应对不确定性的不同思维模式和行为方式对组织的重要意义，增强领导者决策风险管理意识，提升领导者有效决策的能力。

《高效执行案例》强调执行是进行战略分解、采取行动、实现目标的系统流程，通过提供不同战略执行过程和结果的典型案例，探讨将理念转化为现实、计划转化为行动、决策转化为操作、目标转化为任务的具体行为和技术体系，使领导者通过构建一体化的战略执行体系，打造组织核心竞争力。

《领导沟通案例》通过典型案例呈现组织沟通过程中人与人之间的相互作用和信息交流的模型，探讨有效沟通方法，分析沟通心理，优化沟通渠道，减少沟通障碍，控制和管理沟通不畅造成的误解和冲突，提升领导者的沟通能力。

《组织文化案例》通过典型案例呈现组织文化的不同类型以及组织文化的建设过程，使领导者不仅能够识别组织文化的存在形式，还能注意提倡和发扬组织中优秀的传统和精神，摒弃和消除组织中不良的观念和风气，从而培育和塑造适合组织发展需要的优秀组织文化。

《组织变革案例》通过典型案例呈现组织变革的主要内容以及组织变革过程中的动力因素和阻力因素，使领导者在掌握组织结构构成要素的基础上，进一步理解组织变革的各种系统模式，探讨进行有效组织变革的方法和途径，提高领导者进行组织变革管理的能力。

领导者如何对危机进行管理，决定了能否抓住危机中的机遇。《危机管理案例》提供的经典危机管理案例，为领导者呈现有借鉴价值的危机管理例证，探讨如何在危机中求生存并从它所展示的机会中获益。

全球化、多样化、技术和伦理的挑战为领导者的知识更新提供了独特的机会和威胁。《教育培训案例》通过案例呈现领导者在职业生涯的不同阶段接受教育培训的不同要求，比较个体学习和群体学习的不同效果，探索成为学习型领导人才和建设学习型组织的途径，提高领导者人才终身学习的能力。

《领导心理调适案例》通过典型案例呈现领导心理对个人及组织发展的影响，探讨领导者的压力来源、压力导致的后果以及预防性压力管理的各种方法，使领导者对自己的心理有客观科学的认知，通过不断地反省和调适，减少社会知觉障碍，提高自我监控、自我管理的能力，提升心理健康指数，促进领导者身心的全面健康发展。

根据干部教育培训创新的需要，从领导学的学科视角和当前领导者面临的重要现实问题着眼组织编写《领导案例丛书》，还是一种初步的尝试和探索。由于在国内案例教学的理论与实践的基础相对薄弱以及编著者的水平、能力有限，丛书难免存在着许多不足，敬请读者不吝赐教指正。需要特别说明的是，本套丛书的案例来源，除我们编者自行采访编写外，也参阅、选用和改编了大量公开出版的著作、报纸、期刊和网络或其他方面的有关信息资料，大部分已在书中分别注明，在此我们对所有案例和资料的原作者，表示衷心的感谢！

本丛书由中国浦东干部学院教研部、科研部和领导研究院组织编写，参加丛书编写的作者都是中国浦东干部学院的教研人员。丛书的编写和出版得到了学院领导以及内设机构负责人等有关领导、同事的关心和支持，得到了人民出版社领导的大力支持，政治编辑室负责人张振明同志以及各分册的责任编辑为此付出了辛勤的劳动，在此一并表示衷心的感谢！

奚洁人

2009 年 12 月

中浦院书系·领导案例丛书

目录

目　录

前　言

任何群体都有领导者。领导者的心理调适能力不但影响身体健康和事业成功,影响个人和家庭的幸福,更影响群体乃至社会的和谐发展。

这本《领导心理调适案例》是中国浦东干部学院策划并组织编写的《领导案例丛书》的一册,目的是为各级各类领导者特别是为领导者培训机构的学员提供一本参考读物,希望有助于提高领导者的心理调适能力,以促进其心理健康。

本书案例素材均取自真人真事,涉及的领导者主要是国内的,也有少量国外的;既有党政干部,也有企事业单位管理者;既有通过当面或电话访谈的原创案例,也有根据报刊杂志和网络资料改编的案例。为了加深对案例的理解,在全书开头的总论中简要阐述了领导者心理健康及心理调适的重要意义,并介绍了近年来国内对领导者心理健康的有关研究。为了方便阅读,在正文的案例部分分别从工作、人际、危机、生涯、身体、家庭、反腐等几个方面通过实例分析了领导者常见的心理压力及应对策略,尽可能翔实地介绍了一些可操作性强的调适方法,并在每篇前边提供了有关背景知识。

本书编写者除我在中国浦东干部学院领导研究院的同事外,还有北京师范大学心理学院的博士生和硕士生,其中王瑞同学协助我做了大量组织协调工作。在本书付梓之际,编者对各案例主人公及参考资料的原作者致以诚挚谢意!

由于领导者的特殊性及条件所限,编写此书难度之大可想而知,资料疏漏和分析缺憾之处在所难免,企盼各位领导及广大读者批评指正,不吝赐教。

中国浦东干部学院

领导心理与素质测评研究所

郑日昌

总　论

一 | 领导者心理健康的意义

中共中央机关刊物《求是》杂志 2005 年 6 月刊载文章指出,干部的心理健康问题,是当前干部工作中需要引起足够重视和认真对待的一个问题,要把干部心理素质的考察作为选拔任用干部的重要依据。

◢ 心理健康的内涵及意义

心理健康是影响身体健康的重要因素,是每个人应对竞争、成就事业、获得幸福的基本保障。心理健康的人能够以积极、有效、平稳的心理状态,来应对自己以及周围环境的变化。

对于什么是心理健康,历来有许多不同说法。国内外学者都做过比较深入的研究,从医学、生物学、社会学、心理学等不同角度进行过探讨。比较一致的观点认为,心理健康即是一个人所具有的良好心理状态和社会适应能力。

心理学家英格里斯(H. B. English)做出的定义是:"心理健康是指一种持续的心理情况,当事者在那种情况下能够进行良好适应,具有生命力,并能充分发展其身心的潜能。"

马斯洛(A. H. Maslow)将其归结为充分的安全感,充分了解自己,并对自己的能力作适当的评价,能保持人格的完整与和谐,具有良好的人际关系,适度的情绪表达及控制等方面。

罗杰斯(Carl Rogers)提出心理健康的人有五个特点:能接受一切经验;可以时刻保持生活充实;信任自己的机体;感觉自己有自由感;具有较高的创造性。

哈佛大学一直从事对高心理健康水平者研究的奥尔波特(Gordon W. Allport)认为:心理健康的人即是"成熟者",他们不受无意识力量的控制,也不受童年心灵创伤或冲突的控制。

　　虽然心理健康的定义没有统一的答案,但它对于个体的重要意义是毋庸置疑的。心理健康无论对个体还是对社会的意义都是深远的。它有助于身体健康,有利于事业的成功,有利于群体心理环境的优化。心理健康的个体能够很好地适应环境,可以充分发挥身心潜能,且与社会有着和谐的关系。心理健康的人有着乐观的情绪,可以积极地应对各种变化,有着稳定的人际关系,心理健康是获得人生快乐、实现理想追求的根本保证。

　　领导者作为特殊的群体,是否有良好的心理健康水平意义更加重大。美国心理学家吉伯(C. A. Gibb)在其研究报告中指出:领导者应具备智力过人、自信心、心理健康、外向而敏感等 7 个特征。领导者心理健康状况的优劣,直接影响着其领导行为的正确与否,直接涉及组织的发展、社会的稳定、人民的幸福,甚至会直接影响到党和国家的前途命运。

✐ 领导者心理健康现状

　　资料显示,全世界以及我国目前有不同程度心理障碍和各种心理疾病者约占人口总数的 1/5。心理健康问题是一个普遍的重要的社会问题,也是目前各行各业非常关注的问题,并已经成为 21 世纪全球关注的焦点。

　　由于我国目前正处于社会全面转型时期,随着改革的不断深化和市场化进程的加速,各种竞争非常激烈,人们的工作、生活节奏普遍加快,各种压力不断加大,由此所产生的心理障碍、心理疾病也逐渐增多。

　　领导者作为管理社会公共事务和企业及其他组织的特殊群体,无疑也面临着如何调整心理平衡和注意心理卫生的问题。目前领导者中各种心理障碍和心理疾患者有逐年递增的趋势。例如,安徽省黄山市委党校对所属三区四县 100 多位干部进行心理健康问题调研,发现干部队伍普遍存在较大的"心理压力",存在一定程度的"心理不平衡"和"心理疲劳",存在一定的"浮躁"和"压抑"心理及"焦虑"和"忧郁"情绪。[①] 其他一些地区对这一问题的调查也在不同程度上表明了领导的心理健康状况值得担忧。近年来

---

① 《析领导干部的心理压力》,《学习时报》第 311 期。

对领导心理健康状况调查显示:各级领导普遍存在不同程度的心理问题,领导者在应对各种工作及其他压力时一旦达到其意志力难以控制的程度,轻则难以处理好各种关系,影响工作成效,重则可能会贪污和腐化堕落。剖析一些干部之所以走上违纪违法的邪路,我们会发现,除了客观上监督机制不健全,主观上理想信念动摇,世界观、人生观、价值观发生扭曲外,有很多是由于心理方面出现问题。如有的人认为一些人与自己相比能力不强,贡献不大,但权位显赫,于是自己由不服气、有怨气到赌气,再发展到因心理失衡而利用职权贪污腐化,最后断送了自己的政治生命。有的领导者盲目从众,看着别人发财,自己忘了头上的"乌纱帽"而去做投机倒把的事情;有的干部总是心理恐惧,经常高度紧张、忧心忡忡,加上缺乏心理卫生方面的知识,对工作、生活中的一些矛盾"看不开"、"想不通",又无法对"外人内人"说,坏情绪得不到释放或化解,最终导致抑郁成疾,对身心造成极大的损害,最后影响工作和事业。这种由心理问题导致的后果不仅给其本人而且对国家及人民都造成了重大损失。究其原因,领导者承受各种压力却缺乏合适的心理调整方法是导致出现问题的重要因素。

3 领导者心理健康的特殊意义

领导者一方面作为普通人,不可避免地会碰到生活及工作中的各种心理问题;加上领导的特殊职责,领导者心理健康水平就更为重要。

心理健康是全面提高整个干部队伍素质的需要,是加强党的执政能力的关键所在。只有心理健康的人才能产生合理正常的言行,领导的一切正确决策、执行行为都必须建立在健康心理的基础上。领导者整体素质直接影响到社会的长治久安。领导者肩负着历史赋予的神圣使命,通过不同岗位和职权主宰着一个国家的命运,行使着对众多人群及事物的支配与控制、引导与教育、指挥与决定的权力。领导者要做好工作,打开局面,取得成功,除了要具有良好的政治业务素质和工作能力外,还必须具有良好的心理健康水平。不具备这一点,就难以使自己处于最佳状态,在面临压力与矛盾时就会束手无策,必然难当重任。从某种程度来说,领导者心理健康直接影响其能力水平的发挥,影响为人民服务的质量,影响到社会主义各项事业的进一步发展。领导是人民的公仆和经济建设骨干,领导的实际影响力,既取决于其地位、权力、知识和才能,还取决于其人格魅力、心理健康等。有健康的心理,领导才能正确决策,协调管理,激发下属工作的积极性,保证本部门运行的正常高效。从这个意义上来说,领导者心理健康直接关系一个地区、部门和单位工作的好坏,关系党和政府在人民群众中的形象。从领导科学的角度看,一项高效率的工作往往是科学、艺术、技巧和人的某些心理属性的结合,因而心理问题不容忽视。领导首先要使自己成为一个心理健康的人,并惠及他人,切实体现对群众的关爱。心理健康是合格干部的重要标志,同时也是领导积极投身于工作的前提,更是领导取得工作成效的内在品质要求。无数事实证明:干部队伍的整体心理健康水平,直接制约着党和政府的执政效率及执政水平的提高,影响到政府机构能否快速、高效、持续、健康地运转。

中国正处在全面建设小康社会的关键时期,面对纷繁复杂、竞争激烈的国际形势,面对改革开放和现代化建设的艰巨任务,领导在提高业务素质的同时必须不断提高自己的心理健康水平,这样才能更好地完成自身使命,承担起带领全国各族人民建设社会主义和谐社会的重任。构建社会主义和谐社会是中国共产党在社会经济转型时期的一项重大决策,是一个多种要素相互配合相互统一的系统工程。和谐社会是民主法治、公平正义、诚信友爱、充满活力、安定有序、人与自然和谐相处的社会,是人的素质不断提高,实现人的全面发展的社会。社会主义和谐社会的构建必然要求全社会更加关注与社会稳定有关的民众身心健康、劳动关系、经济发展与环境保护等和谐发展问题。心理健康问题是考察和谐社会建设务必关注的问题,因为和谐社会建设的对象主要涉及的是人,处理好人与人、人与组织、人与社会和人与自然的关系尤为重要。民众的生理、心理健康是和谐的评价指标。社会是由个体的人组成的,无论是社会发展的哪一方面,都离不开作为组成成分的人的健康发展,既包括人的生理健康,也包括人的心理健康。生理健康是基础,心理健康是保障,二者缺一不可。从社会学角度来说,人们的心理状况对于和谐社会的构建有着重要的影响。保持人们的心理和谐是构建和谐社会的重要内容。领导既是普通民众的一员,同时又是能够影响到他人的特殊民众,具有更大的责任。领导作为社会公共事务的管理者,作为建设社会主义的推动力量,在整体素质上应是全体国民的楷模,其心理健康水平的高低将影响到整体国民的心理健康状况以及和谐社会的构建,对整个国家的发展都会产生极其重要的影响。作为构建和谐社会的主力军,领导更要建立防腐的心理防线,维护和增进自身心理健康,使自己具有正确解决道德冲突、化解心理障碍、保持心理平衡、调适自己情绪、驾驭和处理社会矛盾、凝聚人心的能力,这样才能在构建社会主义和谐社会中发挥更大作用。

二 | 领导者心理健康的研究

基本情况

长期以来,我国对领导者心理健康的研究从总体上来说是远远不够的。有人形象地比喻领导者心理健康问题是一个"被遗忘的角落"。但近年来我们欣喜地看到,无论是党中央还是各地学者都意识到了这一问题的重要性,认识到领导的心理健康状况具有深远的现实意义,同时也组织开展了一系列对领导心理健康问题的理论探讨与研究。各级部门都已经逐渐意识到领导者的心理健康状况既关系到他们自己的生存质量,又对他人和社会具有直接或间接的影响,并在一定程度上折射出一个社会的文明与和谐程度。国内学者大多从领导者的特殊职责以及面临的实际问题出发,并结合领导心理特点以及心理健康的标准,主要对领导者心理压力来源和一些应对方法进行理论与实践的探讨,取得了一定的成绩。

研究方法

国内学者对领导心理健康的研究多采用问卷调查方式进行。例如:李玲在《理论与实践》2005 年第 10 期的《领导干部心理健康问题调查》中,采用的研究方法就是用无记名问卷方法进行的。由于我国的具体情况,领导的工作性质比较特殊,对全国的领导干部进行严格抽样调查不大现实,所以一般是通过党校来进行调查。目前国内关于领导心理健康的调查结果大都是这样得来的。这种调查方式存在一定的局限性,若采取一定方法加以改进使样本更具代表性,则所得结果的价值会更大。在问卷的设计上,有的学者是在以往研究的基础上结合自己思考后自编的问卷,在问卷中通过一定数据来验证所要研究的理论假设。例如:有的研究者根据领导的个性特征、情绪状况、人际关系等项目自行设定题目来进行测试,并从某一角度考察领导的心理健康水平。同时也有一部分学者应用国外广为流传的卡特尔 16 种人格因素问卷(16PF)、症状自评问卷(SCL - 90)、艾森克人格问卷(EPQ)等来测查领导者的心理健康水平。对于结果处理一般采用电脑软件 SPSS 的变量相关分析或因素分析等统计方法来进行,通过这样的研究来说明领导的压力来源以及心理健康特点等问题。

3 研究结果

(1) 心理健康领导者的共同特点

领导者心理健康主要表现为:情绪稳定、自控力强、耐受力强、协调力强、自尊、自信、自强、乐观、愉快、大方、幽默、乐群、精力充沛、心胸开阔、认知客观、能专注于工作。概括起来包括以下几个方面:

①良好的社会适应能力。这种适应能力不仅包括对社会大环境变化的适应,同时也包括对于自己所在单位的政策及人员调动的适应,更涵盖对于工作上突如其来的一些事件、自身的工作、家庭、身体等方面的一系列问题的处理。具有良好适应能力的领导者能够积极调整自己,及时适应环境,并能够做出正确的决策,较好地发挥其领导水平。

②清醒的自我认识。心理健康的领导具备清醒的自我意识,乐观自信,能够在对自我全面剖析的基础上,了解自己的优势和局限性,能够根据自身条件和外界环境确立有益于个人发展和社会进步的工作目标和生活目标,

善于利用每个成长机会完善自己，促进自我潜能的开发。著名的心理学家密特尔曼(Mittelman)认为："充分了解自己，并对自己的所学所能做出适当的评价"是清醒的自我意识的标准之一。领导只有清楚地认识自己的所作所为，意识到自己是怎样的人，身上有哪些责任与义务，才能行为协调一致，在自己的领导岗位上发挥应有的作用，成为人民心中的好公仆。

③积极有效地处理情绪。心理健康的领导能够积极地管理自己的情绪，能适度表达和控制自己的情绪，保持良好心境，以积极的态度对待一切事物，对生活和未来充满希望。领导者由于面对更多工作压力，出现消极悲观情绪的可能性更大。这就需要领导者能够调整控制好自己的情绪，以更好的身心状态投入工作，并能用积极的情绪影响同事和下属。

④具有坚韧的毅力。领导者应具有百折不挠的精神，勇于克服前进道路上的各种阻力，临危不惧、处乱不惊，能够果断冷静地处理各种突发事件。领导者意志顽强，信念坚定，目标明确，扎实地工作学习，在大的压力面前从容应对挑战，排除各种心理困扰，而不会因为周围影响动摇自己的决定，这样就容易做好工作，赢得人们的信任。

⑤和谐的人际关系。具有较好的人际关系，能够从中获得更大的信任与心理支持。心理学研究表明，任何人都有普遍的社会安全感需要，这种安全感的本质是人与人之间真诚的情感联系。领导既要面对上下级同事，同时还服务于一方百姓，更需要有良好的人际关系。在工作中创造良好的心理氛围，能够更好地提高工作效率。同时领导以身作则建造好的家庭环境也能够促进社会的和谐稳定。

⑥较好的人格特征。包括尊重、宽容、理解别人、富有同情心及责任感。作为领导，要有平等意识，尊重每个人的价值和权利，懂得理解人，灵活运用人际关系理论及沟通技巧，善于走入别人的内心世界，更好地获得大家的喜爱、理解及支持。这样才能调动一切积极的因素，团结一切可以团结的力量，齐心协力把工作做好。同时领导由于代表广大人民的利益，是人民的公仆，更应该对别人真诚关心和爱护，对社会要具有更大的责任感，更好地为社会服务，这也是一个人高尚情操的体现。

（2）影响领导者心理健康的压力源

压力也称为"应激"、"紧张"，是指个体的身心在感到威胁时所产生的一种紧张状态。它是当我们去适应周围环境引起的刺激时,身体或者精神上的生理反应。国外学者塞尔维(Selves)和霍尔梅(Holmes)的研究表明,如果个体长期处于一种高度应激的状态就会造成身心两方面的损害。我国学者李中海、廖建桥(2001)认为,"压力是当人感觉到加诸在身上的需求和自己应付需求的能力不平衡时,精神与身体对内在、外在的心理和生理反应"。这种反应既包括身体成分和精神成分,还能导致其他积极的或者消极的反应。过度压力所表现出的常见症状或信号:一是生理方面的心悸和胸部疼痛、头痛、免疫力降低等;二是情绪方面的易怒、急躁、忧虑、紧张等;三是行为方面的失眠、过度吸烟喝酒、拖延事情、迟到缺勤等;四是精神方面的注意力难集中、表达能力、记忆力、判断力下降、优柔寡断等。由于压力自身的特点以及对人们心理健康的影响,国内外对压力与心理健康的关系做了大量的研究。据统计,关于工作压力的研究在近 20 年中增加了 50 倍。在 20 世纪 90 年代初的 3 年,有关这方面的文献是 70 年代的 8 倍。(Spielberger, Reheiser,1995)。国内在这方面的研究起步较晚,近年来在注重工作压力与心理健康研究的同时,一些学者还针对领导干部的压力源进行了探讨。

压力源(stressor),是指能够引起个体压力反应的刺激物、事件和情境。中国台湾学者蓝采风给出了较为具体的定义:压力源是指外在的生活需求或内在的状态与思维。辛德勒(Tim Hindle)认为以下几种变化是主要的压力来源:(1)社会的变化,包括:人口的高速增长、人口老龄化、性别角色的变化。(2)生活的变化。(3)公司的变化。(4)工作本身的变化。考坡和马塞尔(Cooper,Marshall,1978)认为工作组织中的压力源主要为:工作本身因素、组织中的角色、职业发展、组织结构与组织风格、组织中的人际关系等。马可一(2000)在工作情境中认知资源与职业关系的研究中把管理人员的工作压力源分为任务压力、竞争压力、人际压力和环境压力四个部分。中国科学院陈龙等人在对企业员工压力源的因素结构研究中,将压力源定义为 9 因素模型,分别为:职业发展、住房问题、工作特征、社会环境、人际关系、经济收入、子女问题、组织气氛和夫妻关系。

随着现代社会竞争的日益加剧,矛盾冲突、压力打击随处可见,没有人能够事事顺心,时时愉快,产生消极心理是在所难免的。领导者在握有一定权利,承担一部分责任的同时,也比其他群体承载着更大的心理负荷和精神压力。这些压力有的是正常的、积极的,主要源于领导干部面对组织信任、群众企盼而产生的强烈责任感。但有很多压力是非正常的、消极的,会影响到领导干部科学、公正地进行决策。综合国内外学者的研究,影响领导者心理健康的压力来源主要有以下几个方面:一是政治上的。领导干部拥有一定的权力,担负着重要的使命,其决策有风险,不作为、乱作为也有风险。同时,仕途的坎坷,升降奖惩的荣辱,也是每一位领导无法回避的问题。二是能力上的。面对新形势新任务,一些领导者存在比较严重的"本领恐慌"和"能力危机",在重大原则面前失去警觉,在复杂问题面前手足无措,在巨大优势面前错失良机,在改革发展面前无所作为。三是工作上的。有些领导者工作思路不宽,工作方法不多,工作步子不大,工作效果不好,与过去比,进步缓慢,与同行比,位次靠后,压力之大,显而易见。四是生活上的。由于特殊的社会角色和工作环境,领导者无暇顾及家属、子女,甚至个人的正常生活秩序也受到影响,爱情亲情不稳定,家庭关系不和谐,其压力可想而知。五是舆论上的。在一定范围内,领导者属于公众人物,承载着许多道义上的责任,在公开场合,他的一言一行、一举一动,都是社会瞩目的,他不得不更加注意自己的形象,更加自律,即使是受到不公正的待遇,也不得不强颜欢笑,委曲求全。六是心理上的。领导干部位高权重,所谓"高处不胜寒",在权力的光环背后,往往隐藏着鲜为人知的寂寞,心理上的抗诱惑、抗挫折能力,都关系到领导心理健康状况。七是体制上的。现存体制的某些漏洞、缺陷,让领导者工作上受到困扰。

(3)领导者如何应对压力

对"应对"概念的界定,一直存在着歧义,但对其本质的理解基本上是一致的。应对是指个体面对压力情境或事件时,调动自身内部或社会资源以对该情境或事件做出认知调节和行为努力的动态过程。应对策略,总体来说,是对个体行为的过程类型、使用方式的抽象概括和理论界定。关于压力应对的定义有很多种,如"压力应对是个人特性、风格或倾向";"压力应对是一种心理分析的过程";"压力应对是一种特定策略状态的描述"等。传统的观点认为,压力应对是个体一种相对稳定的特性或是个体的一些持久的行为或特征。但是,拉扎汝斯(Lazarus,1991)指出,压力应对的这种静态的解释不能很好地适用于动态的、有过程性的压力应对的性质。拉扎汝斯认为压力应对可以分为基于问题的(Problem focused)和基于情绪的(Emotion focused)两大类。基于问题的压力应对是设法去处理遇到的问题,而基于情绪的压力应对是设法处理由那些问题所引起的情绪波动。《组织压力》一书中提出了进行压力干预的理论框架,其作者认为有三种干预措施:第一种干预措施是减少压力源的数量和降低压力源的作用强度。这种干预措施的对象是改变工作环境、技术条件或组织结构等,着手处理压力的最好方法就是去除压力源。第二种干预措施是预防或改变个体对压力源的反应,这种干预措施的对象是个体,具体做法有压力管理的训练、改善沟通技巧、信息分享、更好地制订计划等。第三种干预措施是帮助个体更有效的应对压力,以尽量减少压力源的有害后果。此方法的关键在于"处理"那些出现的问题。

研究表明,心理压力是一种主观体验。对压力的主观体验因人而异。一是因为外界因素的刺激对各人是不一样的。一些人体验到环境对自己的"威胁",另一些人并不一定感到这是"威胁"。例如对于老年干部而言,快节奏、繁重的工作会使他们觉得力不从心而感到压力大,而对精力充沛的年富力强的领导却不能构成"威胁",还会认为对他是经受锻炼的极好"挑战"。二是因为个人本身的心理素质不一样。对同样的外界刺激因素,有的个体性格坚强,又具有以前的压力体验,因此感觉到压力并不大,能够适应;而有的个体心理脆弱,缺乏经受压力的体验,就会感到压力大,一时难以平衡。如领导上下调动或下岗,有的人挺住了,他们重新学习,逐步调整心态,恢复到常态;有的人却经受不住,在压力面前消极颓唐,甚至萎靡不振。

目前国内对于影响领导心理健康压力应对策略的研究还不是很多,主要是从加强思想工作以及心理健康教育的角度出发,一般强调:①重视领导心理健康,各级领导要关注心理健康问题,并带头学习、掌握必备的心理卫生知识。②完善领导管理方式,从工作上为领导减压,推进职位说明书的编制工作,清楚定义领导在工作岗位上的角色、职责、任务,减轻因角色模糊、角色冲突等给领导带来的心理压力。③关注领导健康需求,从身体上减压,坚持休假、体检制度,做到防患于未然。④强化教育引导,增强心理健康免疫力,加强领导能力培训,特别是要加强年轻的和新任职领导业务能力的培训,缩短领导对新岗位的适应期等。总的来看,从心理学的角度来进行化解压力的研究还不是很多,相信随着对这一问题的重视及研究的深入,将有更多的调适方法来缓解领导的心理压力。

三 | 领导者心理健康的调适

改革开放后的中国,人们在最短的时间内以压缩的方式体验现代社会的急速变迁,巨大的变化给所有的国人带来很多压力,尤其是肩负重任的各级领导较之以往有更大的压力。他们既是人民群众的领路人,又担任改革开放和社会主义建设的重任。领导者所处的地位决定了他们要比其他人承受更多压力。而领导者心理健康状况无论对其本人还是对整个国家都有着极其重要的意义,因而很有必要使领导者更多地了解压力调节的方法,增强身心的承受力,更好地提高他们的心理健康水平。如何进行积极有效的心理调适,应对过度的心理压力,使自己能够以健康心态肩负起领导责任,为社会主义和谐社会的构建做出更大的贡献,是领导者面临的一个新课题。

◢ 组织如何帮助领导者提高心理健康水平

作为组织而言要把对领导心理素质的考察作为选拔任用干部的重要依据。我们党选拔任用干部,历来重视德才兼备。要把心理素质方面的要求作为干部德才素质的一项重要内容,把领导的心理调适能力作为衡量干部综合能力的一个重要方面。在考察时,既要考察和衡量领导德、能、勤、绩、廉等情况,又要注意了解和掌握他们的心理素质。对领导心理素质的考察,可以引入一些心理学方法和现代化手段进行必要的测试。对领导素质的培训不能仅仅局限于思想理论水平的培训,提高领导的业务能力,还应给领导开设相关心理学的课程以及定期组织一些相关的心理方面的培训,这是提高其心理健康水平的好办法。

有些领导者的心理健康问题是来源于政府机关的岗位职责不明确而导致分工不清、权责不符,进而形成领导者在工作中感受到角色冲突、责任过大、工作自主权太小等问题,因而明确岗位职责,完善政府机关的岗位设置以及明确各级领导的责任会有助于解决一些导致领导心理健康的问题。

各级党委及其组织部门要十分注意从心理健康方面关心爱护干部。要坚持和完善领导谈话制度,及时找干部进行谈话,了解他们的所思所想所盼,听取他们的意见和建议,做好深入细致的思想政治工作,这是关心爱护干部的具体体现,也是沟通上下级之间关系的重要渠道。

人际关系论认为组织是一种心理系统,要重视人的作用。因此领导在机关内的心理平衡、人际关系、角色的认同都是造成一些心理问题的根源。在组织管理上,一定要为公务员"松绑",创建一个和谐、宽松的组织氛围和心理环境,体现对各阶层领导的理解和尊重,有助于减轻由工作带来的一系列压力。保持良好的组织沟通非常有利于好的心理氛围的创建,沟通不良往往是形成领导心理压力的重要因素,政府机关应逐步形成各层级的正式或非正式、垂直或水平式的沟通,上级领导要深入了解下属的工作负荷和个人发展的需要,提高他们工作的心理满意度,使他们有良好的心理状态。同时搭配好领导班子,使各成员间感情、兴趣、行为相投,较容易合作。

要多关心领导的身体健康,坚持和完善干部定期体检制度。坚持干部休假制度,应从主要领导做起,保证干部每人每年能有一段时间集中休息、放松调整。同时领导在家庭生活中有什么困难,组织上也要及时掌握,尽可能帮助解决,解除他们的后顾之忧。

在做工作时也要特别关心被交流的干部。在确定交流对象时,既要从工作需要出发,也要充分考虑干部的心理素质和适应能力,看其发展潜力如何,身体状况怎么样,家庭有什么困难。干部交流以后,要及时跟踪考察,了解他们工作生活情况,确保干部在新的岗位上尽快打开局面,愉快地开展工作。

要尽量营造一个良好的用人环境。通过不断深化领导人事制度改革,努力形成公开公平公正的用人环境,真正使优秀人才脱颖而出,人尽其才、才尽其用,从用人导向上为干部创造减轻压力、保持良好心态的条件。

此外,还可从心理学的角度开展以下一些活动来促进领导干部的心理健康：

①开展心理咨询和测评活动。在组织部门可以设立专门的心理测评室和心理咨询信箱，配备心理咨询师，建立干部心理健康档案。心理咨询师可以定期追踪，对咨询对象进行心理咨询。

②开展多种心理健康教育活动。可以利用广播、电视、录像、板报等，特别是组织部门电教的优势，针对存在心理问题的干部进行多角度、多场合的教育疏导，使他们能正确认识自身的心理特点，掌握解决自己心理问题的方法和技巧，从而使其具备良好的心理和社会适应能力。

③组织开展健康有益的文体活动。组织部门可有意识地安排一些文体活动，让有心理困惑的干部在活动中交流感情，互相帮助，逐步形成积极、健康、向上的人生追求。

④恰当利用好领导班子会议。鼓励成员团结协作、互相尊重、互相认同、互帮互助，共同实现目标，使每个人都能心无二用，一心工作。

⑤积极开展个别谈话活动。组织部门可选择合适的时间、场合，创设宽松和谐的气氛，与某方面存在心理问题的干部真诚坦率、耐心细致、平等诚恳地交流思想，使谈话对象放下包袱，敞开心扉，以达到心理调适的目的。

⑥加强领导心理健康教育的科学研究。组织部门应加强对领导心理健康教育的科学研究，提高预防能力和治疗水平，真正使领导者心理发展走上良性、健康的道路。

❷ 领导者自身如何提高心理健康水平

保持良好的心理状态，需要组织上的关心和帮助，也离不开领导者自身的努力。领导者要加强自身的学习和修养，牢固树立正确的世界观、人生观、价值观，着力解决好权力观、地位观、利益观问题，不为名所累，不为利所缚，不为欲所惑，"淡泊以明志，宁静以致远"，自觉锤炼意志品质，不断提高新形势下驾驭全局、推进工作的能力，而且要不断提高应对各种压力、在困难和考验面前自我心理调适的能力，保持心情愉悦身心健康。只有这样才能担当起党和人民赋予的神圣职责，为推进中国特色社会主义的伟大事业做出应有的贡献。那么怎样才能更好地调适自己的心理呢？从心理学的角度来说，可以从以下几个方面来进行心理调节。

(1) 改变认知

认知在心理学上是指通过感官收集到的各种信息在大脑的加工过程，它在很大程度上影响人的情绪和行为。因而改变心态首先从你对事物的认识开始，改变认知是一种非常重要的调整策略。人有压力并非全是坏事，在遇到压力条件下，人虽然要付出种种代价，但换来的却是心理承受力的提高。可以说，一个人成长的过程，就是不断承受压力、适应压力的过程。有人曾说："树无根基摇三摇，人无压力轻飘飘"，成长离不开压力。综观古今中外，无论是政治家、军事家，还是诗人、艺术家，都是在各种压力下才做出其流芳千古的伟业。当然，人对压力的适应也有一定的限度。超出人的心理承受能力，就会导致身心的崩溃。当你感到压力大而产生烦恼时，可以换个更积极的想法。有些问题对你来说可能十分烦恼，但当你把它放在周围大环境来看，很可能是微不足道的，如果你能这样想问题就会使你宽心许多。另外，事物的存在都有多重性，受到许多因素的制约，你多想想好的一面，便可使自己摆脱烦恼。因为任何事情都有两面，积极的认知是在看到事物不利方面的同时，更要看到事物的有利方面。这种看待问题的方式，容易使人增强信心，情绪饱满地应对。要学会驾驭压力，在应对压力之前，要对压力有明确的认识，采取积极的态度。此时最好采取心理暗示，例如经常暗示自己：压力的反应不是自身的弱点和能力不足，而是人人都会遇到的正常现象。只要你对压力能够做出正确的认识和理智的反应，就会变压力为动力。例如，害怕岗位调整被淘汰而焦虑时，要提醒自己：改革对每个人都是一种挑战和考验，我一定能应对它；当因利益受损而怒不可遏时，可以告诫自己：要冷静，一切会好起来的。近年来兴起的积极心理学，提倡从积极的角度来看人和事，往好的地方想，虽然感觉有点像阿Q精神，但在烦恼时不失为一种让自己快乐起来的好办法。例如，我今天钱丢了，但觉得古语有"破财消灾，如果不是丢钱而是其他更大的事，岂不是更郁闷。"总这样想就会感觉好多了。而且好的认知会导致积极情绪，而积极情绪又影响人的行为，这样良性循环整个人的状态都会很好。

（2）调节情绪

情绪调节是我们管理和改变自己或他人情绪的过程。情绪可以影响我们的信息加工过程，影响记忆、思维等一系列心理活动。不良情绪会使人们的意识范围狭窄，失去正常的判断力，而且还会损害到人体免疫系统，造成身体上的疾病。相反良好的情绪可以更好地建立人际关系，同时还可以更好地与环境相适应，使决策更科学，更好地开展工作。所以领导一定要认识到情绪在心理过程中的重要作用，积极调整好自己的情绪。如何在社会变革中调节情绪，使自己处于最佳状态呢？首先，要学会控制情绪。改革开放使我们面对的是不可避免的挑战和机遇，如果没有积极的心理准备、乐观向上的态度、战胜困难的勇气，我们就无法选择、修正和控制自己。控制情绪包括客观分析自己、正确定位、适应环境等诸多方面，注意了这些，会对我们有所帮助。在自己要发火之前，先冷静地想一下，对自己说，等 5 秒以后再发，5 秒过后再告诉自己最好坚持到 10 秒以后，这样慢慢就会逐渐使自己的情绪控制下来。情绪调节是个体改变自己情绪的过程，情绪会有一定的生理反应，因而也可从生理角度入手来调节自己的情绪。例如在感到十分紧张的时候可以做几个深呼吸，这样调节一下心率，也可在一定程度上起到平静心情、缓和情绪的作用。在感到十分焦虑，烦躁的时候，也可以自己抓抓头部，闭目养神，休息一会，这样大脑有充足的时间休息，可能慢慢情绪就会好一些，思维就又会活跃起来了。调节情绪的方法还有宣泄法，即把情绪表达出来，不让它越积越深，造成更大的精神以及身体方面的伤害。可以找个僻静的地方适当的骂一骂，喊一喊，但要注意这样的宣泄方式要有节制，注意时间和场合，不要影响到别人，否则会带来新的情绪困扰。

（3）行为转移

当你感到有较大压力、不良情绪发生时，可通过一些行为上的改变加以调控。可以采取转移法，不做现在令你感到苦闷的事而去做一些自己比较放松的事。这样设法转移自己的兴奋点，把注意力转移到其他方面。诸如，听一听轻松舒缓的音乐；看一部引人发笑的电影；找你的家人或知心朋友尽情地倾诉；到林荫、花草处散步，做做深呼吸；整理办公桌，让一切井井有条，再有到理发店理理头发，穿一件色彩明快的衣服；睡上一宿好觉；等等，都可改善恶劣心境,有助于克服不良情绪。运动也是一种比较好的调节方法,因为运动可使心率加快,促进血液循环,改善机体对氧气的吸收,从而使人精神振奋。例如,远足,游泳等,都可以在一定程度上起到化解情绪的作用。同时还可以读一些比较好的书籍,因为书籍可以转移人的思想,净化人们的心灵,它可以带你远离喧嚣的世界,忘掉烦恼,获得心灵的平静。国外流行的"情绪宣泄室"、"运动消气中心"也是很好的宣泄情绪的方法,国内这样的机构还不多,如果有也可以采用这种方法来放松。

(4)寻求支持

在心理学上,社会支持是指一种特定的人际关系。研究表明,社会支持水平会直接影响个体的心理健康水平,社会支持水平越高,心理健康水平越高,主观幸福度越高,心理症状越少。压力是人的一种内部心理状态。如果关起房门冥思苦想,一个小小的压力也可能被体验为天大的压力。只有加强社会沟通,才能正确认识和对待压力。比如,在工作中上下级或领导之间人际关系不协调,工作难以开展,对于这样的压力,靠个人硬碰硬、硬到底,不仅不能减轻压力,还会给工作带来很大影响。如果针对存在矛盾,主动进行互相沟通,或通过他人及时从中进行协调,那就会缓和关系,消除矛盾,心理上就能承受人际关系不协调所引起的压力。因此,领导者要处理好家人及亲朋好友的关系,重视家庭生活,重视和亲朋好友的交往。对于领导者而言,寻求社会支持最好的办法是找朋友或家人倾吐出胸中的抑郁。或者去专门的心理服务机构,寻求专业的心理医生的帮助。看心理医生并非什么不光彩的事,要对心理服务机构有正确认识。

第一部分　工作篇

背景知识

当今,由于信息化时代的冲击和领导理念的不断发展更新,对领导层的素质要求越来越高。领导必须成为学习型的领导,否则就会遭遇一种尴尬——在职的人总是不称职的人。随着中国的全面入世,工作场景也发生相应的变化,在某些行业领域、部门,甚至发生翻天覆地的变化,这就要求领导者、决策人是多面手,能够及时转换角色,适应多种情境,才能高效完成工作。情境多变,信息冗余并具有强烈的冲击力,也使领导的决策成为重中之重的事情。好的决策,才有好的预期,成功的结果;失败的决策,直接导致大败局。甚至早在20世纪,管理心理学家就提出,管理就是决策!

所以,党政机关和企业领导,身在高位,面临的工作压力实在非常巨大!领导职位越高,压力越大,身心健康水平相对越低。这是因为该人群担负的工作,任务重、责任大,工作压力自然也就大;同时,由于他们在外工作时间长,社会应酬多,很少甚至基本不能关心家庭事务,造成家庭问题上的压力比较突出。这些"高层"、"中层",以及年轻的管理者,很多身处"心理亚健康"状态。在单位和社会整体绩效提高的同时,其个体的心理健康包袱却越来越重,严重影响了工作和生活。

工作与生活中,如果感到压力过度,而只是一味喊"压力大",是不能解决任何问题的,只有静下心来,仔细分析压力来自何方才能找到有效的解决途径。下面是一些领导者在工作中感受到的常见压力:

(1)组织机构不合理

机构设置不当,意味着你在面对重要决策时,总会受到延误,或者甚至不清楚上级中由谁负责这些决策。组织程序上普遍存在缺乏效率、浪费时间的现象。

(2)欠缺有效支援

辅助工作人员不足,或担任重要职务的人手短缺,这意味着你不得不做一些难以发挥自己水平和能力的工作,也会耽误你干正事的时间。虽然这些属于小事,但由此而引起的烦恼焦虑会产生重要的、累积性的影响。

(3)职业受社会轻视

假如我们的职业受到社会的广泛轻视,那么无论这个职业对我们多么重要,多么有用,都很难消除我们对自己身份、自身重要性的疑虑。倘若别人认为我们所做的事不重要,或认为任何一个受过很少训练、能力很低的人都能胜任,那么我们就很难产生自我价值实现感。

(4)工作情境不确定

工作中不确定因素太多是职业生涯中的压力之一。不确定会使我们偏离调整好的、熟悉的人生轨道。情境多变使人们无法确定他们的真正所在,难以提前做出计划,往往刚刚适应一套程序或一套决策,便又被迫改变思路向某些完全不同的事情让步。

(5)追求完美

领导者对自己不切实际的过高期望是造成过度压力的主要原因之一。如果对自己期望过多,就会过分强迫及驱使自己,就会永远对结果失望。这种不现实的结果就是对自己的表现永远不满意,永远不会从已经完成的工作中获得轻松之感。由于认识不到工作条件的局限性,因而缺乏准确的标准来衡量自己的成功或努力,最终妨碍自己发挥应有的作用。

(6)缺乏权力

领导者在常人眼里就是权力的象征和代言人。但是事实上,很多时候,权力的分配是模糊的,具有很多潜规则。因此,有时领导者即使在岗位上也会缺乏权力。缺乏权力感会损害我们对个人价值的认识,发现自己被忽视、被别人压制,其伤心失望的程度可想而知。

(7)欠多样化

领导者的工作有相当一部分是八股式,很程序化的,实际上限制了个人发展空间。人的头脑需要新鲜经验刺激才能保持注意力并富有创造力。从事管理或相关职业的人常常感到工作单调乏味。一些领导者承认,假如知道每天要做的事情都是同一模式,那他们一定会恐慌的。

(8)沟通不足

作为个人来说,缺少沟通渠道常常是压力的潜在来源。在某些单位,似乎无人清楚什么话该对什么人讲,或什么时间该让谁知道;而且,似乎没有人肯定在采取行动之前如何能从同事处获得所需的资料。沟通渠道不通所产生的后果常常是决策之时缺乏准确事实,重要的内容没有传到相应的地方。

(9)与同事冲突

在许多组织中,同事之间存在大量冲突.,为了地位、为了保护势力范围或增加更多的特权而争斗。于是,本来可以在工作中求得一致的人却日复一日地相互折磨。置身于一个充满指责与反指责、否定与反否定的气氛中,极少有人能承认自己的不足、善意地评价别人及自己,最终既影响工作,又给个人带来巨大压力。

(10)难应付的当事人或下属

在工作推进执行过程当中,与下属、当事人发生一些冲突、摩擦几乎不可避免。这是不言自明的。所有与人打交道的领导者都会声称,在反击对方之后会更感到不舒服,认为自己应变能力差,这种在对付难缠的当事人和下属时的"不赢"局面大大地增加了压力因素。

从上述可以看出,领导者的压力源大致可以归纳为个人能力、工作属性、人际关系三个方面。

针对这些压力源,作为领导者个人来讲,可以从四条途径来处理和减缓压力:一是通过工作之余的生活丰富化来减轻过重压力感;二是在心态上主动适应工作状态不断变化的事实,积极未雨绸缪;三是保持积极的工作态度,鼓励自己增强自信;四是加强自我时间管理,按照轻重缓急有条不紊地处理工作与生活事务;五是有意识平衡工作与家庭之间的关系;六是加强身体锻炼,注意养生。

作为一个组织,一要积极识别、改变或消除压力源,譬如进行工作再设计、工作丰富化,实行目标管理,充分授权,减轻个人压力,增强个人动力,同时对个人的角色进行明确定义;二要着手减轻压力带来的不良后果,通过综合的、有针对性的、有计划的心理培训、讲座、测评、咨询、辅导等形式来合理阐释并疏导党政机关、企事业单位领导者和广大工作人员的压力,使其成为高效能的领导者和公务人员。

管理好你的压力,化压力为动力!

一 逆境中奋起的艾柯卡
——领导者面临工作情境转换时的心理调适

案例改编者:孙大强

案例取材于真实人物

案例参考:裴善勤、陈永龙等译:《艾柯卡自传》,知识出版社 1987 年版。

✓ 事业的起步

1946 年 8 月,21 岁的艾柯卡到福特汽车公司当了一名见习工程师。但他对做技术工作感到索然无味。他想搞经销,喜欢和人打交道,而不是和机器做伴。上司当然不高兴,不过,由于他的坚持,公司最后妥协了,他当了一名推销员。

要学会经销术,需要时间和精力。1949 年,艾柯卡当上了宾夕法尼亚州一个小地区的经理,他的任务是同当地的汽车商取得密切合作。这是他一生中一个重要的阶段。在此期间,艾柯卡受到了一位知名人士的影响,此人是福特公司东海岸经理查利·比彻姆。他也是工程师出身,后来转入推销和市场工作。有一次,在本地区的 13 个小区中,艾柯卡的销售情况最糟。他为此而情绪低落,查利把手放在他肩上说:"为什么垂头丧气?总有人要得最后一名的,何必如此烦恼!"说完他走开了,不过他又回过头来说:"但请你听着,可不要连续两个月得最后一名!"

在查利的激励下,艾柯卡灵机一动,想出了一个推销汽车的绝妙办法:谁购买一辆 1956 年型的福特汽车,只要先付 1/5 的货款,其余部分每月付 56 美元,3 年付清。这样,一般的消费者都负担得起。艾柯卡把这个办法称为"花 56 元钱买五六型福特车"。

这个广告口号像火箭一般受到人们的瞩目。仅仅 3 个月时间,艾柯卡从原来的末位扶摇直上,销售势头一跃而居榜首。他受到了福特公司当时的副总裁麦克纳马拉(后来的美国国防部长)的赏识,在全国推广他的办法,并提升他为福特总公司车辆销售部主任。

② "野马"之父

在那些日子里,艾柯卡等不到天亮就起来工作;夜幕降临,他还不想离开工作岗位。他日思夜想,总想自己设计出新型号的汽车。他趾高气扬,把自己看作是艺术家,正在设计出世界上前所未有的精彩杰作的艺术家。

最终,一种"野马"牌新车问世了。这种车华丽时髦,引人注目,又保持着以前福特车身上的特点,消费者一看就能识别。它是便于驾驶的两座运动车,实际上能坐4个人,并且留有很大空间放东西,是一种多功能车,星期六还可以挂上一个拖车外出度假。

1965年,"野马"车的销售量打破了福特公司的纪录。"野马"车大功告成,"野马"二字成了一种时髦。"野马"俱乐部、"野马"太阳镜、"野马"帽、"野马"钥匙链,等等,充斥街头。有一家面包店的橱窗上写道:"本店自制的烤饼像'野马'一样热销。"

③ 痛定思痛

艾柯卡靠自己的奋斗,终于当上了福特公司的总经理。当时,艾柯卡真有点儿得意忘形,觉得全世界都在他的脚下。突然,命运之神对他说:"且慢,先别乐,别以为你可以高枕无忧地安享余年了,现在让你尝尝从世界最高峰摔下来的滋味吧!"1978年7月13日,他被大老板亨利·福特开除了。当了8年的总经理,在福特工作已32年,一帆风顺,从来没有在别的地方工作过,突然间失业了,艾柯卡肝肠寸断,痛不欲生。

他想杀人——但不清楚是要杀解雇他的亨利·福特,还是杀自己。杀人或自杀都是空话,他开始喝酒,对自己失去了信心,认为自己要彻底崩溃了。报界说,艾柯卡被福特公司开除是因为他"缺乏礼貌",太具"侵略性"。他还被诬陷为参加意大利黑手党活动。艾柯卡说,这种中伤是意料之中的。

他被解雇之后,仿佛他在世界上已不复存在。"野马之父"一类的话再也听不到了。昨天他还是英雄,今天却好像成了麻疯病患者,人人远而避之。这叫"时来铁也生辉,运退黄金失色。"

亨利·福特要对艾柯卡的支持者进行一次整肃,谁要是继续保持与他的联系,自己也就有被开除的危险。艾柯卡被解雇一周后,负责公共关系的墨菲,接到了大老板亨利·福特半夜里打来的电话:"你喜欢艾柯卡吗?""当然!"墨菲脱口而出。"那你被开除了。"事情就是那么简单。

艾柯卡得出一个痛苦的教训:你可以和一个人做几十年的朋友,你可以与他同甘苦共患难,事情变坏时你曾去保护他;可是,等你自己碰到不幸时,却再也见不到他的影子了。

"如果有人给我打个电话说:'我们一起喝杯咖啡吧,我对你的遭遇很不平。'我也会感到宽慰。"可是,过去公司里的所有朋友都抛弃了他,这是他生命中最大的打击。不过,他能谅解他们,公司为独裁者所控制,他们家有老小,他们得生活。

起死回生

"艰苦的日子一旦来临,除了做个深呼吸,咬紧牙关尽其所能外,实在也别无选择。"艾柯卡是这么说的,最后也是这么做的。他没有倒下去。

他接受了一个新的挑战——应聘到濒临破产的克莱斯勒汽车公司出任总经理。

当时,许多大公司诸如洛克希德、国际纸业公司等,都邀请他加盟过。但艾柯卡认为,54 岁是个尴尬的年龄:如果退休还有点年轻,在别的行业里另起炉灶又太老;况且汽车的一切已经在他的血液里流动了。因此,他还是选择了汽车业这一老行当。

巧得很,这时克莱斯勒公司正处在危机之中,正在寻找救苦救难的高手,于是艾柯卡就当上了克莱斯勒公司的总裁,一年后出任董事长。他一到克莱斯勒,就发现这是一条待救的沉船。那里秩序混乱,纪律松散,各自为政;现金周转不灵;副总经理不称职;没有人指挥调度;车型失去吸引力;车辆不安全等等;积重难返。艾柯卡到克莱斯勒公司后,招募了不少福特公司的高级管理人才,并制定了一套严格的管理制度。为了使公司渡过难关,需要大量贷款。艾柯卡大胆地向政府求援,请求政府提供 15 亿美元的贷款担保,引起强烈的反应。艾柯卡四处游说,争取支持。他终于获得了胜利,众议院通过了贷款保证案,卡特总统签署了克莱斯勒公司贷款保证书。但是,15 亿美元的贷款却需要去落实,经过 3 个多月的艰苦努力,终于找到了 400 多家银行同意提供贷款。打印的贷款文件堆起来有 7 层楼那样高,印刷协议书就用了接近 200 万美元。克莱斯勒公司又有了生机,经过公司员工的努力奋斗,1982 年底开始盈利,仅过一年就创出公司利润的最高纪录。1983年 8 月 15 日,艾柯卡把他生平仅见的面额高达 8.1348 亿多美元的支票,交给银行代表手里。至此,克莱斯勒还清了所有债务。而恰恰是 5 年前的这一天,亨利·福特开除了他。

1984 年,艾柯卡用他惯有的表情和手势,宣布克莱斯勒公司这一年盈利24 亿美元——打破了公司历年纪录的总和。艾柯卡使克莱斯勒公司重新成为美国第三大汽车企业,他自己也迎来了事业的辉煌。

K 型车一经推出,就使得克莱斯勒起死回生,使这家公司名副其实地成为在美国仅次于通用汽车公司、福特汽车公司的第三大汽车公司。

在美国汽车城底特律,在首都华盛顿,人们纷纷在讨论这样一个问题:如果好莱坞的明星可以当两任总统,那么担任过两大汽车公司的总经理为什么不可以当总统?

📷 点评分析

"天将降大任于斯人也,必先苦其心志,劳其筋骨,饿其体肤,空乏其身,行弗乱其所为,所以动心忍性,增益其所不能。"

中国俗语说,"木秀于林,风必摧之"。从某种意义上讲,艾柯卡是那个时代独树一帜的企业家,而亨利·福特二世则是独树一帜的老板,一个高级打工者遇见一个凶悍的老板,被揩油,然后驱逐出境,也是情理之外、意料之中的事情。艾柯卡为福特汽车创造了奇迹,风头盖过了老板,死罪自然难

领导心理调适案例

免，只是，福特的做法实在是完全丧失了作为一名大公司老板的理智与风度，手段卑劣而滑稽。对于艾柯卡而言，这无疑是最惨重的中年危机，前半生的辉煌就此烟消云散，眼前还不是马上就能见到光明。从汽车界的呼风唤雨大腕一朝沦为弃将，这是很多人难以忍受的屈辱，很多久居高位的人，可能就此沉沦，花酒相伴，或者对自己原单位疯狂攻击报复，当然，也有可能难以承受这失重的感觉，一死了之。艾柯卡都曾经想过。但是，区别在于，艾柯卡只是一时想过，很多人余生就如此了却了。

不经风雨，无以见彩虹。生活就是与挫折、与压力同行的。人的身体，如果没有来自大气的压力，早就四分五裂了。月球上没有大气压力，人在上面飘飘然，难以立足，难以定位，难以顺利前进。压力是必要的，挫折迟早会有，只是很难预知它会在什么时候以怎样的方式出现。艾柯卡的生命挫折就在此时以这种狰狞的面孔出现了。不要埋怨，事情已然发生。艾柯卡曾经做过各种尝试和美好的臆断，最终还是被踢出福特公司。所以，无需有更多遗憾，因为，你已经尽力，所以，一切向前看！

事实上，艾柯卡在有意无意中，恰好有效运用了心理学的方法缓解了自己的压力，获得新的成长的动力。首先，心理学中有一个理论，叫做"格式塔理论"，也叫做"完形理论"，该理论认为，个人成长中的"未完成事件"有可能对个人发展造成障碍，人具有探究的欲望，对没完成的事情的缺口会留下深刻印象，成为遗憾。艾柯卡拼尽所有力量，最终还是没能与小福特化干戈为玉帛，但是既然尽力了，则问心无愧，否则还会幻想各种飘渺的可能性。其次，在心理学中认为，面对压力，人可以采取"问题应对"与"情绪应对"两种方式，而压力往往是由既成事实造成的，事情已然发生，就不可改变，与其想改变造成压力情境的"问题"，不如调整自己的情绪，采取积极的解释。艾柯卡曾经非常愤愤，最终平静下来，因为小福特是不可以改变的，他必须用积极的想法看待自己新的人生。最后，经典精神分析心理学创始人弗洛伊德认为，人在潜意识中都具有防御机制，有消极的，也有积极的，其中有一种叫做"升华"，弗洛伊德的经典精神分析理论认为，人本能的"力比多"能量是人类一切创造成果的源泉。当人的"力比多"能量得不到合适的发泄途径时，将会通过其他形式释放，如转化成艺术灵感、创作冲动、工作热情，等等，这就是升华作用。艾柯卡被解雇时也是"力比多"膨胀之时，内心冲动，甚至想动用暴力发泄报复，反抗命运对自己的不公，但是，最后这一切张力化为事业的动力，成就了新的艾柯卡，让福特最难过的不是疯狂的艾柯卡，而是凛然站立，在泥泞中前行再造克莱思勒，并最终树立美国神话的艾柯卡。就像所有搞恶作剧的人一样，只怕对方心如止水——福特输了。

但是，并非所有人都有艾柯卡这种奋发的野马精神。请看下面一幕又一幕的悲剧：

2005年1月1日，山西鑫龙稀土磁业(集团)有限公司董事长赵恩龙从四层楼跳下死亡，年仅52岁。

时隔两天，陕西金花集团副总裁、金花股份副董事长徐凯在西安某酒店上吊自杀，终年56岁。

2005年1月12日凌晨，豪赌输掉两个企业后的湖南省岳阳市云溪区私企老板田木荣，卧轨自杀身亡。

2005年1月13日，黑龙江辰能哈工大高科技风险投资有限公司总经理赵庆斌跳楼自杀。

2005年2月17日，春节浓浓的年味还在湖南古城常德市的街市中飘荡，当地名震一时的千万富翁巢中立，在自己聊以维生的"中丽便民超市"中悬梁自尽。

溯及以往，我们可以看到更长的自杀名单：

1993年3月9日，上海大众公司总经理方宏跳楼自杀；

同年，茂名永丰面粉厂老板冯永明在家中割腕弃世；

1997年7月28日，贵州习酒老总陈星国举枪自尽；

2003年9月7日，黄河集团老总乔金岭上吊身亡……

据统计，1980年以来中国约有1200位企业家自杀。

据有关书刊杂志报道，美国自杀率的高危人群是医生、心理咨询师、律师，这些人都是高级知识分子、社会精英，同时在个人职业生涯中承载大量个人卷入与职业良知，因此相对而言，职业衰竭严重。国内曾经报道有心理热线节目主持人自杀，但是比起企业家平均每年自杀几十个，在数量上还是微乎其微，尤其这些企业家自杀时即使不是企业领袖，也是打拼江山的出色领导者。但是,在事业稍遇沟壑,出现波折时,他们却选择了自杀。也难怪近年一直有人质疑中国是否有"企业家"——也许只是一些做大的商人甚至"暴发户"。从欧美近年发展来看,企业家这个名词一直和创新拼搏精神和社会责任感联结在一起。动辄自杀,无颜见江东父老,何谈社会责任感与创新拼搏,走出维谷?

在这一点上,中国的《赵氏孤儿》中,程婴与公孙杵臼倒是当代企业人士效仿的典范。赵氏孤儿的故事大家是都知道的,就不在这里展开。公孙杵臼为了赵家的事业,换句话说,为了赵董事长的集团利益,能够舍生取义,换得董事长一支血脉得以留存;程婴为了演好双簧,骗过大臣屠岸贾,冒天下之大不韪,自污其名,忍辱负重,保存赵氏集团的实力;当赵氏集团重获生机,程婴为了信义自杀。二人珠联璧合,用不同的角色扮演匡复即将倒闭破产的集团。这种在漫长岁月中不折不挠的精神,正是当下急功近利型企业和企业人士的清凉剂。退缩、屈服、自杀都是一瞬间的事情,再容易不过;但是,活,怎么活,却是冷峻的现实考验。

从我们外在生存环境而言,中国的领导者们也有其为难尴尬之处。自楚汉战争,项羽自刎乌江,中国历史上就出现了绵延 2000 多年而不绝的众人之见:胜者王侯败者寇。虽然我们历史上很少像西方那样把败军政治首脑斩首,而西方,至少砍掉了英王和法王高贵的头颅。我们在表面上对待败者很大度宽容,西方学者也注意到这一点,譬如罗素。但是,我们其实是看不起甚至鄙视败者的。所以,败军之将,焉敢言勇?再敢多说话就要出问题了。这样,难免人人争胜,为此付出惨重的代价,因为一旦摔下来,很难说是什么局面。

再者,中国的领导者,无论政府官员,还是企业领袖,生活与事业发展普遍缺乏多元化。遇到危机的应对措施也还很不完善。根据一项中国企业家生存现状调查,[①]在工作压力方面,有 60% 的企业家承认面临一定程度的工作压力,认为工作没有压力的企业家只有 10%。经过加权计算,从整体角度来看,企业家阶层对于工作压力的感受度介于压力比较大和压力一般之间。

① 《中国企业家生活调查:告别"赌命"痛并快乐着》,learning. sohu. com,2004 年 5 月 21 日。

而女性企业家面临的工作压力要稍大于男性企业家。当企业家在工作中面临压力时,他们选择排解压力的方式虽然看似多种多样,但并不是真正丰富和到位。最受企业家青睐的减压方式包括:读书、体育锻炼以及旅行,中选率分别为40%、28.3%和23.3%。而当企业家心情不佳,需要找人倾诉时,有64.15%的企业家选择了"朋友",选择与家人交流的只有11.32%。值得注意的是,有15.09%的企业家在心情不好时选择了默默承受,只有不到2%的企业家会通过与心理医生交流,缓解情绪。

虽然艾柯卡曾经考虑,他正处于尴尬的年龄,退休太早,进入新的领域太晚,所以还是进入汽车行业。但是,实际上作为他的身份和能力,即使是福特的弃将,依然在事业上炙手可热,不会没人要。像他的资历,在美国最适合做大学教授或者高级管理咨询公司的顾问、高级合伙人,当然,也可以在各地做巡回演讲,就像美国前总统卡特离任后为世界和平周游列国一样。反观国内很多领导者,离任后大多从公众视野中消失了。对于这些激情燃烧一辈子的人来说,离任后的空虚寂寞、角色的巨大转换与落差,是常人难以想象的。

如果在任时没有考虑清楚离任甚至被迫下台后的岁月,那么一旦那个特别时刻到来,可想而知是多么糟糕,多么令人沮丧。

艾柯卡最后给我们的启示是:

当生活给你机遇时,你就努力创造、进取;

当生活给你关上一扇门时,并不是无路可走;

生活情境的转换只是一幕调剂心情的肥皂剧,正剧——也是又一场好戏就要开始了!

二 挺立在孤独、失败与屈辱废墟上的俞敏洪
——领导者在工作挫折压力中的心理调适

案例改编者:孙大强

案例取材于真实人物

案例参考:《总裁的智慧——中国顶尖企业家演讲录》,中央编译出版社

2002年版。

◢ 草创维艰

　　新东方创办整个过程就是从一点点的希望做起,最后不断扩大希望的过程。新东方最初只有10平方米漏风的违章建筑办公室,但是现在新东方有几万平方米的教室和办公楼。它的发展过程是充满艰难的过程。在1993年冬天新东方成立的时候,俞敏洪自己拎着糨糊桶在零下十几度去贴广告,将糨糊刷在柱子上,广告还没有贴上去,糨糊就变成冰了。更要命的是,当新东方在1994年有一点发展的时候,就跟别的单位产生了竞争,一有竞争,就产生了麻烦,比如说新东方广告员去贴广告的时候,别的培训机构的人就拿刀子在等着你,说:你要是敢贴,我就敢捅你。新东方的广告员是被人捅过的,进医院缝了好几针。俞敏洪当时花了很多时间,找中国的公安管理部门跟他们协商,最后终于跟他们变成了朋友。这个协商、磋商的过程就是学习的过程,深入中国社会的过程,理解中国社会的过程,并且知道将来怎样面对中国社会的过程。俞敏洪最喜欢的是教书,但是假如说只是教书别的都不去做,新东方也不会有发展。所以任何事情都是你不断努力去做的结果,当你碰到困难的时候,你不要把它想象成不可克服的困难。在这个世界上没有任何困难是不可克服的,只要你勇于去克服。

　　新东方"从绝望中寻找希望"这句话,跟美国著名的民权运动家马丁·路德·金所说的话是一模一样的,他在"我有一个梦"的演讲词中说了一句话,"We will hew out of the mountain of despair a stone of hope"(我们从绝望的大山中砍出一块希望的石头)。请记住了绝望是大山,希望是石头,但是只要你能砍出一块希望的石头,你就有了希望。在他的时代,直到他被暗杀为止,黑人在美国没有任何社会地位而言,车不让坐,饭店不让吃,电影院不让进,正是他用鲜血和希望换来了美国黑人在美国社会中的平等。

　　哪怕是最没有希望的事情,只要有一个勇敢者去坚持做,到最后就会成为希望。凡是俞敏洪身边想要出国的人,只要坚持往下走,最后没有走不了的人,真正走不了人的是联系了一年或者联系了两年就放弃的。一两年在你的生命长河中算什么！为了一个伟大的目标，我们搞个三年五年并不算长。

2 前进的外在动力

结过婚的人都知道，外推力还可能来自你的老婆或你的丈夫。在当初联系出国的过程中，俞敏洪是经过这样考验的。身无分文联系出国，而出国又没有希望，他的老婆有时会在身边说，某某又走了，某某又走了，你真窝囊，到现在还没有出去。像这样的话，尽管不算骂你，但是作为一个男人，男人做事应该顶天立地，当你听到这样的话，发现自己无能的时候，你的心肯定在流血，所以你就不得不去奋斗。也就是因为这样的推动力，导致了今天新东方的萌芽，因为俞敏洪发现自己出不了国，总要做点事情，唯一能干的事情，就是教书，一个晚上教两个半小时能拿 50 元钱，最起码能把老婆和孩子养活了。人最希望受到的尊敬是家庭内部来的尊敬，如果连老婆都不尊敬你的话，还活着干什么。

外在的推动力有时候很巨大。举两个例子，在第二次世界大战时，美国要派 100 名突击队员深入到德国后方去，要求这 100 人都会德语。这 100 人选出来后，给他们集训 40 天，要求这 40 天必须学会德语，学会也要去，不学会也要去，大家可想而知，不学会的话，一落地就被杀掉了，德国人一看怎么来了个美国鬼子，肯定不行。40 天后，100 个美国士兵没有不会讲德语的，而且讲得很好，因为这种外在的压力太大了，以至于这 40 天不学好会要你的命。

3 前进的内在动力

内在的推动比外在的推动更难得到，但是一旦得到就会进入持久状态。我们要在社会上追求一种卓越的状态，你必须追求比别人更好，不仅仅是为社会地位，更是为了你自己在这个社会上活得更美好。假如让你到夏威夷度假，你有这个本领吗？你没有。现在即使让你到大连去度假，你也许还没有足够钱。那靠什么去呢？靠你的自信去追求比别人更好，靠你"会当凌绝顶，一览众山小"的精神。其实追求比别人更好并不难，你只要比别人做得好一点点就行。有的同学说，别的同学太厉害了，他赶不上。俞敏洪道出他自己背单词的诀窍：他现在的词汇量比较大，但他每天只背几十个单词，因为他老是在背，就比别人背得多。1 天比别人多背 10 个，10 天多背 100 个，100 天多背 1000 个，一年以后就没有人超过他的词汇量了。你每天比别人多走 1 步，10 天比别人多走 10 步，100 天多走 100 步，别人就没法跟你比。就如同开汽车的感觉，如果你的汽车开到 100 公里/小时，别人开到 110 公里/小时，等到别人过去几十分钟的时候，你想追是很困难的。为什么？因为他已经出去了不知道多少公里，你再怎么加快也很困难。所以，先走一步，必须比别人更快更好。

✒ 天行健，君子自强不息

事实上，一些精神力量比学习更重要，会使你更容易走向成功。

俞敏洪总结了成功所必须具备的三种精神：

第一是忍受孤独的能力。因为在你成功以前，你永远是孤单的，没有人能帮得上你。所以，人永远是孤单地在奋斗，不管有多少人在你的身边，你要真正达到成功，主要是靠你自己。

第二是忍受失败的能力。在我们的生活当中失败太多了，很多托福考生第一次考了 550 分，第二次考了 570 分，要考好几次才能通过。但是，你要能够经受得住失败，并且从失败中奋进，举一个简单的例子，新东方副校长徐小平原来是学音乐的，英语水平并不是很高，所以他考托福考了三次，第一次是 500 分，第二次还是 500 多分，但第三次就考了 600 多分，他就到美国去了。所以你如果一次失败之后不能承受这次失败所给你带来的压力，那你也就完蛋了。因为人生活中失败为多，成功为少。你行动十次，大概六到七次可能是失败的。每次行动都成功的人并不多。看过《三国演义》的人就知道，诸葛亮打仗的时候更多的是失败而不是胜利，但他却一如既往地鞠躬尽瘁、死而后已。这是因为他有精神支柱，他想让蜀国更昌盛，不辜负刘备的希望。好多人失败以后常常找外在的理由,这个不行,那个不行,学习不好是因为教师太糟了,或者是因为没有时间了,等等。所谓的外在理由都是为自己寻找逃脱责任的借口。要记住,在这个社会上如果你失败了,没有任何外在的理由;如果你说在中国不行了的话,那为什么在你旁边的人能成功,而你不能成功呢?这个社会从某种意义上说对所有的人都是公平的。尽管机会面前人人平等,但是,占据机会的能力是不一样的。如果你失败了,其根本原因在你本身,不在外在的东西。所以任何寻找外在理由的人都是愚蠢的。任何失败的原因都必须从自己身上去寻找。

第三是忍受屈辱的能力。我们在生活中常常会受到侮辱。你到商店买东西,售货员横眉竖眼,你会觉得受侮辱。韩信之所以能够成就最后的大业就是因为他有忍受屈辱的能力。当时他是不得不钻裤裆的,如果不钻,他只有两个结果:第一个是他被那个人杀掉了,从此没有韩信了;第二个就是他把那个人杀掉了,他赢得了暂时的胜利,但从此也没有了韩信,因为他杀人了,杀人者偿命,这是中国的原则。所以从此历史上不会有韩信这个人。他之所以能作为忍辱负重而成大业的形象千古流传在中国历史上,就是因为他钻了裤裆,当然这里不是鼓吹大家去钻裤裆,如果你只会钻裤裆那就成了一个马屁精,那就不是人了。你钻裤裆的同时眼睛要看着未来,心中要有远大的目标,有了这种目标以后,忍受暂时的苦难和屈辱是无关紧要的。

所以,忍受孤独是成功者的必经之路;忍受失败的能力是重新振作的力量源泉;忍受屈辱的能力是成就大业的必然前提。忍受能力,在某种意义上构成了你背后的巨大动力,也是你成功的必然要素。如果你忘了这些,只是一门心思地学,学到最后你什么都没了。因为你没有精神状态,没有精神状态的人活着不可能有成就和创造。

🎴 点评分析

傅雷先生翻译的罗曼·罗兰的巨著《约翰·克里斯朵夫》前面有一段题辞:"真正的光明决不是永没有黑暗的时间,只是永不被黑暗所掩蔽罢了。真正的英雄决不是永没有卑下的情操,只是永不被卑下的情操所屈服罢了。

所以在你要战胜外来的敌人之前,先得战胜你内在的敌人;你不必害怕沉沦堕落,只消你能不断地自拔与更新。"

俞敏洪的经历再次验证了这句话的真理性。俞敏洪是个老师,也可以说是个学者,但现在主要身份是一个教育集团中享有崇高威望的领导者,因此,他的故事、他的思想,还是非常值得身为领导者的人借鉴的。

俞敏洪这篇演讲的题目为《挺立在孤独、失败与屈辱的废墟上》,从题目来看,充满了悲壮气氛。正是在无边的孤独、失败、屈辱的废墟之中,俞敏洪组建他的团队,建立了宏伟的新东方大厦,创造了好男儿奋发图强的又一个奇迹。

其实,在现实工作生活当中,身为创业者也好,身为领导者也好,因为拥有一定决策权,所以权力看起来似乎很大,但是伴随着责任也大,压力也大,烦心事情多,也最容易遭遇挫折。挫折当然会令人不舒服,对那些非常有进取心、成就感的领导者而言更是如此。

身为领导者,无论是一国政要,还是七品芝麻官,可以采用不同的方式带领他的团队,既可以高姿态地指导,也可以默默参与润物细无声;既可以积极支持团队大胆前进,也可以设置宏伟目标铸造成就事业的团队,但无论哪种领导者,其内心都是坚定顽强的。就内心而言,领导者必然是强者! 挫折为强者而存在。

自古有言,"宝剑锋从磨砺出,梅花香自苦寒来",又说"律回岁晚冰霜少,春到人间草木知"。一切安排都是有道理的,存在有其合理性,尽管我们质疑其必然性。事情已然发生,质疑必然性有时徒劳,更为有价值的是,找寻此时此地存在的合理性。

就心理学意义而言,挫折是指个体在通向目标的过程中,遇到难以克服的障碍或者干扰,致使其需要无法满足、动机不能实现时所产生的紧张状态或者消极情绪反应。其实,并不是如同很多人所说的那样——"怎么偏偏又是我倒霉!",其实挫折很公正公平,是人人有份的"快餐"。领导者遇到工作上的挫折是经常的事情。要认识到,挫折是具有两面性的。法国大文豪巴尔扎克根据自身丰富的经验阅历,把挫折形象地比喻为一块石头,石头本身是中性的,无所谓好坏,但是对于不同的人就会产生不同的影响。对于强者,它就成为垫脚石,让人站得更高,望得更远;而对于弱者,它就是一块讨厌的绊脚石,令人一蹶不振。看来,挫折也是一把双刃剑,既可为我所用,也可能反受其害,就看你是握住剑柄还是剑刃了。

在事业发展过程中遇到挫折是必然的。想不犯错误,只有不做事,想不遭遇挫折,也只有什么都不做,因为人非圣贤,孰能无过,何况现在纵是天才也不可能是文艺复兴时代百科全书式的人物,总会有做不好、做不了、不能做的事情,总会遇到阻挠,挫折和随之而来的压力是不可避免的。

新东方在10多年前还是新兴事物。"初始之物,其形必丑",注定会遇到很多挫折。但是,俞敏洪面对来自社会的压力、来自阴暗面的破坏、来自家庭的埋怨,他善于运用辩证的观点来看待问题,而不是彻底非理性化,夸大了困难挫折,忽视了进取机会,恰恰是,他把这些都当作"学习的过程,深入中国社会的过程,理解中国社会的过程,并且知道将来怎样面对中国社会的过程",保持了一种积极、乐观、平和的心态,把一切都当作一个过程,无论是快乐的,还是至少暂时不太令人舒服的事情,都是通往未来的过程,是构建巴比伦通天塔的基石。事实上,从积极心理学的角度来看,积极与消极是风生水起,相互蕴涵的。这时,心理学的"自我预言证实"效应就开始发挥作用:你带着消极的心态,天地将为之变色;你带着明朗的目光,日月将为你增辉——真的就印证了我们常说的"心想事成"。

这可绝对不是迷信,这是科学,是心理科学。根据认知心理学,人脑在特定条件下处理信息的能力是有限的,因此也是有选择性的,倾向于按照某种规则来选择和组织信息。这就涉及一个社会心理学概念:图式,也就是我们习以为常、司空见惯而且自动化的、一系列的思维模式。我们就是按照这个模式最迅速地抽取和组织信息,同时也意味着大量信息被忽视或者过滤掉。消极思维引领消极思维路线,导致消极结果,积极思维则正相反,它帮助我们有效而且迅速地组织那些对我们最有帮助、最有价值的信息,并最终引导到积极的结果。这也正是为什么积极思考的领导者最后能突破极限,率领自己的团队,圆满完成艰巨的任务。

俞敏洪正是自觉运用了这些有趣的心理学知识,认识到孤独、失败、屈辱的深层价值。用积极辩证的心理学来翻译,所谓"孤独",其实卓尔不群;

所谓"失败",其实初露锋芒;所谓"屈辱",其实韬光养晦。当可以有更好的解释时,我们为什么偏要和自己过不去?!

生活给你挫折,工作给你挫折,充其量是想让你"大器晚成",最终还是有所馈赠。俞敏洪幸运,人生早年,生活与工作就给他上了难以想象的挫折课,越挫越勇,修成正果,换来建立在孤独、失败与屈辱废墟上的新东方。

挫折会导致失败,失败会让你孤僻,至少暂时的,孤僻让你一段时间内离开人群,甚至人们自动趋利避害离开你这个"倒霉蛋",当然,无论怎样,你不会停止思考。这种思考是什么?是慎独的思考。挫折的环境逼迫你进行这种思考。中国自古强调"君子慎独"。在喧嚣的社会里,挫折有意无意间送给你慎独反思的空间,这真是莫大的赏赐与幸福!文天祥当年就说:"痛定思痛,痛何如哉!"

确实,想清楚了,挫折就是让你清醒,让你停下匆匆脚步,发现你不扎实的根基,把它夯实。怪不得有很多领导者,无论政府的还是企业界、学术界的,每隔一段时间就要"闭关",面壁思过,对自己进行沉淀、净化。这看来的确有道理。只是你要有勇气接受由挫折主导的这出把戏。

三 | 牛仔大王李维斯传奇
——领导者在学习型组织中的心理调适

案例改编者:孙大强

案例取材于真实人物

案例参考:中人网 http://www.chinahrd.net,"牛仔大王"李维斯的一段传奇,2006 年 2 月 6 日。

☑ 淘金梦

美国"牛仔大王"李维斯的西部发迹史中曾有这样一段传奇:当年他像许多年轻人一样,带着梦想前往美国西部追赶淘金热潮。

一日,突然间他发现有一条大河挡住了他前往西去的路。苦等数日,被阻隔的行人越来越多,但都无法过河。于是陆续有人向上游、下游绕道而行,也有人打道回府,更多的则是怨声一片。而心情慢慢平静下来的李维斯想起了曾有人传授给他的一个"思考致胜"的法宝,是一段话:"太棒了,这样的事情竟然发生在我的身上,又给了我一个成长的机会。凡事的发生必有其因果,必有助于我。"于是他来到大河边,"非常兴奋"地不断重复着对自己说:"太棒了,大河居然挡住我的去路,又给了我一次成长的机会,凡事的发生必有其因果,必有助于我。"果然,他真的有了一个绝妙的创业主意——摆渡。没有人吝啬一点小钱坐他的渡船过河,迅速地,他人生的第一笔财富居然因大河挡道而获得。

2 柳暗花明

一段时间后,摆渡生意开始清淡。他决定放弃,并继续前往西部淘金。来到西部,四处是人,他找到一块合适的空地方,买了工具开始淘金。没过多久,有几个恶汉围住他,叫他滚开,别侵犯他们的地盘。他刚论理几句,那伙人便失去耐心,一顿拳打脚踢。无奈之下,他只好灰溜溜地离开。好容易找到另一处合适地方,没多久,同样的悲剧再次重演,他又被人轰了出来。在他刚到西部那段时间,多次被欺侮。终于,最后一次被人打完之后,看着那些人扬长而去的背影,他又一次想起他的"致胜法宝":太棒了,这样的事情竟然发生在我的身上,又给了我一次成长的机会,凡事的发生必有其因果,必有助于我。他真切地、兴奋地反复对自己说着,终于,他又想出了另一个绝妙的主意——卖水。

3 牛仔大王

西部黄金不缺,但似乎自己无力与人争雄;西部缺水,可似乎没什么人能想它。不久他卖水的生意便红红火火。慢慢地,也有人参与了他的新行业,再后来,同行的人已越来越多。终于有一天,在他旁边卖水的一个壮汉对他发出通牒:"小个子,以后你别来卖水了,从明天早上开始,这儿卖水的

走
中海范
领导心理调适案例

地盘归我了。"他以为那人是在开玩笑,第二天依然来了,没想到那家伙立即走上来,不由分说,便对他一顿暴打,最后还将他的水车也一起拆烂。李维斯不得不再次无奈地接受现实。然而当这家伙扬长而去时,他却立即开始调整自己的心态,再次强行让自己兴奋起来,不断对自己说着:太棒了,这样的事情竟然发生在我的身上,又给我一次成长的机会,凡事的发生必有其因果,必有助于我。他开始调整自己注意的焦点。他发现来西部淘金的人,衣服极易磨破,同时又发现西部到处都有废弃的帐篷,于是他又有了一个绝妙的好主意——把那些废弃的帐篷收集起来,洗洗干净,就这样,他缝成了世界上第一条牛仔裤!从此,他一发而不可收拾,最终成为举世闻名的"牛仔大王"。

点评分析

我们正处在以信息为依托、高科技为支撑的知识经济时代。在知识经济条件下,政府机关与企业组织面对的是瞬息万变的创新压力,为了跟上信息、技术管理的发展,政府机关与企业文化建设也面临着新的课题、新的挑战。只有冲破传统循规蹈矩的科举式文化,建立学习型组织的政府机关与企业文化,才是未来国家间与市场竞争胜利的保证;只有建立学习型组织文化,才能从根本上改变政府机关与企业领导者和职员的思维方式、激发他们的才智,达成共同奋斗的目标,从而实现共同理想。

创新是一种追求卓越的动力,同时也必然带来压力。因为,不能创新,就面临被淘汰的厄运。这种压力,人人都必须面对,也要学会面对。

新时代的领军人物,无论是政界、军界、学界、商界,都证实创新的首要主导地位。创新,也正是学习型组织的核心动力,没有创新,学习就是在空学,在无的放矢,是在"虚心"这一面具下面的原地踏步。但是要真创新,就必须不断踏实学习、不断实践。单单实践不是一件很困难的事情,难的是有思想指导的实践。当今社会,知识爆炸,信息过载,可选择自由度大了,人们的选择反而不自由,不知道如何判断、选择,也就难以用明确的思想指导实践。与此同时,知识、信息与工作手段的快速发展和更新,给人以强大的压迫感,能力匮乏感。这种感觉几乎伴随着每一个人,无论是拥有决策权的领导者还是普通职员。面临学习型组织、学习型社会,人们几乎普遍缺失乃至丧失自信,或者反其道而行之,对与时俱进的社会与组织采取强硬的抵触态度,墨守陈规,不思进取,最终为时代所弃。学习、创新就是变革,个人的与组织的变革。著名企业管理战略家约翰·科特认为,有四种行为通常会阻碍必要变革的启动:第一种是由于错误的骄傲和狂妄而导致的自满情绪;第二种是由于恐惧而导致的自我保护心理,它使得人们容易逃避现实,不愿意马上采取措施来面对问题;还有一个是由于愤怒而导致的漠然心理;最后则是一种极度的悲观心理,它会使人们在遇到问题的时候经常的犹豫不决。无论原因是什么,结果总是相似的。人们不愿意马上行动起来。相反,他们会退缩,如果是别人首先提出一项新行动的话,他们就会不停地抱怨,这就使得必要的变革无法进行,或者无法顺利地启动。

人们常说,"置之死地而后生"。几次东山再起的李维斯应该算是这种典范。李维斯怀揣西部梦,结果开始不但没发财,还差点儿送命。但是李维斯是一个善于学习的人,用今天的话讲,就是学习型人才,有创新意识。每次山穷水尽,李维斯总会想到"太棒了,又给我一次成长的机会!"这可能是一句空话。对于很多人,这可能只是一种阿Q精神,一种自我安慰。但是,李维斯一再遭到他人合伙嫉妒与暗算,恰恰说明,他没有被打到,真的成长了,而且壮大了,壮大到足以让人再次眼红和畏惧。

很多领导者可能并不具备李维斯这种素质。如同我们经常玩的抢椅子游戏,进入动态发展后,总会有人丢掉椅子,于是有人就有了对策,或者走的很慢,磨磨蹭蹭,确保自己随时可以坐下,还有人边走边用手扶着椅子,也是要确保自己还有"一席之地"。一旦丢了椅子,就像小孩丢了奶瓶,哭啊,难过啊!试想想看,这样瞻前顾后,组织怎能发展,领导者的领导力如何能高效发挥?! 他们也缺乏毛泽东讲的"不破不立"的充满唯物辩证的思维与勇气。学习型组织,就是要在动态发展中调整自身,在动态中发现不足,更要发现机遇,使其成为学习与创新的动力与方向。李维斯的事实证明,作为学习型的个人是可以应对这个瞬息万变、规则复杂的社会的。

身为领导者,如何面对学习型组织文化带来的压力?"牛仔大王"李维斯带给我们如下启示：

首先，从马斯洛需要理论来看，生存是第一位的，生存是安全、荣誉、地位、情感等的基础，这一切都是生存过程的体现而已。因此，只要能够生存，就是最大的幸运，其他一切都有可能。"留得青山在，不怕没柴烧"。

其次，从认知行为心理学角度来看，我们所有人其实生存在一个就大格局而言高度相似的环境中，面对着很多相似的问题，却会有不同的结果，主要是因为我们态度不同，毕竟，世界和所发生的事情本身不是我们所能改变的。有些领导者就倾向于对个别负面事件高度概括化、绝对化，认为糟糕至极，一张白纸，只看见黑点了，半杯水，只看见半个空杯了。这是非常不理智的做法。李维斯提示我们：事情不过如此，这并不是全部。

再次，从积极心理学视野来看，李维斯总给自己积极的暗示与鼓励——"太棒了，又给我一次成长的机会！"自助者，天助之。即使换一个角度，谎言千遍，自成真理，这也是心理积极暗示的效果。学习型组织，本质上应该是网状结构的组织，甚至于接近人的大脑神经结构的组织，一个积极的暗示可以迅速传导到全身，调动全身的力量来协调完成任务。当发现学习型组织是一张好玩的蹦蹦床，摔下来也不会摔疼，而且如果力度和方向把握得当，还会弹跳更高，那它就是一种乐趣，不再是负担，领导者们可以从容地弹跳，只要别迷失方向，他们会跳得更高。

中国历史上，唐太宗李世民是典型的学习型领导者。就纯粹个人品性而言，李世民未必是具有所谓高尚情操的人：对待政敌举手不留情，即使是昔日战友；杀死争位置的兄弟；逼得老父亲李渊不得不让位。但是，李世民非常善于学习，善于从不同的渠道进行学习，接纳不同的文化，所以能取得山东、山西、河南、陕西等地文人和地主豪强集团的支持，甚至最终还成为"天可汗"。同时，他也非常擅长组建学习型团队，网络了各有专长的"凌烟阁二十四学士"。这些人来路不同，代表的利益集团不同，学问能力也很不一样。这正是维持一个庞大的盛世帝国所必需的：全面的而且人尽其材的人才库。所谓"房谋杜断"，再加上黑脸魏征，以及虽然身为国戚、有些不端但是才华不俗的长孙无忌（李世民的舅父，《隋书》的编修者），军事上堪称大家的李靖（演义小说中的徐茂公，因功赐国姓，封卫国公，著有兵书《李卫公问对》），使得我们历史上终于在西汉"文景之治"后将近 700 年，出现了"贞观之治"，大唐盛世。其实，组建这个团队，李世民个人未必感到舒服，首先这个李靖就有节度军队的大权，军事艺术也远高于自己；那个舅舅长孙无忌不知道在偷偷干什么，总是让人不是很放心；最可气的是魏征，一天到晚给自己找别扭，用现在话说，就是"总给领导上眼药"。但是，李世民毕竟是李世民，是中国少有的盛世明君，是世界史上有一笔的帝王，最懂得历代兴衰，知道治国之难，看到"水可载舟，亦可覆舟"的威力，深刻体会"从来小民不可轻"的道理，因此时刻以人为鉴，宁可耳朵不舒服，忠言逆耳，绝对不让自己为了一时舒服而犯心病，甚至最终像隋炀帝那样身首异处。

可见，学习，不断学习，古往今来都是成就事业的必要条件。学习会有压力，因为学习就要面对真理对你的考验与挑战。但是，无论学习有多大压力，总比有一天你因为无知而无畏的悄悄离开你现在的位置要好。学习只要一开始，你就已经"非复吴下阿蒙"。如果不主动学习，没有把学习创新当作现在生存的必备品，当你遇到李维斯困境时，你会怎样？

第二部分　人际篇

背景知识

　　人际关系中,有正向积极的关系,也有负向消极的关系。人际关系的协调与否,对人的心理健康有很大的影响。现代管理越来越重视组织内部的人际沟通,它将成为 21 世纪管理学非常重要的内容之一。

　　每个组织,都是由形形色色的人构成的纷繁复杂的人际关系群体,尤其对于领导者而言,每天日常工作的各个环节都离不开沟通。若上、下级及同事之间不能进行正常的思想交流,不但会使组织信息链条中断,与他人之间的关系疏远,影响整个组织内部团队精神的产生,更会影响领导者的情绪状态和心理健康。很难想象,一个人心涣散、人员之间互相猜疑的组织能在竞争激烈的 21 世纪立于不败之地。

　　分析领导者如何应对人际关系中的种种压力源,如何在纷繁复杂而又不得不面对的人际关系网络中保持良好的心态,如何适应各种微妙敏感的沟通情景所带来的心理冲突,应该成为领导者心理调适要注意的重要内容之一。

人际沟通是领导者的重要职能之一

　　沟通是一种理性和感性的混合交流,它是群体生命的要害。要维持领导群体的动态平衡,沿着既定的目标迈进,就要通过健全和灵敏的沟通结构来实现。作为重要的领导素质之一,沟通已引起越来越多领导学、领导心理学、管理心理学领域研究者的重视。近年来现代组织结构的扁平化趋势和变革型领导力的兴起,对领导者的沟通行为也提出了越来越高的要求。人事沟通是领导者的重要职能之一,领导者在信息沟通活动中表现出的个性风格,体现了领导者人际关系的基本结构与面貌。它不仅与组织的凝聚力、生产效率密切相关,而且会影响到员工的工作满意度及其绩效水平。

领导离不开沟通,沟通渗透于领导过程的各个环节。领导者在授权、决策、计划和谈判等活动中,必然以一定的方式和上下级或相关人员进行沟通。领导者的沟通意识和技巧决定着沟通的有效性,并直接影响其他活动的开展。领导者以有效的沟通赢得下属的积极回应,彼此间形成一种相互信任和欣赏的氛围,有利于领导意图和组织目标的实现,同时也利于员工的发展。领导力是一种影响力,是一种表现力,它以有效沟通的方式作用于下属或追随者,引起他们心理和行为的反应和改变,这种反应或改变达到预测效果的程度便能反映出领导力的大小。领导力与有效沟通有着双向联系。一方面,成功地实现领导的过程是有效沟通的过程。领导者的权力因素加上人格魅力,通过有效沟通的方式赢得公众、下属的赞誉和支持,从而实现领导过程;反过来,有效沟通也有利于领导目的的实现和逐渐建立领导的权威。

✐ 人际沟通与领导者的心理健康

对于一个领导者来说,如果他能和周围的人达成一种真诚、积极的人际关系,不仅会增强工作信心,而且会极大地满足他在社会安全感上的需要。在日常工作中,如果一个领导者能适当地注意别人对自己的印象和评价,珍惜别人对自己的接纳和帮助,建立起良好的人际关系,那么影响其心理健康水平的压力来源将会减少很多。但是,受领导者与之俱来的权力和社会影响力的驱使,上下级关系、同级同事关系、亲戚朋友关系、职能部门关系和种种叫不出名的公私关系紧紧地纠缠着领导者,往往牵一发而动全身,难以协调、难以平衡。因而,不少领导者(尤其是一些任职初期的领导者)往往处于人际交往新旧思路的冲突和人际交往方式调整的中心。长期处于这种"剪不断,理还乱"的状态中,领导者的情绪、心境及整体的心理健康水平将受到严重的影响。

领导者的绩效不仅取决于他的能力,而且取决于他的心理健康状况。积极的心理因素既是领导者能力得以充分发挥的前提条件,又是直接影响和感染群体的基础条件。领导者产生的心理问题,如果得不到及时、有效的调适,就会转化为心理障碍与心理疾病,给工作、生活带来消极影响。

心理健康是领导者正常工作和活动应具备的内在条件。一个人能否正常地生活和工作,首要条件是其智力正常。然而要事业成功,成为一个有效的领导者,仅有智力的正常是不够的。良好的情绪、人际关系等非智力因素有时成为决定因素。美国心理学家吉伯在其研究报告中指出,天才领导者应具备智力过人,有自信心,心理健康,外向而敏感等7个特征;心理学家斯托格迪尔也在其《领导手册》中指出:领导者应包括才智,强烈的责任心和完成任务的内驱力,坚持追求目标的性格,大胆主动的独创精神,自信心,合作性,能承受挫折,社交能力等10项特征。可见,健康的心理是一个领导者能正常工作和活动的重要条件。领导者心理健康与否,直接关系到领导的有效性,因而日益受到人们的重视。了解领导者可能产生的心理问题,并用科学的方法加以调适,是帮助领导者最大限度地实现自身价值的重要途径。而相当多的研究表明,人际冲突是心理压力重要来源之一,人际适应是否良好也是评价领导者心理健康水平的重要指标之一。美国哈佛大学心理学教授乔治·埃尔顿·梅约(George Elton Mayo)提出,一个新型的领导者应该具备解决技术经济和处理人际关系两种能力。另外,组织中的人际气氛不仅影响领导的心理健康,也影响员工的心理健康。

有些领导者或由于过于追随世俗化的情感效应,在觥筹交错之中领略所谓的"情感深厚",在人际交往中逐渐失去真诚,更加体验到情感的失落与不安全感;或由于过于敏感和小心,喜欢严实包裹和封闭自己,长期处于情感隔离状态,内心压抑、孤独。领导者在人际交往过程中出现的自傲心理、嫉妒心理、孤僻心理、猜疑心理等,如果得不到及时调适,会严重影响他们的心理健康。

根据人际关系的层次可以把领导者的人际关系分为与上级、同级、下级、群体发生的人际关系,从而形成一个圆形的人际关系轮。可见,领导者的人际关系要比被领导者的人际关系复杂。卡耐基说过,一个人事业上的成功,只有15%是他的专业技术,另外的85%要靠人际关系、处世技巧。领导者在人际交往活动中,既要注意交往的各种不同层次,又要注意适时采用角色交往和非角色交往的不同方法,从而形成良好的人际关系。领导者仅仅靠良好的愿望是不足以处理好人际关系的,他们需要处理复杂人际关系的技巧以及拥有良好的人际关系适应能力,领导者们在他们所处的人际氛围中经常会遇到这样或那样的心理冲突或压力,所以很有必要了解和掌握一些面临这些人际压力时的调适方法。

3 人际压力下的心理调适

人际关系不是单一的,而是多向性的。领导者日常工作中的人际沟通结构应为混合多向型,这种结构既注重沟通上下级之间的纵向联系,又重视沟通同级之间的横向联系。不仅能保持上下级之间的政令畅通,行动一致,还能促进同级之间互相关心,互相谅解,互相照顾,联系密切,协调配合。

对于领导者而言,在人际压力下的心理调适方法通常有下面几种:

(1)善于运用角色心理位置互换

善于换位思考,是调节人际关系角色冲突的一种有效方法。例如当领导班子成员上下级之间或同级之间发生冲突时,如果冲突双方能进行心理位置互换,各自站到对方的立场上,设身处地为对方想一想,彼此之间就能相互谅解,双方关系也可趋于改善,从而达到团结和谐的目的。另外,换位思考的同时,要客观评价自我和他人。作为领导者,了解自己,正确地评价自己,是建立积极的心理适应的基础。例如,领导者不同的气质类型、沟通风格影响着其工作效率和沟通过程,但这些并不决定领导者的个性倾向性、性格、能力的发展水平。气质类型特征也具有积极的和消极的两方面因素。领导者应该在充分了解自身气质类型、沟通风格的基础上,摸索适合自身气质、符合沟通对象沟通风格的独特的沟通方式,扬长避短,实现有效的领导。一个人对自己了解越充分,评价越切合实际,就越能树立起自信心。同时,也更能接受现实的自我,敢于面对现实的不利情况,即使自己在某些方面有缺陷,甚至这种缺陷是无法改变的,也不会自卑,而会看到自己的长处和优势,发挥自己的长处和优势,去争取成功,创造一个理想的自我。同时,领导者看待他人要有发展、变化的观点,切忌刻板印象和偏见,不断运用角色心理换位思考问题,客观评价、看待他人。

（2）合理进行情感沟通和宣泄

在出现人际不和谐时，更应该多一些情感沟通，这个过程一方面可以起到宣泄释放的作用，另一方面可增加双方的了解和交流，消除不必要的误会。沟通时要注意选择适当的时间和场所，创造宽松和谐的气氛，要直率坦诚，谦虚谨慎，有礼有节，耐心细微；要事先构思，讲究技巧，言语要朴实自然，以情感人，来取得双方共鸣，达到调适心理的目的。另外，这种沟通可以通过个别谈心活动进行，也可以通过媒介进行。这里的媒介是指充当人与人之间情感沟通中介的人。有时由于一些原因领导者与沟通对象之间由于发生冲突而难以进行情感交流时，发挥媒介的作用是最佳途径。情感沟通也可以通过娱乐活动进行，有意识安排娱乐活动，在活动中相互谦让，交流情感，从而淡化人与人之间的成见、误解和隔阂。

另外，适时、合理地宣泄情绪很有必要。人在压力情境中会有各种消极的、冲突的、痛苦的情绪反应。从心理卫生的观点看，应承认自己的情绪，适当地表达自己的情绪，而不要掩饰它。调节情绪的方式多种多样，如向他人倾诉；从事正当的消遣娱乐、旅游、体育运动；欣赏音乐；专注于阅读、游戏等活动以排遣不良情绪。心理分析学家弗洛伊德提出了三种排遣不良情绪的积极方法：一是发泄；二是转移；三是升华，即利用意志力量摆脱苦闷，通过对事业的发奋追求以排遣不快。

（3）调整目标和期望

对领导者而言，应对一个新的目标或障碍一般有以下四种情况：一是通过积极努力克服障碍，使目标得以实现；二是阻力太大，努力后仍难达到目标，则采取迂回曲折方式尽力来实现目标；三是寻求替代性的目标，放弃难以实现的既定目标；四是采取退缩、压抑、逃避等手段对待目标。前三种方式，目标虽得以实现或部分实现，但领导者长期为实现目标不断付出艰苦努力，有时也会因心理过度疲惫而导致对以后目标的调适产生一定的心理障碍。第四种方式实际是一种失败的经历，将直接导致严重的心理障碍，导致人的焦虑、忧郁和攻击性行为等。

在人际交往上，正确的态度是，针对不同的沟通对象和沟通氛围，领导者应该不断调整自己的期望和目标，适时进行评价或修正，重新确认目标、期望的可行性和合理性,并据此做出相应的策略调整。要避免因目标、期望不当而过于求全责备,造成不必要的焦虑和压力。对别人的期待少一些,对自己的要求多一些,人际烦恼自然就会少一些。

（4）提高自身修养和人际交往水平

建立正常、和谐的人际关系,要恪守以诚相待的原则,表现出良好的做人风范,具有大度宽容的胸怀,注意与他人及时交流和沟通,注重发展彼此关系。具体地说,在处理与上级的关系时,要根据组织的目标和规范,恰当地控制交往的频率和深度,把握好交往的分寸。在处理与下级的关系时,要做到信任下级,合理授权;协调关系,及时化解对立情绪;宽容揽过,正确对待下级的错失;实事求是,客观评价下级的工作绩效。在处理与同级的关系时,应设身处地为他人着想,经常进行思想交流和意见沟通;工作中发生分歧时,要从大处着眼,用"自让"换"互让",以获得同级同事的协作和支持。

在平时可多锻炼自己控制感情的功夫。作为领导成员,要做到心底无私,宽容大度,遇事冷静。而情绪冲动,动辄发怒,言词过激,或狂喊乱叫,大声训斥,只能造成事与愿违的结果,不能使问题得到很好的解决。领导者首先要树立正确的世界观、人生观和价值观。有了正确的世界观、人生观和价值观,领导者才可能有适当的态度和行为反应,才能正确对待权力、地位、金钱、名利、待遇、职位等,冷静而稳定地处理事物,保持乐观主义精神,提高对心理冲突和挫折的耐受能力。

以上讲的是领导者在人际交往中自我心理调适的方法,除了自我调适以外,对领导者的人际压力还可以从环境调适、组织调适入手。环境调适主要是净化社会环境,营造健康的文化氛围,倡导积极的社会价值观念、行为方式和生活方式,努力消除产生心理问题的社会根源。组织调适是要在组织内形成良好的竞争机制,建立宽松、和谐的人际关系,使整个团队成为具有吸引力、凝聚力、彼此不设防的整体,从而减轻心理压力。同时,还要加强科学的管理职位设计工作,使领导者能够把组织目标和个人发展目标有机结合起来,不断为实现目标而努力。

一 | 权利纷争中的尴尬

案例改编者：邓丽芳

案例取材于真实人物

案例参考：中国管理联盟网,http://www.cnmanage.com/ArticleList,《一个尴尬新官的日记》,2006 年 6 月 5 日。

▨ 案例介绍

本案例中的主人公周某是一家大型民营企业新上任的部门经理。上任不久后在工作中他感觉到困难重重,一个偶然的机会,他得知了公司的一些内幕,顿时内心有了许多矛盾和冲突……

一个月前的一天下午,公司的人力资源总监找我谈话——我应聘培训经理成功了!

到现在我还不能完全相信这个事实。当时我觉得自己肯定没戏。半个月前的那次竞聘是临时通知的,我刚结束外地的招聘工作,风尘仆仆地赶回来,面对总经理、人力资源总监、人力资源部经理杜某、招聘经理等 6 位中高层领导连珠炮似的发问,当时感觉有些紧张,回答也有些磕磕绊绊。过后还自我安慰,这是公司第一次大张旗鼓地搞竞聘,就当这次是练兵吧。

我公司是个私企,以前中层一直是由高层直接任命,从这次开始推行全面竞聘。这些年公司发展惊人,从我进来时的 1500 人发展到了现在的 4000多人。企业的发展给员工提供了很多机会,从公司内部提升骨干也就成为目前人力资源部重点考虑的一个问题。

前几天我一直以为这次竞聘的胜利者是一位人力资源主管张某。谁都知道他到公司的时间长,资历高,而且也是杜某一直看重的人。另外,竞选人里面的另一位人力资源主管胡某也不可小看,能说会道,特会表现,上上下下对她的印象都不错。

我这个位置很微妙。培训部刚成立,暂时由杜某兼管。因为杜某的工作太多,而公司高层又十分重视培训,想把培训工作做起来,所以决定从内部提拔培训经理。

我想来想去,始终弄不清楚这次我竞聘成功的主要原因是什么?但不管怎样,既然公司给了我这个机会,我想就一定要好好地做出点成绩来!

第二天上午,人力资源总监公布了我竞聘成功出任培训经理的消息,看得出来大家都很意外。毕竟,在竞选人中,我的优势并不明显。

大家用吃惊来迎接我的上任,虽然让我有些不爽,但是,一想到上面有总经理的支持,心里还是挺踏实的。

上任之后杂事真多。公司又打算建立自己的管理培训系统。负责培训的两个主管小郭和小刘是从杜某手下调过来的,两人对培训都不太熟悉,所以放手让他们去做还有些放心不下,基本上整个方案都是我一个人在做。以前虽然学过一些培训理论,但实际经验很缺乏,好多事情都遇到了困难。

工作的困难毕竟是意料之中的,让我郁闷的是杜某那群人总跟我过不去。部门经理会议的时候,杜某老说培训投资太多,并且对培训人员制定的考核指标也不太合理。虽然级别跟他一样,但到底是资历太浅,说话底气不足。我也希望人力资源总监能帮我说一下话,但他一如既往地在会议上一声不响,一副高深莫测的样子。

总之,新官上任的感觉并不太好。

一个月后的一次偶然机会,让我的愤怒更是到了极点。那天到小郭他们办公室找他们谈话时,在门口无意中听到了小郭和小刘的一段对话。

"本来培训经理的位置是内定给张主管的,可是后来出了些问题就给周了"。

"小郭,什么问题?快说说。"

"本来杜经理是向总经理推荐张主管的,总经理也同意了,并想好好培养一下张主管。可是,后来总经理在进一步了解张主管的时候,有人反映他做事有欠公允,并且私心太重、喜欢拉帮接派。总经理就把他放弃了。"

"那这么看来我们的周经理是捡了个大便宜呀!"

"那可不一定,杜经理说了,我们的考核是由张主管来负责,周经理这边嘛,我们就应付过去好了,他怎么能跟杜经理斗得过呢?"

随之两个人一阵得意地大笑。我的心都凉了。

原来如此！难怪工作老安排不下去,安排下去也总是拖拖拉拉的! 原以为是我用实力获得了这个职位,却原来我只是权力纷争的意外收益者。

我该怎么办？这个经理是越干越没有信心了。

📖 点评分析

新官上任,职位角色的转换会带来巨大的心理压力。让我们看看"我"周围人的反应。对于上任后的同级和上级领导而言,有的支持"我"的晋升,有的却本来另有支持人选。支持"我"的人希望"我"能够胜任新的工作;而本来不支持"我"晋升的同级或上级却往往对"我"的成功不满,进而在今后工作的协调方面给"我"下绊子。

认识了上述情况,就不难理解案例中"我"为什么在被提升为培训经理后成了一名"尴尬新官"。其实,他完全没有必要因为刚上任暂时的困难和挫折而变得失去信心、意志消沉。分析这名"新官"的心态,我们发现他上任后仍在耿耿于怀自己是怎么被提拔上来的,在被提拔的过程中谁支持了他,谁又在打压他。这种猜疑和对他人的不信任,会倾向于把别人的好意或中性态度误解为恶意,倾向于追究别人隐蔽的动机,认为别人老是和自己过不去。实际情况有那么糟糕吗？既然这个案例中的主角能够被从一名部门主管提拔到培训经理的位置,就说明他的能力还是受到了上级以及其他一些领导的肯定,所以应该具有自信。

对"我"来说,新经理上任初的一段时间应把工作重心放到协调和处理好身边的人际关系上,想方设法获得平级、上级领导及下属的合作。在实现组织目标的过程中,领导所扮演的角色和所起的作用不止一个。要知道,面对上级,你是一个执行者、传达者;面对下级,你又是领导者、指挥者。要扮演好这些角色,重要的一项职能就是要做好上下的协调和沟通。不妨从以下几个方面来尝试一下:

● **注重情感沟通**

改善人际紧张,首先要改善与"对手"的关系。应该和杜某化敌为友,正面、积极地和杜某沟通,判断杜某对自己行为的直接原因,是完全有可能扭转目前的被动局面的。主动言和是运用智慧寻找冲突的最佳解决方案。让杜某发现自己是个理想的合作伙伴,这样就有利于给自己创造一个良好的工作空间!

● **争取赏识**

"我"目前要做的是和直属主管人力资源总监多做沟通,通过良好的业绩表现和积极的工作态度获得主管的理解和认可,并通过主管的认同来加深老板对自己的了解,主动争取让老板认识自己、赏识自己。保持积极心态,继续干好本职工作,通过干好一两件事而获得上级的肯定。

● **注重人心**

对于人际关系的紧张,"我"应先做内归因,认清为什么升职后许多同事对"我"的尊敬不如以前了,然后努力改善不足之处,与同事搞好关系。"我"要做的是:多跟别人分享看法,多听取和接受别人意见;不搞小圈子,尽可能跟不同人打交道,自然能获取别人的信任和好感。

● **善于培养下属**

"我"上任后,考虑到下属是新人,什么事都不放手让下属干,结果自己做了下属该做的事情。不但把自己搞得很累,反而让下属心有余悸,觉得是你自己最能干,让他们很难干。把下属该做的工作留给下属,让下属知道这个工作给他,是因为你让了出来。所以,当你升到了经理,下属就是你最重要的得力副手,并适当地给他们督导、激励和培养,这个礼物对他们比什么奖都重要。有了这样的激励,还怕在下属中没有威信吗?

● **适当宣泄自身的消极情绪**

作为新官的"我"此时面临着来自工作、人际等多方面的压力,尴尬的处境让内心充满了矛盾和冲突,在疲于工作、人际关系协调的同时,更应该让自己的消极情绪适时得到转移和宣泄,切不要压抑或逃避。一方面,可以和家人、朋友多一些情感沟通,以获得情感上的支持;也可通过一些消遣娱乐、体育运动、欣赏音乐、游戏等活动以让消极情绪暂时得到转移和排遣。另一方面,需要从认知上辩证地看待自己所处环境中的问题,把它们看作前进的契机而不是障碍,多给自己一些积极暗示。

- **合理把握人际"敏感度",不为无关紧要的事情伤神**

其一,记住别人的议论也许并非针对你。即使人家真的在针对你,你的烦恼伤神也于事无补。其二,坚持自己的原则也很重要。要知道和为贵是好事,但是往往众口难调,如果为了维护表面上的和谐而左右迁就,是一件很愚蠢和很累人的事情。有时候不妨强硬一点,坚持自己的立场,也是有魄力的体现。其三,要知道在职场里,无论是高层、中层还是基层工作人员,所承受的压力都是很大的,不要过分指望别人来通情达理,因此对于他人无意失态的言谈举止,不要细细玩味,过度解读,相反设身处地为别人着想,没准还会豁然开朗,给自己一个好心情。最后,心里越烦,担心的事情越多,越应该把心里挥之不去的事情排个顺序,只为最重要的那一件事情担心,重点解决这一件事,至于未发生的事情,更要甩甩头,把它从脑子里赶走。

二 | 新主管与老资格
——领导者在处理与下属冲突时的心理调适

案例改编者:黄理晓

案例取材于真实人物

案例参考:百度知道,《如何处理与此种下级的关系》,2006 年 9 月 13 日。

◢ 案例介绍

本案例的主人公是一位外企的中层女主管,她下面有 300 多人,其中有一位男员工是干了八年的老组长,虽然年龄只比她大一岁,可是资格比她老 3 倍。她认为可能是由于自己从不当众批评任何一个下级干部的原因,这个老组长表面上什么都听她的,她吩咐的工作也会完成。实际上却和她唱反调,经常在背后说些挑衅她或不服她的言论,除非迫不得已,否则从不主动和她打招呼或谈工作。他本身技术还可以,管理一般,与他的下级班长关系也不太好,心眼很小,为此她找他谈过话,并表示她很重视他,希望他不要做一些不利于团结的事，可感觉没见什么成效。

这位女领导说："以前历届主管都很提防他，怕他玩心计，所以一直都不敢提拔他，虽然他一直都很想当主管。在我来之前有半年时间他虽然职务上不是主管，可实际上许多事情都是由他处理。他和我不友善的原因主要是因为他认为我是半路杀出的程咬金。我和他谈过两次，但感觉他有种死猪不怕开水烫的感觉。上次他小舅子打架是我出面保下来的，事后第三天的聚餐会上他对我很殷勤，还特地帮我叫车。我想他心里还是有些不平衡的，因为我是公司唯一的女主管，经常有人说他们这一群男人被一个比他们都小的女人管着没出息。"

女领导很苦恼，自己从没想过要整谁，但她越来越难忍受他的背后挑衅，因为她做管理 10 来年了，第一次碰到这种下级，很想找到解这个结的办法。

点评分析

本案例涉及的是上下级冲突。

冲突是指两个（含）以上相关联的主体，因互动行为所导致不和谐的状态。冲突之所以发生，可能是存在利害关系的人对若干议题的认知、意见、需求、利益不同，或是基本道德观、宗教信仰不同等因素所致。冲突是一种紧张状态，使个人或团体皆处在某种认知的威胁下。这些目标通常与我们个人的欲求有关，而这些认知威胁可能是真实的，也可能是想象的。

人际关系中由于以下四个原因会导致冲突：①双方未能交换彼此的观点与资讯：合作双方没有统一的目标和实现途径，使得在任务进展过程中出现分歧，而这个分歧是从一开始就埋下的。②与他人相比较个人不满意本身的角色：个人不满意自己的角色，多是因为金钱、权力、地位不符合内心期望。③相异的人格：不同个性特征的人在一起共事，因为做事方式、性格特点的巨大反差造成不和谐，使得冲突不断。④个人的偏见：一方面头脑中先入为主的刻板印象造成对他人的误解，可能是对某一类人的模糊印象，也可能是通过第三者的转述得到了不符合实际的信息，另一方面是双方缺少沟通,自己在少量信息基础上想象的结果与对方真实情况有较大的出入。

在组织内部,根据冲突的性质可分为两类:一类是"恶性冲突",也可称其为破坏性冲突,主要是由于冲突双方的目的和途径不一致所导致的,此类冲突所带来的后果,往往是具有破坏性的。持有不同意见的双方缺乏统一的既定目标,过多地纠缠于细枝末节,在冲突的过程中不分场合、途径,是团队内耗的主要原因。严重时还可能会导致团队分裂。这类冲突是管理者应当尽力避免的。还有一类冲突称为建设性冲突或良性冲突,是指冲突双方的目标一致,在一定范围内引发的争执。良性冲突的主要特点是:双方有共同的奋斗目标,通过一致的途径和场合了解对方的观点、意见,大家以争论的主题为中心,在冲突中互相交换信息,最终达成一致。这类冲突对于组织目标的实现是有利的,应当加以鼓励和适当引导。

对于团队领导而言,重要的是如何避免团队内部产生虚伪的和谐气氛,引导和鼓励适当的、建设性的良性冲突,同时避免将各种冲突变成个人间的冲突,甚至演化成破坏性冲突。对于团队而言,如果缺乏建设性的良性冲突,就无法有效地实施决策,只有当团队成员彼此间热烈地、直率地说出自己的想法,实现信息的有效交汇,团队领导才能充分集中个体的智慧进行决策,将被掩盖的问题和不同意见摆到桌面上,通过讨论和合理决策将其加以解决。否则的话,隐患迟早会爆发。

上述案例中,这位女领导提到了老组长和她产生冲突可能的两个原因:一是老组长认为她是半路杀出的程咬金,挡住了他升官的路;二是觉得被一个比自己都小的女人管着不服气。诚然,资历低管着资历高的,女性管着男性,这都有可能造成下级对上级的不认同和不服气,但是也有很多企业存在这种人事状况却没有不和谐的上下级关系。其实在任何一家公司,刚来的领导和下属有些不融洽都是难免的。设身处地地想,如果自己在一个公司干了8年,本以为马上就要升迁了,却来了一个比自己年轻的女性来做自己的上司,你会不会有类似的想法?这位老组长在当面没有反对,布置的任务也能够完成,这其实也是他对领导的基本尊重。但他确实心理窝火没处发泄,所以在背后还是忍不住说了那样一些话。这种情况产生的不满和抵触是否需要理解?作为领导如果不能够反省自己对待下属的态度,就不能理解下属对待自己的态度。平时对下属是否总有一种优越感,是否本身就对老组长存有什么偏见或者戒备,是否充分关心和尊重下属,这些都关系到是否能够理解下属的行为表现。了解了以上两者,那么矛盾的关键点及冲突点就会显现,解决问题也就更有针对性了。

需要特别指出的是,本案例主要引自该领导自己的陈述,叙述过程中没有提到任何关于老组长自己的想法。一种可能是这个领导根本没有问老组长为什么要在背后说挑衅的话,另一种可能是即使知道一点,但是领导没有加以重视,所以在讲述问题的时候提都没有提。不管是哪一种情况都表明她同老组长的两次谈话不是有效的沟通,因为没有了解到冲突对象真实的想法。所以是否是因为上述的两个原因造成的冲突,是否可以单纯通过提高业绩和管理能力来解决问题,归根结底取决于老组长真实的想法。

有效沟通是角色心理互换的前提也是保障。只有在了解客观事实的基础上,才有可能找到冲突的关键点。仅从上述材料看,冲突的主要表现是"经常在背后说些很挑衅她的言论,除非迫不得已,否则从不主动和她打招呼或谈工作",但没有经过有效的沟通获取可靠的信息之前,这个仅是问题表象,真正的原因还不能确定。

要做到有效沟通,应该学会倾听,善于换位思考。作为管理者,其角色不仅仅是发布命令者,同时还是教练和师长,承担着建立团队的责任。因此,需要包容,需要尽量公平,尽量不带个人好恶;要充分考虑别人尤其下属的要求,尽量给予下属更多的理解并满足那些合理的要求。比如,下属需要上级的肯定和表扬,需要得到上级的关注,那么,你就尽量去满足他。

有效沟通是通过沟通了解真实的情况,情感沟通是有效沟通的另一个方面:了解对方的想法,同时让对方知道,他的行为给自己带来什么样的感受。这个过程一方面可以起到宣泄、释放的作用,另一方面可以增加双方的了解和交流,消除不必要的误会,也给对方制造了一个角色心理位置互换的机会。

情感沟通最好是在对方心情比较放松、比较高兴,气氛比较和谐的情况下进行。比如这里提到的出面帮助老组长的小舅子之后老组长殷勤感谢的时候,可以找个空档直率坦诚地说起自己10多年来的工作成效,和目前的处境。人心都是肉长的,老组长听到这么真诚的话,怎能无动于衷?即使老组长铁石心肠不予理睬,那问题也不在领导自己了。如果把有利于问题解决的话憋在心里让自己受气,是不明智的。

在互相了解了想法之后,作为领导的一方还可以给出好的建议,例如:"以后对我的工作有什么不满的,你可以直接来找我谈。"这样既有助于问题解决,也不会给团体气氛造成不良的影响。

适时、合理地宣泄情绪也很必要。处在一个压力情境中,难免有消极、痛苦的情绪反应。适当地加以疏导和发泄,有益于身心健康。可以向与自己亲密且与老组长不相关的人倾诉,或从事正当的休闲娱乐活动。此外,根据弗洛伊德的排除不良情绪的三种方式中的第三种"升华",可以利用意志力,通过自己在事业上的奋斗提高业绩来排遣不快,同时也能因此赢得下属的信服。如果正如该领导所说,下级不服在她这样一个年轻女性手下干活,那就拿出业绩拿出管理水平来,在事实面前人们终将折服。

假如以上方法都失败,领导就有必要对自己在员工态度问题上的期望值作调整。一方面要调整对老组长的期望,要确定一个基本观念,在任何一家公司,要做到被所有人认同和推崇几乎是不可能的。有个别人饶舌和不服气是正常现象,并且老组长在背后的言论是否真的达到了挑衅和让人无可忍耐的地步,是否自己过于敏感,对自己在员工中的形象太在意。如果对这些问题产生怀疑了,那么有必要先做反思,调整自己对员工评价水平的期望程度,调整自己以往对员工言论的要求标准。

另一方面也可以设法调整员工对自己的期望。每个自信的人不是因为自己全能才自信,而是对自己擅长的、不擅长的和潜在的能力都有清晰的认识。因此也不必强求自己在所有方面都做到非常好,只要发挥自己的优势,在工作中使某一个方面表现得尤为突出以弥补其他方面的不足,这同样能够赢得他人的认同。慢慢的,员工对你的优势和弱势有了认识之后,会愿意出力去做你不擅长的方面。在这里,也可以坦诚地告诉老组长,自己虽然做了10多年,在决策和管理方面有非常出色的表现,但是业务方面还不如他,希望他今后在这个方面多帮忙,更好地发挥他的作用。

领导者要有很好的情绪控制能力,对待可能遇到的任何问题保持沉着冷静,不溢于言表,保持作为领导者的身份和形象;要做到宽容大度,不拘小节,处处为下属和员工着想。修身应当是每个人一生都不停歇的事情,尤其作为领导,要管好下级更需要提高自身修养和人际交往水平。修身包括两方面:知识系统的建立(格物、致知)及道德修养(诚意、正心)。知识系统又包括了业务技能、法律、经济、历史、文学等方面的知识,道德修养包括了胸襟、眼光、正义、公平、诚信等方面的道德品质。修身一方面可以通过对自身生活经历的反思,另一方面可以通过观察他人处理类似事情的方法来实现。经过分析、比较、领悟,把一点一滴的内涵转化成自身内在的东西,以后遇到问题时就能够迎刃而解。

针对领导与下级的冲突问题,首先,要认识到领导和下级本身就是一对矛盾体,冲突发生在所难免,而有一颗平常心坦然正视问题,积极想办法解决问题。在这里,领导刚刚上任,下级有不服气的现象是很正常的,要接受这种事实。其次,对产生冲突的原因有一个理性的认识,就是知道是在哪个环节上出了问题,对症下药。再次,领导者表现出自身应有的胸襟,在条件允许的情况下,多关怀下属,尽量满足下属一些合理的要求,保持一个良好的沟通。如在前面提到的给他的亲属解围以及如何和他谈话,让他也能体谅和配合。

除了上面讲到的自我心理调适的方法,本案例的冲突还可以做组织调适,若老组长的行为严重影响到公司的团结气氛,影响公司的效益,那就成了一种恶性的冲突,如果他确实不改,就有必要要求将该员工调离或除名,以净化公司的工作环境。

三 | 成功的重要砝码
——领导者在处理同事关系时的心理调适

案例改编者:尹志新

案例取材于真实人物

案例参考:《横向沟通:小心暗战还是痛快搞掂》,2005 年 9 月 14 日。http://www.hr.com.cn,中国人力资源网。

中层领导是连接老板和员工的管理平台，在这个舞台上，作为合格的部门主管沟通能力应占80%，其他能力只需20%。而跨部门领导之间的沟通对于整个企业来说更加重要。对企业管理者、领导者来说，横向沟通协调能力是评价领导者规范科学化管理与管理人性化兼顾的有效标尺。

目前大多数企业的中、高层主管最缺乏的是沟通能力，缺乏对于沟通重要性的正确认识，很多人认为能力大于沟通。下面就是部门主管缺乏沟通能力的几个案例。

◢ 案例介绍

某知名公司北京分公司的财务总监张女士刚度假回来，迎接她的却是一纸劳动合同解除通知书。原来休假期间，分公司几乎是天翻地覆。老总迫于业绩压力调职了，一串嫡系中层或下马或平调。凭借出色的专业背景和熟练的业务能力，张女士完全可以平调到任何一个分公司。可令她没想到的是，她与行政总监的一次争执却断送了所有机会。

起因是这样的：张女士工作一向严谨认真，当年，她审核各部门报销费用时，发现行政部门有5000元钱的餐费不符合公司报销规定，她给行政总监发了电子邮件，并直接抄送给主管行政、财务的常务副总。没想到行政总监对她这种沟通方式十分不满，两人发生一次不愉快。

如今，在这次"动荡"中，行政总监由于后台过硬，被调到总部。两人曾经的不愉快演变成一场暗战。最终，张女士也失去了工作调动的机会。

再看另一个例子：在某知名食品公司里面，销售部经理刘强与宣传部经理张港就是冤家对头，每逢刘强找张港，总被不软不硬的钉子碰得"鼻青脸肿"。张港为人热情，表面看很支持刘的工作，却总在不经意间把自己的任务踢给刘："你是掌握财权的领导，这事还是你负责吧？"或"如果这件事由你而不是我去联系，对方可能会更重视。"甚至说："明天吧，今天我还有紧急的私事处理！"而刘强刚进入这个公司，正急于出精彩成绩，但是最近两周总遭遇这个瓶颈，让他苦恼甚至愤恨不已。长此下去，无功的自己只有走人了。

"心累,每天都在临界点上。"这是很多中层经理人的心理写照。张女士以及刘强不过是成千上万痛苦经理人中的一个缩影。据中国科学院心理研究所对不同职业群体压力水平的统计显示,中层管理人员的压力排在第一位。而同事间人际关系紧张是造成经理人产生焦虑的主要因素之一。

身为中层领导者,你是否已经意识到,同事之间的平行关系有时比上下级之间的关系更为重要,横向沟通不良是人际关系不好的主要症状。有关研究表明:领导者有70%的时间用在沟通上,而管理中70%的错误却是由于不善于沟通造成的。如今的领导者管好下属是本分,"管"好上级是艺术,而"管"好同级的则要看你的本事了。横向沟通一直是领导者尤其是企业的中层领导者小心跨越的灰色地带,由于失去了权力的强制性,中层领导往往容易陷入灰色陷阱。

不同职能部门由于彼此立场不同,什么事都可能发生。很多事情不是靠一个部门就能解决的,总有需要其他部门帮忙的时候。平时横向沟通不畅,准保你关键时刻掉链子。

最典型的就是在矩阵结构的外企公司里,销售人员与行政、财务部门的冲突。下面就是典型的跨部门沟通出问题的案例。

新的一天开始了,同事们先后来到办公室,销售部秘书郭菲刚刚坐在电脑前,"销售王"李浩也风尘仆仆地赶到了。"你说,咱们公司那些行政、财务的人怎么回事? 这标书拼得你死我活的,我好不容易搞掂客户,摆平集成商,这后院还起火了!"李浩抬高了嗓门说。

"怎么回事儿?"郭菲很疑惑。

"昨天我缺一份公司的营业执照复印件,先找行政,他们说得到财务那儿拿。好容易找到 Sunny 会计,她说要老板同意,而财务总监又没开手机。这不让人搓火吗?"

"几点的事呀?"

"昨晚 8 点。"

"咳,都下班了! 再说,人家也不知道你急着找他呀!"

"这当'乙方'的真倒霉! 既得'攘外',还得'安内',怎么回到公司就不能做回'甲方'呢?"(供应商通常在合同中被定义为"乙方",客户为"甲方",

故销售人员常自嘲为"乙方"。）

"我和那些部门的人吃饭的时候，他们还老说你们销售多好哇，一切资源、投入都是你们优先。我们这些部门累到半死也没人看见，而且谁都能冲着我们喊。"

讨论分析

那么沟通不良的原因到底出在哪里呢？

"公司沟通氛围不好，管理机制不好，大家成天勾心斗角。"——一切都可以成为借口。

"他太自私了，一点都不为别的部门考虑。"——一棍子把对方打死。

"对我有成见呗，也不知哪儿得罪他了。"——主动妄自菲薄

……

林林总总的原因归纳起来，无外乎是对方的错。难道横向沟通中的灰色陷阱都是别人一手挖好的坑，就等着你往里跳？一个巴掌拍不响，我们还是多从自己身上找原因，先来自我排查吧。

第一，利弊是否权衡？人无利，沟不通，没有权力施压，只有实在的利益。对方如果帮你，他是否值得？如果不帮你，对他的损害又有多大呢？刘强既然要张港帮忙，那么能否先要对方看到利益所在呢？

第二，沟通是否对等？程序是否正确？在横向沟通中，细节往往决定成败。有些领导在找同级其他部门领导帮忙时往往要秘书代办，秘书和对方显然不是对等的身份，很多领导看似平易近人，其实心里还是很在乎这些沟通细节的，因此这样就很难保证沟通成功。

第三，信息是否对称？"对自己显而易见的事，对别人未必知悉。"这是十分常见的一种沟通误区。你的要求对方并不理解，往往是你知他不知，你急他不急的，如果刘强让对方知道自己的处境，也许他的事情就已经解决了。

第四，私交是否良好？如果沟通对象和你有过节，或者彼此谁看谁都不顺眼，那就不但别指望对方帮你，还要防备关键时刻对方拆你的台。就像张

女士这样因为一次争执而被对方在背后射了一箭而丢了工作。

第五，是否存在公司政治？公司政治是最讳莫如深了，可能是几个部门存在潜在利益冲突，也可能是主管两个部门的老总不对付，就让中层"对掐"。例如某钢铁公司的生产主管贾辉最近发现一批产品出现了轻微质量问题，领导让他组织设计、工艺、质检等相关部门开个碰头会，查清楚相关原因。小贾张罗了半天，今天工艺负责人说要出差，明天质检部门要去市里开会，大家怎么也凑不到一块，最后碰头会不了了之。无奈之下，小贾自己写了份报告交了上去，结果自己不但得罪了人，还免不了要承担一定责任。小贾发现的质量问题就涉及很多部门之间的利益博弈，大家都在打太极。千万小心，别让自己成了政治牺牲品。

一轮排查下来，也许沟通不畅的责任不完全在你。那也没关系，坦然接受事实吧！毕竟存在就是合理的，往往公司越大，部门越多，横向沟通成本就越高。"团队中的矛盾也不必回避，但更重要的是，你要迅速找出能够让上司接受的解决方案，并开始行动。"管理大师德鲁克如是说。

部门之间协调的高昂成本，不仅存在于大规模组织内，同样也困扰着成长中的中小型企业。首先，职能部门未能将各自的目标有效地整合在组织目标之下——尽管各自制定的目标似乎都无懈可击；其次，组织内部资源的紧缺与竞争环境的压力，导致各部门之间沟通的代价日益增加；最后，组织所倡导和形成的文化氛围及员工的互动方式，决定了沟通效率的差别。

3 解决方法

在公司里，员工和中级主管花在内部沟通的时间占其工作时间的40%—50%，而对于高层主管，这个比率会更高。那么，如何提高公司内部沟通的有效性以改善运营效率呢？该如何进行有效沟通来协调你与同事的关系呢？

第一，主动进行沟通。在清华大学职业经理训练中心副主任章哲看来，部门之间的沟通并不需要很多的技巧，关键是谁迈出第一步。在与其他部门产生冲突时，能够换位思考，避免谁都有理的思维怪圈。

老林是博旭科技的人事总监,技术部想招聘几名集成电路(IC)设计工程师。老林二话没说,满口答应。老林是从部队退伍下来的"中干",为人比较豪爽,有时也喜欢"忽悠"一下。技术总监是清华的硕士,打心眼里瞧不上老林的"野路子"。

一个月过去了,技术总监面试了好几个人,他都不满意。老林很清楚,由于专业狭窄,有经验的 IC 设计师并不好找。一次,他和市场总监一起吃饭时,听说技术总监曾埋怨他能力低下,办事不力。其实,人招不上来,老林也挺着急的,他平时和财务总监关系不错,偶尔也诉诉苦:那么多名校毕业生,可他楞是看不上! 招人的事儿就这么搁浅下来。转眼岁末年初到了,技术部好几名工程师纷纷跳槽了,可又没有合适的人选替补,技术总监赶紧来找老林,"早干嘛去了?"老林心想。

很多经理人都有过老林这样的经验,对方事前都没有主动联系,任由问题扩大,等到无法解决了,才紧急跑来求救。这样导致的气愤也是情有可原,但是如果别人不告诉你,为何你不主动去问对方? 部门之间往往容易画地为牢,一扇紧闭的门就把大家隔开了。只有主动一脚把门踹开,主动找当事人去沟通,部门之间的沟通问题才有可能解决。"横向沟通当中最大的问题就是我和你不谈。比如技术总监和人事总监有疙瘩,技术总监向市场总监讲,人事总监向财务总监讲,他们都和别人在讲,就不和对方当事人讲。所以中层经理人在横向沟通中首先要养成和当事人主动沟通的习惯。"章哲这样分析道。

第二,寻找共同利益点。横向沟通前,一定要目的明确,你想要什么结果? 你和对方是否能达成共识? 寻找共同利益点,这是前提。由于部门不同,大家在认知上难免有差异。如果再加上沟通的信息不对等、不能及时反馈等因素,就会导致目的或结果预期的不同。

达因军惠公司的于国发在以前的公司做项目总监时,发现公司有一批进口设备开箱率很高,达到11%。项目组向运营总监反映过多次,但事情一直没有得到彻底解决。于国发很清楚,设备问题不仅影响项目进展,如果运营总监处理不当,也会影响其声誉。他做了一份报告,把目前设备存在的问题总结了 11 大项发送给运营总监,十分诚恳地指出如果处理不当将引发的后果。第二天,他就收到运营总监的回复,表示尽快妥善处理。最终,公司很快更换了供应商,项目也如期完工了。

第三,扮演公关+发言人角色。每个经理人既是本部门的发言人,也是本部门的公关大使。在横向沟通的时候不必只局限于横向,很多时候"曲线"也能"救国"。在管理好自己团队的同时,还要带领着团队通过有效的沟通与协商,争取自己团队的权益与其他部门的支持,建立良好的合作关系。

长信数码公司的肖俪就是个公关高手,她在销售一部做经理。公司成立时间不长,客户管理基础比较薄弱。她提出尽快做一个CRM(客户关系管理),得到不少销售经理的支持。但IT经理以工作忙或项目多为由拒绝了。肖俪并没有放弃,她私底下和IT部门沟通,得知他们也觉得销售客户数据管理太乱,数据外泄,IT也得担责任。肖俪凭借着自己出色的公关能力,把横向沟通做成了多元化沟通。结果,IT经理也乐得顺水推舟。

第四,永远不厌其烦。跨部门沟通的一个重要策略就是永远不要嫌麻烦。不要以为开完会就没事了,事后应该随时保持联系,主动了解其他部门的工作进度,掌握最新的情况。不要被动等对方告诉你问题发生了,而是要主动持续地沟通,预防问题的发生。平时积极防火,关键时候不用救火。

周二一大早,卢爽就接到三星某产品品牌经理的电话,称这次媒体广告预算批下来了,让她去签合同。卢爽甭提多高兴了,这个单可是自己跟了半年多的,总算修成正果了!她兴冲冲地直奔客户公司,顺利地签下了她加盟这家财经杂志的第一单。杂志创刊时间不长,尚处市场培育阶段,卢爽身为高级客户经理,压力和辛苦可想而知。

合同签了,涉及款项划转等事项,卢爽找财务部去沟通细节。财务经理却说凡是公司正式签订的合同都要统一经过深圳总部把关。卢爽颇为不解,之前关于合同细节,她在部门例会上和财务经理沟通过的。现在合同都签了,难道再倒回去从总部重来一遍?客户岂不更不耐烦了。任凭卢爽好话说尽,财务经理还是坚持原则。虽然心情极为不爽,冷静下来的卢爽还是不厌其烦地和总部财务沟通,及时跟踪合同进展,在她积极耐心地跟进下,总部很快反馈了最新意见。最终,款项顺利进账,第一单让卢爽和同事们都信心倍增。

第五,适当使用沟通技巧,让他觉得这个想法是他自己的,真心尊重和欣赏同仁。卡耐基有一条原则是:先适合别人的需求进而达到自己的需求。如果你想说服别人,先要做一个注意倾听的人,让他觉得你的观点正好是他自己赞同的。

横向沟通也是同样道理。职业发展专家老孙指出:如果你和对方观点十分对立,不妨先重复对方的观点,比如周旗找制作部经理赶活时,对方说:"我们部门活儿太多,排不过来",周旗可以重复几句"是啊,这段时间大家都忙,活儿多呀!"这样表示你在积极换位思考,彼此多重复、换位几次,你的观点就很容易成了对方自己的想法了。

第六,功夫在室外。要想痛快搞掂你的沟通对象,很大程度上也取决于你们平时彼此交往的频率和关系。临时抱佛脚的心态并不适合于横向沟通,可不要让对方觉得你有事才想起去找他。"要让人觉得有趣,就要对别人感兴趣。"平日里,经常一起吃个饭,部门间多走动走动,鼓励本部门的员工与相关部门的员工建立朋友关系,采用"人盯人"的战术,告别以前那种只是"半熟脸"、没事不说话的现象;在可能的情况下,请需要配合的部门主管来参加本部门的业务会,彼此增进了解,获得配合,而且其他部门经理可能也会请你"回访"。还可以定期与其他部门搞一些联谊活动,如周末打球、爬山等休闲活动。双方处的时间长,感情好了,合作自然顺利默契了。如果主管人员从不在电梯或走廊与同事们轻松交谈,当他在员工大会上发表演讲后能听到员工们的热烈反响吗?要想改善内部沟通,需要检视一下,公司主管们都能像美国英特尔公司的安迪·格鲁夫那样踏进员工餐厅随机地与员工一起就餐吗?行动的力量是在会议室的"公司远景、价值观和理念"的最好说明。

建立起以工作为乐的价值观和奋力拼搏、勇攀高峰的精神为核心的企业文化,并且领导者带头身体力行,使这种企业文化通过上行下效成为对企业员工的一种无声的鞭策和激励;通过建立电子邮件系统(随时沟通)、办公室的无等级安排、遇到节日管理层与员工聚餐等等;实行民主化和柔性沟通管理,建立无障碍沟通文化。

我们有理由相信,不同的管理团队造就不同的公司。对这一点,业内一

走
中浦院

领导心理调适案例

位职业经理人颇有体会,他说:"你期待员工如何表现,你就要如何表现;你倡导双向沟通、倾听对方,平息部门间冲突,减少内部协调成本,你就要亲历亲为地做给大家看。你认为素质、技能提高和不断学习重要,你就和他们一起去听课,把你读过的好书与他们分享,简单地说,就是去弄,去做,去干。"

结语

横向沟通不畅说到底就是人的问题,只要投其所好,动之以情,晓之以理,搞定人就可以搞定一切问题。在这个沟通时代,沟通无时无处不在。有专家预言:未来的总裁可能会改名,叫做总沟通师或 CCO(首席咨询官)。如果你能痛快搞掂复杂、微妙的横向沟通,你也许就是冲击 CCO 宝座最有竞争力的人选了。

第三部分　危机篇

背景知识

危机是危险，更是机会。本部分内容所指的危机不仅仅是心理学意义上的个人危机，也包括公共危机和管理危机。其实，对于一个企业或者政府机构的领导者来说，掌舵导航的使命使得他们在面对公共危机和管理危机时，也可能同时面临着一定的心理危机。

◤ 危机理论概述

危机（crisis）这个概念在很多领域中广泛使用。《韦伯斯特词典》把危机定义为"决定性或至关紧要的时间、阶段或事件"。《辞海》中解释："危机是一种紧急状态"。在中国传统文化中，危机是一个非常玄妙的词汇：凡是有危险的地方都潜藏着机遇。既体现了辩证思维的智慧，又透视出危险与机遇并存的思想。

从危机的影响范围进行分类，危机又可以分为个人危机和管理危机。

（1）个人心理危机

关于危机的定义，不同的心理学家看法各不相同，吉里兰（Gilliland）在其著作《危机干预策略》中列出主要的六种，我们相信这六种定义结合起来就能代表和定义危机。

①危机是当人们面对重要生活目标的阻碍时产生的一种状态。这里的阻碍，是指在一定时间内，使用常规的解决方法不能解决的问题。危机是一段时间的解体和混乱，在此期间可能有过多次失败的解决问题的尝试。

②危机是生活目标的阻碍所导致的，人们相信用常规的选择和行为无法克服这种阻碍。

③危机之所以是危机，是因为个体知道自己无法对某种境遇做出反应。

④危机是一些个人的困难和境遇，这些困难和境遇使得人们无能为力，

不能有意识地主宰自己的生活。

⑤危机是一种解体状态,在这种状态中,人们遭受重要生活目标的挫折,或其生活周期和应付刺激的方法受到严重的破坏。它指的是个人因这种破坏所产生的害怕、震惊、悲伤的感觉,而不是破坏本身。

⑥危机的发展有四个不同的时期:(a)出现了一个关键的境遇,并分析一个人的正常应付机制是否能够满足这一境遇的需要;(b)随着紧张和混乱程度的增加,逐渐超越了个人的应付能力;(c)需要解决问题的额外资源(如咨询);(d)可能需要转诊才能解决主要的人格解体问题。

综合上述定义,危机是一种认识,当事人认为某一事件或境遇是个人的资源和应付机制所无法解决的困难。除非及时缓解,否则危机会导致情感、认知和行为方面的功能失调。

林德曼和卡普兰两人在对创伤进行危机干预时,都采用平衡/失衡模式。林德曼将这一模式分为如下四个时期:①紊乱的平衡;②短期治疗或哀伤反应起作用;③当事人试图解决问题或哀伤反应;④恢复平衡状态。卡普兰认为,个体与环境之间在一般情况下是处于一种动态平衡状态,当面临生活逆境或不能应对解决的问题时,往往会产生紧张、焦虑、抑郁和悲观失望等情绪问题,导致情绪不平衡。他提出了危机的四个发展阶段,即当刺激连续出现时,最初的紧张产生,并使人感到不舒服;刺激连续出现时,在缺乏成功的应付机制状态下,不舒服感增强了;不断上升的紧张情绪转化为强有力的内部刺激,激发了个体内外部资源,在这一阶段,人们尝试使用紧急问题解决机制,问题也许会被重新界定或被放弃,而那些肯定无法实现的部分会被彻底放弃;如果问题继续存在,并且既不能被解决也无法避免,紧张持续上涨,巨大的失衡状态出现了。

所有的人都会在其一生的某个时候遭受心理创伤。应激和创伤的紧急状况二者本身都构不成危机。只有在主观上认为创伤性事件威胁到需要的满足、安全和有意义的存在时,个体才会进入应激状况。伴随着危机既有的、暂时的不平衡,也存在着成长的契机,危机的解决可能会导致积极的和建设性的结果,如增强的应付能力和消极的、自我否定性的和功能失调行为的减少。

对于一个掌握着机构命脉的领导者来讲,其自身的心理状况可能会对机构的运作和发展产生巨大的影响,所以领导者经历的个人心理危机也有可能变化成整个机构共同的危机。领导者在这里需要做的是调节好自己的心理,让自己安全平稳渡过个人心理危机,使其对于机构的管理尽量不受到消极的影响。

(2)组织管理危机

危机管理目前在中国还是一个很新鲜的概念。中国的企业家或官员大多认为危机是不可预测和无法管理的,在危机面前往往处于一种被动防守的状态,因此过去国内的企业和政府往往不设立专门的危机管理机构,也没有这方面的人才准备,所以一旦发生危机事件,往往不知所措、全盘皆输。

美国的危机管理学者劳伦斯·巴顿(Laurence Barton)提出,在没有建立高度统一的危机管理团队的情况下,高层管理人员经常犯以下三类错误:

①发布未经授权的讲话,常常在没有理解组织文化、流程规则的情况下胡说八道。

②提供的数据有误,或者根据组织内其他人提供的错误信息发表不适当的讲话。

③所采取的行动反而使事情复杂化。他们本来是想解决问题,但是别人并不领情。

建立专门的危机管理机构,可以降低高层领导者的压力和工作量,使得领导者用不着事必躬亲,把大量时间和精力浪费在一些杂事上,而且又不致使机构内部的各个部门推诿责任而造成危机处理的延误。高度统一的危机管理团队可以给管理者提供最合适的危机处理建议,避免了领导者从片面的视角出发做出的不恰当的处理决定。

结合国内管理者容易犯的错误,中山大学的滦福田曾借鉴国外理论提出危机管理的"6F"原则,如下:

①Forecast(事先预防)

指的是管理者们应该树立未雨绸缪的意识,及早发现危机的端倪,防患于未然。或者在危机事件发展的前期准确判断危机发展态势、影响程度和社会公众的反应,从而将危机控制在萌芽期,避免危机的进一步扩大。

②Fast(迅速反应)

领导者须在平时就和中层管理人员以及基层员工建立良好的沟通关系,才能在危机产生之际耳聪目明,掌握危机发展的一趋一动。

③Fact(尊重事实)

在任何时刻,领导者都应该记住美国危机管理学者奥古斯丁的劝诫——说真话,立刻说。

④Face(承担责任)

危机发生后,利益无疑是公众关注的焦点。危机事件往往会造成组织利益和公众利益的冲突激化,从危机管理的角度来看,无论谁是谁非,组织应该主动承担责任。具有强烈责任感的企业领导者,宁愿牺牲自身短暂利益以换来良好的社会声誉,树立和不断提升组织和品牌形象,从而实现企业发展的基业常青。

⑤Frank(坦诚沟通)

领导者应该在危机发生后第一时间出现在现场,向公众和舆论坦诚解释,才更容易赢得公众的理解和好感。领导者还应事先就引进专业的危机管理人才和企业公关人才,靠上下的协调沟通、群策群力,将危机事件处理到损失最小的境地。

⑥Flexible(灵活变通)

危机管理没有刻板的规则可依,如果领导者能结合事态形势的变化、调动内外部资源等进行灵活处理和应对,不仅可力挽狂澜成功跨越危机,甚至还能将危机事件转变成提升企业形象的契机。

此外,值得注意的是,新闻媒体在管理危机中扮演了越来越重要的角色,如何应对新闻媒体成为危机公关中一个非常重要的部分。危机来临时,领导者要有勇气面对危机公关,以负责任的态度去对舆论进行疏导,向公众解释原因,万万不可逃避媒体的责问,造成更严重的诚信危机。

危机干预的方法

危机干预(Crisis Intervention)又称危机介入、危机管理(此概念不同于管理学上的危机管理），或危机调解。它最早产生于美国、荷兰等国，在近二三十年发展迅速。

危机干预的概念最初来源于林德曼和卡普兰的工作，针对人类对创伤性事件表现出的普遍反应，卡普兰与林德曼对在咨询中使用危机干预策略和短期心理治疗起了推动作用。在他们的带领下，基本危机理论将焦点集中于帮助危机中的人认识和矫正因创伤性事件引发的暂时的认知、情绪和行为扭曲。

危机干预的最低治疗目标是在心理上帮助当事人解决危机，使其功能水平至少恢复到危机前水平；最高目标是提高当事人的心理平衡能力，使其高于危机前的平衡状态。因此，围绕这一目标，在危机干预过程中所使用的有关心理治疗技术，可根据当事人的不同情况和治疗师的擅长，采取相应的治疗技术，其中包括短程动力学治疗、认知治疗、行为治疗等方法。例如焦虑、紧张、自责的处理，可以考虑采用放松的方法（沉思、自我训练、催眠和生物反馈）、镇静或抗抑郁药物、休息和娱乐（参加社交活动、发展兴趣爱好）、行为的脱敏以及安慰保证等技术。

吉里兰和杰姆将危机干预的方法归纳为六个步骤：

第一步，确定问题。如果工作人员所认识的危机境遇并非当事人所认同的，那么帮助者所应用的全部干预策略和付出的努力可能会失去重点，甚至对当事人而言没有任何价值。为了帮助确定危机问题，推荐在干预开始时使用核心倾听技术（corelistening skill）：同情、理解、真诚、接纳以及尊重。

第二步，保证当事人安全。这是危机干预过程的首要目标。

第三步，给予支持。这个步骤强调与当事人沟通和交流，使当事人知道工作人员是能够给予其关心帮助的人。工作人员则必须无条件积极关注当事人的一切。

第四步，提出并验证可变通的应对方式。应能够帮助当事人认识到有许多可变通的应对方式可供选择，而不是如他们所想的那样走投无路。工作人员应该从多种不同途径思考变通的方式，如环境支持，应付机制和积极的、建设性的思维方式。如果工作人员可以从这三方面客观评价各种可变通的应对方式，能够给绝望的当事人以极大的支持。

第五步,制订计划。计划应着重在切实可行和系统地帮助当事人解决问题,可以包括当事人与危机干预工作者的共同配合——如使用放松技术。

第六步,得到承诺。在结束危机干预前,工作人员应该从当事人那里得到诚实、直接和适当的承诺。然后,在检查、核实当事人的过程中用理解、同情和支持的方式来进行询问。这一步是必须注意而不能被忽略的。

3 领导者心理素质与危机干预

(1)领导者的心理素质

领导者心理素质包括普通心理素质和职业心理素质两个部分。其中,普通心理素质是基于领导者也是普通人这个事实而言的,要求领导者首先必须成为健康优秀的普通人,成为普通人中的佼佼者。职业心理素质是基于领导者是一种特殊角色这个事实而言,要求领导者具备专门适合领导工作特点和要求的特定心理素质。这两种心理素质最终又集结为一体,成为构成领导角色的性格,直接参与到领导工作过程中。

总的来说,领导者应该在认识、情感、意志等过程和个性特征方面具备优良的心理素质。

①认识过程

认识过程是领导者最重要的普通心理过程,同基本领导能力紧密相关。领导者的认识过程应该始终是活跃的和优质的,即感觉灵敏,知觉完整,认知透彻,注意集中,记忆持久而准确,思维健全、清晰、敏捷。

②情感过程

情绪、感情这两个因素,是直接影响领导行为的重要心理因素。要搞好领导工作,必须确保理性和明智,确保领导工作不为情感所左右。

领导者跟普通人一样,可以有激情,但是却不能有太强烈的激情;即使激情爆发,也能加以控制,始终保持高度的克制、冷静、清醒和镇定,保证理性思维正常稳健地运行。这正是克制力和有涵养的表现。

领导者的热情是必要的工作心理,但是也不能太多太露,而要非常适度、得体地培养和表现,而且主要应在演讲和接待群众的时候加以表现;否则就容易失于浅薄。

③意志过程

这是一种提供保障性动力的心理因素。对于经常遇到困难、经常陷于逆境状态的领导工作来说,这种心理因素就具有心理支柱的作用。现代领导者的意志过程应该具有能动性、自觉性、果断性、坚定性、恒常性这五种品质。

④个性倾向与特征

对于领导者来说,性格是一个最敏感的现实心理因素,会直接影响领导活动过程,并产生相应的人际、工作及其他现实结果。通常是,性格良好的领导者能够取得更多更大的成功;性格不良或性格有缺陷的领导者遭受的挫折、困难甚至打击要更大更多,所付出的代价也要更大更沉重,有时还会遭到彻底的失败。这就是说,领导者必须客观地、清醒地审度自己的性格,要找到或发现性格上存在的缺陷或不足,要勇于改变秉性、优化性格、全面提高心理素质。

总之,领导者必须通过各种教育和训练来提高和培养优良的心理素质,成为心理最健康、最优质的正常人。

(2)领导者的危机干预

针对领导者遇到的不同危机,应该采取不同的干预办法。

①领导者遭遇个人危机

当领导者面临突然或重大生活逆遇,如亲人死亡、婚姻破裂等事情时,出现了心理失衡的状态,应早看心理医生,调节内心的平衡。很多领导者在遇到个人危机的时候是自知的,但是却因为害怕丢掉自己官员的面子而讳疾忌医,这种想法带来的坏处是巨大的,不仅使领导者自身长时间难以摆脱危机的困扰,也使得领导者在单位的领导能力和效率下降,甚至因此而使得单位的运作受到巨大影响。

除此以外,上海大学法学院教师李绍章还分析了领导者遭遇危机的其他原因,如官场环境的影响、外界物质的刺激以及社会舆论的压力等都可能增加领导者遭遇个人心理危机的几率。

针对种种不利因素,领导者的危机干预有以下的对策:

领导者上岗前就应该接受标准化的心理测验,对心理素质加以考察;

要重视领导者的心理健康水平,宣传普及心理卫生和心理保健知识,提高领导者的心理调适能力和心理防护能力;

要加强对领导者的教育引导,培养优良的意志和品质;

对有轻生念头的领导者进行危机干预,帮助他们正视危机、正视可能采取的处理方法,为他们提供合理合法的帮助。

②领导者遭遇公共危机和管理危机

面对管理危机,美国著名的危机管理学者诺曼·R.奥古斯丁对领导者的建议如下:

(a)提早做好预防和准备,包括建立一个危机处理中心,制订应急计划,事先选好危机处理小组的成员,提供完备的、充足的沟通系统。危机管理的机构一定要专职而且权力集中,如果太多的管理层相互重叠,危机时刻肯定会误事。

(b)理解其他人包括公众和媒体对于危机的看法,并与自己的看法相互印证。很多情况下领导者会将问题归错类,他们会将注意力集中在技术方面,而忽视一些心理问题,比如公众的情绪。而公众的心理却往往是引发危机的根源。

(c)在危机发生后对于危机的控制要迅速有力。如果有威胁组织的声誉和生存的情况出现时,高层领导者必须前往第一线工作,即使领导者对于情况的细节了解并没有基层的工作人员多,但他的出现传递了两条信息:我很关注,我也很负责任。而这对获得公众的信任和好感是十分有益处的。

(d)总结经验教训,从危机中获利。对公共危机的处理与对管理危机的处理是相似的。除此以外,管理危机可能给领导者带来过重压力,因此领导者还应调节好内心的状态,将自己的生活与管理工作尽量分开,尽量少地让危机压力影响到自身的心理状态,才能保持良好的判断力和直觉力来处理公共危机和管理危机下的一切事务。

(3)领导者的自我心理调适

领导者在日常生活中应该尽早对自己进行自我调适和锻炼,以磨砺自己应对不论是个人危机还是公共危机的能力。应从多方面入手,掌握心理调适的方法,以保持良好的心境和充沛的精力。

①正确对待挫折与失败

失败并不可怕,可怕的是被失败打击得一蹶不振。"失败乃成功之母",领导者应该冷静地面对失败,从中总结经验教训,深刻地认识环境和自我,找到遭受挫折的原因并加以分析,克服挫折感,通过各种手段培养自己的心理承受能力。

②正确对待紧迫感

身为党政干部和企业领导,大多有紧迫感,如果能正确对待这种紧迫感,因势利导,使其成为进取的动力,催人奋进,当然是件有益的事。如在压力极大的情况下,做一些自己感兴趣的事,改变一下现在的思维方式和工作习惯,分析一下现在的压力是如何造成的,从认识原因入手可以减轻压力。以下介绍几种缓解工作压力的办法:

(a)将工作重点排列成序。将一星期内要做的事情按其重要性一一列出来,一旦将事情排列成序,你也就明白了工作该怎样进行。

(b)为生活制定节律,并使自己的活动丰富多彩。

(c)坚持每天为自己留有一段空余时间供个人的事情使用。

③保持和谐的人际关系

由于领导者所处的位置使其在与人交往中形成了纵横交错的人际关系网络,领导者应该学会善待下属,处处以大局为重,严于律己,宽以待人,一时难以解决的矛盾可放一放,予以冷处理,勿操之过急。另外,家庭成员间的关系也极为重要,亲人的理解、关怀与支持,可以把烦恼和痛苦减低到最低程度。

④学会适当的放松技巧

(a)调节情绪,但要注意不能光靠强制来压抑情绪,而应从解决引起不良情绪的事件入手,调整认识,从根源上来调节。

(b)富于幽默感。美国哈佛大学心理学家佐治·维尔伦(George E. Vaillant)博士指出:幽默感是人类面临困境时减轻精神和心理压力的方法之一。

(c)用笑容驱赶紧张感。笑是一种有益的体操,可以驱散心中的积郁,让人愉快、乐观,是一项有益于身心健康的运动。笑可以稳定情绪、消除恐惧感,使心情在危机中平静下来,思考对策,争取胜利。

（d）自我暗示得到放松。通过自我暗示,可以调理自己的心境、感情、爱好、意志乃至工作能力,调节情绪,自我鼓励。良好的心态会产生自信,缓解逆境的压力。

这里我们介绍几种具体简单的自我放松的方法：

● 呼吸放松法

深呼吸可以使人有种放松的感觉,恰当的呼吸应该选用腹式呼吸,应尽量避免胸腔呼吸,因为胸部呼吸是焦虑的表现。可以自然地坐直在一把舒适的椅子上,把双臂放在身体两侧或放在大腿上,缓缓将空气吸入腹部,尽可能将空气充填入腹部,使腹部隆起并保持几秒钟,然后将气呼出,如此反复练习,身体就会感到越来越放松。

● 冥想放松法

寻找一个安静的、昏暗的地方,保证自己不会受到外界的任何干扰。用舒服的姿势躺下,确保自己尽量放松。

在冥想中观察自己的双脚,感觉它们是否紧张,如果觉得很紧张,想象一下,紧张慢慢溶化掉,像流淌的小溪,一直流出脚趾。

然后以同样的程序依次想象小腿、膝盖、大腿、躯干、臂膀直至头顶里每个部分的紧张都慢慢流出身体,在冥想的整个过程中要均匀慢速地进行,以保证冥想过的位置达到完全的放松,可以在冥想中加入溪流的温度想象,哪种感觉令你感觉最舒适你就用哪种想象。最后要确保在想象中所有的紧张排出脚趾后,身体达到一种前所未有的彻底的放松状态,你可以去体会一下这种感觉。利用这段时间,你可以在冥想中去任何你喜欢的地方,做任何想要做的、让你感到幸福的事情。

最后,当练习做完时,慢慢移动双脚和双手,移动腿和胳膊,让自己回到现实的生活和世界中。慢慢站起来,揉揉胳膊、腿、躯干和脸,睁开眼睛向四周望一望,你一定会感觉心情与你做练习之前大不相同。

以上两种自我放松的方法简单易行,只要在实践中坚持不懈地练习,就可以迅速地消除自我的紧张感,让肢体和精神得到放松。

一 | 危机制胜，还是危机致败？

案例作者：闫煜蕾

案例取材于真实人物

案例参考：新浪网

有人把商场比作战场，也有人把商场比作海洋，但是不管战场还是海洋，都有着无法预测的特点，而企业就像是一个生死未卜的战士，或是一叶漂泊不定的小舟，时而安全宁静，时而处境险恶。虽然我们讲企业的管理危机有些是可以预测并进行预防的，但还有很多情况是我们难免忽略的。好的领导者，能够准确地体察到危机来临时整体的局势以及危机的走向，能够清晰地分析清楚自身的优势和劣势，不但能使企业安全平稳渡过危机，更有高明者能化危机为生机，把危机作为自身的宣传媒介，让自身的市场更稳固和扩大。那么，当危机临头的时候，如何去做一个合格以及优秀的领导者，怎样驾驭危机、防范危机，怎样带领全体员工走出危机的阴影呢？我们将用四个结果迥然不同的危机事件来进行对比和讨论。

▰ 事件回放

南京冠生园陈馅月饼事件

2002 年 2 月 4 日，南京冠生园食品有限公司向南京市中级人民法院以"经营不善、管理混乱、资不抵债"的理由申请破产。这个在南京市食品行业享誉 70 余年的知名老字号被以 812 万元的低价拍卖，成为南京市第一个申请破产的合资企业，这一切，都得追溯到"陈馅月饼事件"。

南京冠生园本来是上海冠生园在南京的分店，由广东人冼冠生创立。在 20 世纪 90 年代成立中美合资南京冠生园食品有限公司之后第二年就转亏为盈,利税连年递增,累计上缴利税 1560 万元,由小型企业发展为南京市政府核定的 240 家大中型企业之一。

2001 年 9 月 3 日,中央电视台报道了"南京冠生园大量使用霉变及退回的馅料生产月饼"的事件,举国震惊。事件曝光后冠生园公司接连受到当地媒体与公众的批评。面对即将掀起的产品危机,作为一向有着良好品牌形象的老字号企业,南京冠生园的总经理吴震中却做出了让人不可思议的反应。

在铁的事实面前,吴震中竟然还坚决否认,没有任何承认错误的表现,甚至公开谴责、威胁将其曝光的中央电视台。事件曝光后,南京冠生园 9 月 18 日在媒体上发表声明,声明中央电视台的报道蓄意歪曲事实,公司绝没有使用发霉或退回馅料生产月饼;又声明指责记者的报道别有用心,其意图就是破坏冠生园的名誉;声明同时表示:对毁损公司声誉的部门和个人,公司将依法保留诉讼的权利。

吴震中不仅否认其产品质量存在问题,还自作聪明地企图将事件焦点转移到同行和消费者身上,结果惹来更大的麻烦。2001 年 9 月 5 日,《粤港信息日报》捅出惊人报道:冠生园负责人语出惊人,认为月饼回收利用是普遍现象。据知情人介绍,南京冠生园是从 1993 年开始回收卖不完的月饼供来年再用的。对此,吴震中还坚持着他那行不通的解释:月饼回收是这个行业的潜规则,理由为月饼是季节性很强的产品,每个厂家都想要抢占这个肥厚的市场,但是市场很难预测,所以没有一个厂家能做几个卖几个,都用陈馅做新馅。

南京冠生园还一再表现出无视消费者的态度。面对消费者,他们非但没有做出任何解释和道歉,反而开脱说陈年馅做月饼的做法并不违反有关规定,并自欺欺人地表示"生产日期对老百姓来说只是看看而已"。如此言论,既降低了冠生园这个知名品牌的标准,又愚弄了广大的消费者,激起了众怒,以至于曝光后的短短一个月,南京冠生园这个享誉全国的大企业就被迫在 10 月 14 日停工。而南京冠生园的总经理、美籍华人吴震中,则在危机中不知去向。

南京冠生园月饼事件带来的负面影响是极其巨大的,当时正逢月饼上市的季节,"冠生园事件"的曝光,无疑给全国的月饼市场带来沉重一击,而给全国的"冠生园系"造成的牵连和打击更是灾难性的。全国各地的冠生园们虽然都用了同一个老品牌,却从新中国成立后就各自成为独立的企业法人,但是消费者并不是历史学家,也不会去考证冠生园们之间的关系,于是冠生园这个老品牌也因为南冠事件而被抹黑。除了南京冠生园的产品被迅速逐出市场之外,全国以冠生园命名的30多家企业全部被牵连,经销商大量退货。当年月饼市场较往年同期销售减量竟高达四成。

因此,各地冠生园企业唯一可以做的事情也就是迅速和南京冠生园划清界限,走出其阴影,尽量使损失最小化。武汉冠生园多次通过媒体强调"武冠"和"南冠"没有任何关系,南冠所说行内用陈馅做月饼的说法纯粹是胡说八道。上海冠生园是"冠生园系"的企业里受牵连最严重的,10天之内市场销售比原计划锐减50%,产品出现库存积压,并导致9月13日起被迫暂时性停产。当然,最为重要也是最严重的,是"冠生园"这个尽人皆知的老字号信誉遭到了严重的破坏。迫于无奈,上海冠生园宣布要用法律武器来保护自己的权益。9月17日,上海冠生园状告《中国商报》,理由是该报仅笼统报道了冠生园月饼有陈馅问题,而未注明系南京冠生园,使消费者以讹传讹,使上海冠生园产销深受其害。除此之外,上海冠生园还进行了媒体宣传,宣扬他们是"民族品牌冠生园最正统、最有资历、最有资格的代表",同时还要求国家工商行政管理局加快统一冠生园品牌、企业名号的步伐,否则这一民族优秀食品品牌和老字号今后就有可能再受玷污、践踏和蹂躏。

✐ 案例讨论

月饼陈馅事件这场危机中,南京冠生园最大的致命伤就在于领导者并没有遵守处理危机时的尊重事实(fact)、承担责任(face)的原则,作为南京冠生园的领导者,吴震中不仅仅是逃避问题、不敢承认错误,反而弄虚作假、封锁消息,还想借机把整个行业都卷入这场风波,使得公众的注意力转移到全行业,但是这种试图分散责任的做法并没有奏效,反倒是他妄图愚弄公众和媒体的愚蠢做法,进一步加重了危机的负面作用,致使企业陷入了破产的不可挽回的境地。

除此以外，我们还可以看到，南京冠生园在处理危机事件时，连最基本的迅速反应（fast）都没有做到。2001 年 9 月 3 日中午中央电视台《新闻30分》对南京冠生园陈馅月饼进行曝光，而直到 2001 年 9 月 10 日南京冠生园才正式发布了致消费者的公开信。我们且不去讨论公开信中的内容是否坦诚真挚、真实可靠，但就这危机事件发生后延期 7 天的反应，就足以看出南京冠生园的领导者对于这次突发的危机是多么地不重视了。在这一周本应忙碌而有序的危机管理的生死时间里，吴震中竟然对媒体信口开河说月饼行业内用陈馅做月饼是很普遍的事情，这就不仅损害了民众对于月饼行业的信任度，更损害了同行的利益，难怪最后南京冠生园落得同行倒戈、四面楚歌的悲惨境遇。

试想之，若是吴震中可以在错误面前坦诚地道歉，担负起自己应该担负的责任，在第一时间将所有的产品召回并且补偿消费者的损失，然后迅速更正错误，以全新的质量过关的产品来回馈消费者，那么这个有着悠久历史的老字号重新得到公众的理解、信任和继续支持，似乎也不是件太难的事情。笔者试着去揣测吴震中的心理，从他 9 月 10 日致消费者的公开信我们大概可以看到他自居功高的态度，不断为自己在运营过程中出现的错误找种种借口，推说任何企业在运营管理上"都难免会有疏失和犯错"，而指责"记者这样有意识安排报道的最大目的就是要用最大力度、在伤害最大的时间对冠生园作致命的打击"。这样的托词，明显没有任何承认错误应该有的坦诚和忏悔，相反摆出一副树大不怕风摇的架势，根本不把消费者受到损害的权益挂在心上。这一副嘴脸，消费者自然不会买账，消费者选择的永远是产品质量的保证，南京冠生园这一砸牌之举，使得冠生园这个老字号被披上了厚重的阴影，想要再重新获得消费者之前那种程度的信任，就不是件容易的事情了。

从这个危机事件中，我们也能看到其他冠生园们被牵连的过程，很清楚地，其他冠生园之所以被殃及池鱼，也是和他们的上层领导者缺乏危机管理意识有关的。当南京冠生园刚被曝光时，其他冠生园竟然都没有意识到危机的可能来临，存着侥幸心理看同行的笑话，认为危机与己无关而任由事态发展,直到订单大量作废时才意识到事态的严重,亡羊补牢虽然不是太晚,但他们也为自己没有事先预防(forecast)和迅速反应(fast)付出了巨大的经济代价。

3 事件回放

欧典地板风波事件

在很多企业遭遇危机后一蹶不振时,欧典却运用了正确的危机处理办法躲过了致命的一击,使企业的损失减到了最低,这可以说是近年来国内企业危机管理中比较成功的典范。

欧典地板在被央视的"3·15"晚会曝光之前曾有过极其辉煌的成绩。"欧典"是一个耀眼的品牌,它是唯一一家连续6年使用中消协"3·15"标志的地板品牌,还被评为2005年度北京人喜爱的消费品牌。

直至2006年央视"3·15"晚会上曝光欧典所谓德国制造不过是子虚乌有,一时公众哗然,负面影响波及整个国内木地板行业,甚至是中消协都受到了影响,停止了"3·15"的标志认证。各地欧典专卖店开始纷纷撤柜,欧典的销售一时停滞。

欧典对这个危机事件做出的反应还是比较迅速的,3月16日,欧典发表网上声明,称此次所报道内容是欧典在企业形象宣传层面所出现的失误,欧典在2004年企业宣传手册上错把欧典在德国合作的生产基地误写为德国欧典企业。

然而在3月20日,欧典企业总裁闫培金公开承认欧典地板"德国制造"的显赫身世不过是一个国际玩笑,"德国总部"根本不存在,曾在宣传手册中出现的两名"德国总部"负责人也是冒牌货,并且就欧典广告的虚假宣传郑重向全国消费者致歉。同时,欧典告知消费者可以到销售点登记,等待日后可能的赔偿。

4月15日,北京市工商局对北京欧典木业有限公司重新审核后,对其处以740万元的罚金,同时为欧典公司所生产的木地板正名——欧典只是夸大广告,但是产品质量是合格的。这不啻处于生死关头下的欧典的曙光,即意味着欧典可以继续在市场上销售了。

4月16日,欧典在各地恢复上市销售。它终于慢慢走出了危机的影响。而对于欧典地板的后续报道陆续表明,虽然欧典地板的昨日风光已经不再,但是却还是以过关的质量在市场上有立足之地。"五一"期间,欧典的销量甚至进入了北京市场的前三位。欧典总裁闫培金也表示,虽然遭遇了这次危机对欧典的打击很大,但他还是准备继续把这个品牌经营下去,并且把这次危机作为企业转型为国内知名品牌的契机。

案例讨论

回顾欧典地板事件,我们可以看到欧典高层在处理这起危机事件的过程中态度的转变,而这个转变对欧典的重生起了决定性的作用。这个转变就是欧典从试图推卸责任转变成彻底地承认自身错误,勇敢地承担了自己应负的责任,终于用自己的诚信换取了消费者的重新信任。

在3月16日被曝光的第二天,欧典就迅速做出了反应(fast),但这时欧典也还是不经意地犯了中国的企业领导者在遭遇危机事件时很容易犯的错误,即隐瞒事实。欧典谎称央视曝光的内容系欧典对企业宣传的失误,但是谁都可以看出这只是欧典玩的小花招,想把虚假广告的错误转化成企业宣传的失误,但错误和失误两词,虽只有一字不同却意思迥然,欧典一贯的宣传口号就是"百年欧典,源自欧洲",这绝不可能是仅仅一次宣传册的印刷失误。

可幸的是,欧典及时认清了形势,意识到危机公关中的错误,迅速改正了处理危机的手段,其中我们不难看出欧典高层领导人闫培金的态度在危机事件的解决中发挥了巨大的作用。闫培金在3月20日对消费者公开道歉,以及对购买了欧典地板的消费者进行登记,这些举动都赢得了大家的同情和理解。虽然贴洋牌卖国货的同行绝非只有欧典一家,但是欧典却并没有重蹈南京冠生园的覆辙,试图将同行拽出来做自己的挡箭牌,而是勇敢地承认了自己的错误,担负了应该担当的责任。在此同时,欧典也明确声明了自己所卖的高价地板确实是进口地板,并且经有关部门鉴定情况属实。这些明智的举动使得欧典的产品并没有在一片口诛笔伐中倒下去,也使得欧典在消费者的心中留下了理性的、诚挚的印象。

正如南京冠生园的老总吴震中所感到委屈的那样,任何企业在运营管理上"都难免会有疏失和犯错"但是知错就改的态度和明知故犯以及死不悔改的态度是截然不同的,消费者关注的不仅仅是产品的质量最后是否通过了检测,而更多关注的是在危机考验下的企业,是否体现出一种理性和人性关怀的结合,是否有着认识到自己错误的诚挚态度和改正错误的决心。

借鉴美国前总统比尔·克林顿的个人危机,我们可以清晰地看到这位辩才无碍、为美国的福利制度改革做出巨大贡献的人物,在处理他一生中遭遇的最险恶而不是最困难的危机时,表现出来的鲁莽和侥幸的小聪明。他先是一再否认,并和白宫人员花了大量的时间将莱温斯基置于私人控制之中,使之远离公众检查。然后在联邦大陪审团和独立法官调查出来的不同结果前,克林顿不得不为自己缺乏判断、缺乏真诚、缺乏信誉的行为向全国人民道歉。但是为时已晚,克林顿已给自己总统的任职留下了永远难以抹掉的污点。克林顿最重要的错误是在这次危机中,甚至都没有达到对危机管理的基本要求,即快速反应(fast)和尊重事实(fact)。

对比南京冠生园、欧典和克林顿的境遇,我们可以发现,认错是必须的,而认错的早晚是关键,若是在公众舆论的审核之后才勉强认错,难免会给公众留下不够坦诚、认错态度不彻底的印象。试想如果没有欧典老总在3月20日对欧典虚假广告的彻底道歉,而还是一味地推说是宣传手册的失误,试图将眼前利益的损失减少到最低限度,消费者对欧典的看法又会如何?我们不能准确地判定这个没有发生的情况,但是可以预测,那样欧典的重生就绝不可能在1个月完成,也不可能在重新回到市场后还能得到大多数消费者的信赖。

欧典处理此次危机事件中表现出的尊重事实(fact)和坦诚交流(frank)是它能够安全渡过危机的关键点;当然,欧典的危机只是虚假广告但是产品质量却十分过硬这也是客观条件中的重要因素。结合了产品质量高标准的客观条件和企业领导人坦诚求实的主观态度,欧典只用了一个月的时间就重回市场,顺利渡过了危机。

🎞 事件回放

现代城危机事件

国内的危机管理案例中,至今被人们传颂的最成功的一个危机管理案例,莫过于潘石屹的"现代城危机事件"。

潘石屹在博客上这样介绍自己——"潘石屹,出生于甘肃,大学毕业后到国家石油部工作,1987 年起开始在深圳和海南开创自己的房地产开发生涯。1992 年,潘先生与人合作共同创建了北京万通实业股份有限公司,在北京开发出一系列房地产项目。1995 年潘石屹先生与妻子张欣女士共同创立了 SOHO 中国有限公司。自公司创建以来,两人共同开发了一系列房地产项目。"而现代城就属于其中之一。

几年前,许多客户入住北京知名房地产楼盘现代城后,发现屋子里有一股尿的味道,开发商经过仔细调查,发现是由于在冬季施工的时候水泥里都放一种防冻添加剂,它在夏天的时候会释放出氨气,从而使整个房间几乎成了 WC,这对于想要良好空气环境的消费者来说是无法容忍的,很快 100 多家业主集体要求开发商给予一个妥善的解决方案。《北京青年报》等媒体迅速曝光此事,现代城危机事件被逐渐放大。

事件发生后,现代城开发商 SOHO 中国公司总裁潘石屹立即举行新闻说明会,主动向媒体和公众解释原因。在此基础上,潘石屹提出愿接受消费者无理由退房:任何一个买了现代城房子的客户,如果想退房,开发商将连本带息再加上 10% 的回报全部退给客户。同时又向业主们写了一封信诚恳道歉,在几家主要媒体上刊登。潘石屹对危机事件的反应之快,姿态之高,赢得了舆论的好感,最终平息了众怒。经此一事,现代城的名声大噪,潘石屹的"连本带息无理由退房"的做法在社会上引起了很大的轰动,一拨又一拨的客户涌向现代城。一场原本重大的销售危机就这样转变成了机会。

🖌 案例讨论

在这个案例中,潘石屹处理危机的手段是非常成功的。

首先,产品的召回是迅速而彻底有力的,这符合危机管理中最基本的原则——迅速反应(fast)。潘石屹不仅迅速召开新闻说明会,向舆论和公众解释原因,消除公众对于产品质量的质疑,而且还迅速提出愿意接受消费者无理由退房,抓住了消费者的心理,赢得了公众的好感而一举获胜。

其次,潘石屹勇于承担责任(face)的态度给客户留下了深刻的印象。水泥中添加防冻剂是冬天施工必须的,但是潘石屹仍然能够从客户的利益出发,知人所难,如此诚恳地去面对危机,愿意承担客观条件给他带来的巨额损失。试想这样有诚信和责任心的商人,和他合作也必定是愉快的,于是更多的商户选择了继续和潘石屹合作而不是接受潘石屹的赔偿。在此我们看到,虽然市场规律是残酷无情的,但是往往决定商业选择的还是人的心理和情绪。

再次,如果说召开新闻说明会解释原因是必须和基本的处理手段的话,那么接受消费者无理由退房的决定则体现了潘石屹危机管理的灵活性(flexible)和艺术性,当然这无疑要承当巨大的风险。在潘石屹身上,危机管理的艺术性、灵活性展现得十分清晰。危机管理,不仅仅是一门科学,更是一门艺术;不仅仅要求领导者严格遵守危机管理的基本原则,更要求他们在认清形势的前提下,灵活自如地应对危机。好的领导者,能化危机为生机,能结合事态形势的变化、组织自身优弱势、内外部资源条件等进行灵活处理和应对,不仅能力挽狂澜成功跨越危机,甚至还将危机事件转变成提升企业形象的契机。

🖌 总结

纵观这三个不同的案例,有在危机中垮掉的,也有在危机中崛起的;有在危机中陷入舆论的漩涡的,也有在危机中走出舆论攻击的。而在所有的危机处理过程中,领导者的姿态与危机管理方法和结果息息相关,决策正确的领导如潘石屹拯救了一个企业,决策错误的领导如吴震中却拖垮了一个企业,同样遭遇了危机事件但最后的结果却大相径庭。

从最初的南京冠生园吴震中,到现代城开发商潘石屹,我们看到中国企业领导者的成长。在危机面前,他们不再选择陈腐而侥幸的做法,而是逐渐接纳、学习了西方国家中企业危机管理的办法和手段,迅速反应、尊重事实、承担责任、坦诚交流这些危机管理的原则,已经逐渐成为领导者处理危机时的必选方法。

当然,我们还要承认,国内企业的领导者对于危机管理理论的了解还是不够深入,如对于危机的事先防范和管理,即使在我们所举的潘石屹的成功案例中也没有体现。在国外会有专门的人员从事危机的预防和控制工作,而这个工作小组直接被公司最高领导者管理。这样不仅减缓了领导者在面对危机时的心理压力,而且领导者在专业智囊团的指导下更不容易犯冲动或者愚蠢的错误,能够更加理智客观地审视局势和解决危机。

目前,我国的危机管理尚在萌芽和发展的阶段,更需要领导者审时度势,保持学习的心态,随时掌握更多更新的危机管理的理论和方法,用科学的方法指导领导者的工作,才能在当今国际化的市场中做个合格的领导者,才能带领企业安全走出危机,甚至将危机化作更大的生机。

二 | 濒临破产医院起死回生

案例作者:闫煜蕾
案例取材于真实人物
案例属于原创

在山西省大同市的医疗系统里,很少有人不知道前同煤集团第三职工医院院长王隆雁的名字。众所周知的原因不仅仅是因为同煤集团第三职工医院的医疗服务性价比高,也不仅仅因为这个藏匿在矿区山沟的中型医院有着全省首屈一指的层流手术室,更是因为这个快速兴起的极具竞争能力的医院是经过了他的手而化腐朽为神奇的,短短的几年就从濒临破产迈向今天的辉煌。

医院情况介绍

同煤集团第三职工医院创建于 1973 年,是一所以治疗创伤为主的综合型二级甲等医院,创建时床位仅有 150 张,经过 30 多年的发展,截至 2004 年底,职工达到 630 人,其中卫生技术人员 456 人,床位增加到 473 张。它担负着同煤集团云冈地区 5 个大煤矿及周边小煤矿和农村近 30 万人的医疗、预防、保健工作,在云冈地区有着十分重要的地位。

建院以来,同煤三医院也曾有过一度的辉煌。但到了 20 世纪 90 年代末期,随着同煤集团经济的衰落,医院的经营也开始走下坡路,而医院领导者的渎职更是让同煤三医院顺理成章地滑向收益的深渊。至 2000 年 10 月,同煤三医院的床位利用率不到一成,职工工资收入每月不足 400 元,而即便是这区区的 400 元也不能每月按时下发。由于同煤三医院的职工给养和每月的亏空给集团公司造成了巨大的负担,集团公司计划将该附属医院关闭。

在对同煤三医院进行固定资产评估时,评估组的人被震惊了。几乎所有值钱的器械全部被盗,药库里只剩下了过期很久的旧药,甚至连病房里的床、输液架乃至库房中的被褥都被偷得所剩无几。调查无法继续进行,因为答案只有一个,那就是监守自盗,而偷取公物的人,上至明目张胆拿走大型仪器的领导干部,下至小偷小摸的基层职工。法不能责众,于是,破产的审核被迫中止,而继之以对同煤集团三医院的领导班子进行清理。

原同煤三医院的院长和党委书记都因渎职而被强制退休,王隆雁就是在这个时刻被派来善后的。没有人对这个医院的未来存有希望,而同煤集团公司之所以派他来这里,也只不过是希望他能配合集团公司将最后关闭之前的工作做好罢了。

但是王隆雁并不想当同煤三医院的送葬人,年轻有为的他想通过自己的努力干出一番事业——让濒临破产的医院起死回生,当时几乎没有人对他的想法表示赞同。用本院职工的话说,这是个连拾都拾不起的烂摊子,人才外流极其严重,各科室的医疗骨干人员统统私自开了私人诊所以养家糊口,医院的器械和药品在监督不力的情况下几乎被偷盗一空,医院住院记录上仅剩的病人,也就只有依靠着劳保拿免费药品的长期病号。他原来所属单位的领导也劝他不要年轻气盛,这个医院倒闭是大势所趋,不要逆潮流而给自己找麻烦……但是王隆雁就是不信邪,他相信任何事情只要肯干,下定了决心干,就绝对没有干不成的。他向上级领导申请了对同煤三医院的改造,签了责任状,从此,胆大心细的他开始一步一步地摸索着医院的经营之道,大胆地进行改革和创新,终于在 3 年后创造了让人瞠目结舌的辉煌成绩。

2000 年 10 月,王隆雁作为新上任的院长来到同煤三医院,忧心忡忡地查看了所剩不多而且陈旧的住院设施以及寥寥无几的病人,阴暗破败的住院楼让人心灰意冷,想要干一番大事业的心沉重了起来。

怎么能让这个医院起死回生呢?怎么能把那些科室主任们的诊所里的病源拉回来呢?他开始苦苦思考……

第一步,他先让医院换了个新样子。没钱盖门诊大厅,没钱装修门面,那就先简单粉刷一下,为了省下雇专业师傅粉刷的钱,就让医院的后勤人员来做。他说,就像人心情不好要换个发型一样,有了新面貌,才能有新的心情。

但医院不能只是样子变了而实质不变。没有药品、没有器械的医院根本没有任何接诊的能力,而等待同煤集团卫生处审批下发资金又要耽误好长时间,而且上级领导很可能不想让同煤三医院继续营业,说不定会对他的申请加以阻挠。于是他采取了迂回战术,厚着脸皮向同煤三医院的兄弟单位同煤一医院借了些药品、器械,好歹先让医院开张了再说。

这样,好几年没有接诊能力的医院终于可以接诊了,同煤三医院迎来了它第一批零零星星的病人。但是情况仍然不见好转,正如前面所介绍的,大量的病源已经被私自开诊所的专家主任们占据了,医院这个专业的机构对于附近的居民来说形同虚设,而且前几年的惨淡经营已经严重损害了同煤三医院的信誉,很多病人都已经领教过来医院也没药可吃没针可打的糟糕情景,还有谁愿意再来空跑一趟呢。

按照规定,医疗技术人员是不允许搞第二职业的,但是400元的工资无论如何都留不住任何一个有着广泛声誉和过硬技术的专家的心,所以虽然医院已经开始正常营业,但医院的卫生技术人员依旧没有放下在外边的诊所,致使医院的病源久久不能恢复。

王院长采取了软硬兼施的办法,先好言相劝,三顾茅庐怀柔体恤,使得部分人回心转意关掉了在外边的诊所,然后对那些顽固分子采取高压政策,勒令如果不立即停办诊所回医院工作,就撤销他们的职务和工作让其待岗再就业。这两招确实很管用,原本外流的人才在很短的时间就回医院了,病源终于重新回到了应该在的地方。

流动资金一回笼,王隆雁就迅速用这些钱购置了一些必要的设备。资金不足无法买新仪器,他就多方商谈购买大型医院置换下来的二手仪器,这样一来,很多科室的医疗项目就可以顺利完成了。同煤三医院复苏的消息渐渐在云冈地区传播开来,病源的增多带来了持续上升的收益,利用资金的宽裕部分,他又陆续补齐和更新了一个大型医院所需要的仪器和设备,并且将医院的内部环境改造装修得十分漂亮、现代。

用王隆雁自己的话说,他的经营理念是超前发展、借贷经营。他从没有把三医院看作是个再没有发展潜力的中型医院,而是用大型医院管理和经营的要求治理同煤三医院,所以不论是设备的需要还是技术的要求他都按照大型现代化医院的方案进行。购买仪器没有足够的资金,就贷款补充,然后用盈利来还债。于是,超前的经营观念和严格的管理使得这个中型医院在同级医院中保持着遥遥领先的地位。

2001年,在医院有了惊人起色的情形下,院长王隆雁并没有满足于已取得的让人赞不绝口的成绩,而是紧锣密鼓地开展了惊动整个同煤集团乃至全山西省卫生厅的收入分配制度改革,颠覆了同煤集团隶属的二级单位陈旧的分配制度,不再按照谁的工龄长谁的工资就高的传统分配方法,而是在整体提高职工收入的基础上,大幅度拉开收入差距,让效益工资同时与责任和效益挂钩,考察各医疗科室的效益和态度,最高返还奖金能达到该科室利润的50%。这项改革极大地促进了员工的工作积极性,使得全院上下干劲儿十足,积极热情地为病人服务。这个举动使同煤三医院医护人员的收入达到了全大同市第一,有部分效益好的科室主任最高月工资可逾一万元,这不可不谓是大同地区的神话奇迹了。

但改革并不是可以轻易实施的,自主搞改革的王隆雁遭到了很多的非议和指责,这包括上级领导和同级单位的同事,他承受了巨大的心理压力,还顶着丢掉乌纱的危险,但他还是把改革坚持了下去。当上级领导看到改革并没有像他们担心的那样搞乱整个医院的运营秩序后,终于点头默许了这一行为。

在提高员工收入的同时,王隆雁对于病患所关注的红包问题也进行了严格的整治。在员工高薪的基础上,坚决严惩以一切手段向患者收取额外收入的行为。医院采取医德医风办公室监督和病人举报的双重举措,对于几例收取红包的科主任给以撤职察看的严厉处分,一时间人人自危,向病患收取红包的现象销声匿迹。同时,对于自主向医院上缴病人所送红包的医护人员采取返还 10% 的现金奖励,这样,医护人员很少有人愿意再冒险去收取红包。医院将上缴的红包原数返还给病患,病患对此政策俱拍手称快,同煤三医院不收红包的名声很快给医院带来了良好的声誉和稳定的回头客。

2001 年,院长王隆雁开始策划为同煤三医院办一份报纸,以起到扩大宣传的效果。2001 年 2 月,第一期同煤三医院院报诞生,发向同煤集团企业内部的各个单位和全国各地的同级医院,收到了无数的反馈。人们惊异于王院长总是能从平淡中想出新奇的点子,总是能在狭缝中获得新的生存机会。这一次院报的创办,又刷新了同煤集团的历史,成为同煤集团内第一家创办报纸宣传自己的二级单位。成功的营销和广告宣传让同煤三医院复苏的消息迅速传遍了整个大同地区,而整顿了医德医风之后的优质服务以及在同级医院中相对低廉的价格使得不仅整个定点服务的病源都蜂拥而至,甚至远在大同市区以及大同周边城市郊县的患者都舍近求远来这里看病。同煤三医院通过花费并不多的院报成功地将自己的品牌打了出去,一时间成为大同地区各大医院学习和模仿的典范。

2002 年初,王隆雁开始寻求合作办院来发掘更大的医疗市场。同煤三医院走出以治疗创伤为主的领域限制,寻求合作单位向综合医院发展。在

2002—2004年的两年间,同煤三医院与山东省一家哮喘病专科医院合作成立了呼吸内科,与内蒙古一家精神病院合作成立了精神病科,引进了大量的专科人才,并多次向外派出医护人员交流学习。时至今日,同煤三医院的精神病科已经成为大同周边地区一个重要的治疗点,治疗水平远远超过了原来的治疗点。

2003年开始,王隆雁扩大了同煤三医院的经营范围,陆续将周边煤矿和乡镇的小医院及卫生站购买兼并,统一管理,使得云冈沟内的医疗机构基本被同煤三医院一手控制,因此医院的病源进一步扩大,同煤三医院的效益又上了一个新的台阶。

2005年末,王隆雁因为优秀的工作成绩被提拔到更高的职位,离开了他精心经营、拯救了的同煤三医院。回顾最初同煤三医院的管理危机,反倒成了他人生路上重要的转机。王隆雁用他的成绩铸就了他最初的理想,将一个濒临破产的医院推向了辉煌的舞台。

院长王隆雁的压力应对

王隆雁所承受的压力是一般人不能想象的。通常的人,看得到的是他叱咤风云的激情和自信,却看不到他重压下的焦虑。自从在同煤三医院上任以来,他经常出现失眠的症状,还一度有过抑郁的情绪反应。笔者对他进行了电话访问,希望以此了解到他更多的内心体会。

笔者(以下缩略为B):你刚上任时心理压力大吗?

王隆雁(以下缩略为W):坦言说,我的压力很大。第一,跟上一任的院长比起来,我很年轻,而且是从别的医院调来的,对同煤三医院的情况一无所知,所以自己能不能干好这个工作确实心里一点底都没有;第二,我上任以前并没有参与过很多医院管理工作,突然把这么大的摊子交给我,我都有点不知道该怎么下手了;第三,同煤三医院当时情况确实很糟糕,要大夫没大夫,要药品没药品,设备被偷盗和毁坏得很严重,所有职工全部消极怠工,当我第一眼看到这种情况的时候一下子就蒙了,不知道下一步该怎么办好。

B:你后来采取了很多措施去挽救这个医院,你是怎么克服了自己的心理压力呢？

W：当时上级领导有想要把同煤三医院解散的想法，派我来做院长也只是抱着想试一试的心理，要是成功了那固然好，但说实话没有多少人对我抱有信心，毕竟这个医院已经在破产的边缘了。我想既然都这样了，那我就放开胆子，权当死马作活马医好了，我就这样鼓励着自己开始干了。当领导有时需要厚脸皮，我也是厚着脸皮向上级领导要钱开张，厚着脸皮向同级单位们赊借点药品和器械，就等着一开张赚回了钱，我再慢慢倒腾着还他们。

B：你在实施人事改革的时候，包括你后来兼并云冈地区的医院，在别人看来都是冒了很大风险的。你当时没有想过一旦失败了怎么办吗？你不怕上级领导追究责任吗？

W：任何事情都会有风险，但不能因为有风险就放弃自己的理想和计划。有些人说我做事凭的是一股子冲劲儿和热情，没有说全，我做任何事之前都会考虑很多，大家没有看到我整晚想事情睡不着觉，只是看到我做的决定都比较大胆。可能我的想法有的人也有，但是不敢做，这就没有办法了。率先打破鸡蛋让鸡蛋立起来的人也就只有拿破仑一个，但是打破鸡蛋这件事情实际上谁都做得到。我要是总是担心会不会把自己的乌纱帽弄掉了，那可能我永远都做不出今天的成绩的，再多个 10 年 20 年的也没有用。

B：你认为你的心理素质好吗？

W：应该还算好吧，刚开始干的时候很焦虑，经常整夜整夜睡不着觉，但是我这个人有个好处，就是给自己定的任务每一步都比较小而且具体，如果完成了就能轻松一会儿，暂时不用焦虑了。不过医院需要操心的事情太多，我确实焦虑，可焦虑归焦虑，基本不会影响我正常的工作。

B：我听说有段时间你由于心理压力过大而产生过持续的抑郁情绪，后来你是怎么调整过来的呢？

W：那段时间挺痛苦的，觉得整个人特别压抑，但是又无处倾诉，失眠得特厉害，吃安眠药都不管用。后来我去找了心理医生，他建议我多看一些修身养性的书，让自己在阅读中平静心态，而且建议我为自己制定工作时间表，非工作时间就从工作中脱离出来，不要整个人整天就想着医院的事情。我当时很担心，自己如果不操心医院，是不是前边的工作就会前功尽弃了。

但是试了试后发现效果不错,我处理事情时头脑更清醒了。我后来还经常找一些基层员工聊天,从他们那里既可以了解到很多我在院长的职位上根本不能了解到的信息,又能让自己的心情放轻松。我还专门在办公室里放了一个录音机,累的时候就靠在椅子上听听轻音乐,也能让我很快放松下来。

B:你觉得你的成功和性格有联系吗?

W:联系是肯定有的,我这个人天生胆子就很大,而且是好强的急性子。别人看不上的烂摊子,我非觉得自己要拼命试一试,看能不能把它救过来。但是光有这样的激情肯定是不够的,我也能意识到自己性格的缺点,比如我就爱冲动。我看过一些管理的教材,领导贵在有一颗冷静的心,才能处理好各种事情。我有意识地克服了自己很多弱点,愤怒的时候就让自己消气,尽量冷静处理,尽量不要夹带个人感情色彩。要做个好领导,是绝对需要不断学习的,要在实践中学习才有效。

B:你觉得你的性格对你的工作产生过负面影响吗?

W:产生过,我曾听说过有的员工背地里骂我刚愎自用。我的性格里自负确实挺严重的,当时很苦恼,要改自己的性格又一时做不到,但是后来我接纳了自己,没有一个人是完人嘛,我也是需要接受自己的缺点和别人的指责的,不可能所有人都说你好。能让同煤三医院重新开张,我已经感到满足了。还有些时候处理问题时难免带些个人感情,这些都是需要我慢慢改正的。

B:现在有很多人羡慕你做出的成绩,在你当时接管同煤三医院的时候,你有没有想过医院会像今天这样有竞争力并且非常赚钱呢?

W:当时我不可能准确地去预测同煤三医院的未来,但是我从来就没有失去过希望,我觉得任何一件事情,只要用心去做,总是有潜力可挖的,我从来没有认为同煤三医院彻底没希望了。我记得我原来看过一本危机管理的书,里边有个首席执行官说的话我特别喜欢,他说:"在一场危机中,你经常会没有支持者,没有人愿意站在你这边,除非他们知道你将是胜利者,所以你只能独自一人来解决所有的问题。"我经常有这种感觉,在我每次觉得特别孤立无援的时候,我就用这句话来激励自己,告诉自己胜利一定是属于我的,一定要坚持下去,必须要自己一个人去解决所有的问题,必须耐心细致地把这些问题都想清楚。

B:那么请你在最后做个总结,你觉得领导者在遇到危机时,最需要的是什么呢?

W:敢想敢做和一颗平静的心。做领导有时需要有冒险的魄力,风险大收益才可能大,如果总是沿着别人的思路,是永远不能超越前人的。但是一定要平静,切忌鲁莽冲动。如果没有平静的心,那就先去想办法让自己平静下来。焦躁只能坏事,平静了才能有处理危机的好办法。所以平时就应该多调节自己,让自己拥有相对平静的心态,遇事才不会慌乱。简单的四个字,就是胆大心细吧。

三 | 走出"9·11"事件阴霾

案例作者:何晓蕾
案例取材于真实人物
案例参考:《领导:纽约市长朱利安尼自述》
案例属于原创

■ 案例概述

2001 年 9 月 11 日

2001 年 9 月 11 日,对于纽约人来说,本该是一个再普通不过的日子——晴空万里的清晨,衬托着一片澄蓝背景,无垠的天空呈现出梦幻般的美感。

但 2001 年 9 月 11 日,却被恐怖分子人为地变成一个特殊的日子,经历过那一天的纽约人无不刻骨铭心,尤其是对于纽约市市长鲁迪·朱利安尼来说。那

鲁迪·朱利安尼

是他一生中最痛苦的经历,至今,他每天都回忆起那些日子,每天都有某个片段浮上心头,可能是两个人手拉手跳楼的画面,可能是躯体的碎片,也可能是葬礼上的小男孩或女孩……

（1）惊

2001年9月11日清晨,朱利安尼陪着两位好友在55街的半岛酒店用餐。8点45分左右,朱利安尼等三人在迎宾大厅道别。就在此时,随同前来的安全随从帕蒂·瓦罗内探员接到行政副市长乔·勒霍塔的电话说:一架飞机刚刚撞上世贸大厦北塔,但无法确定是蓄意还是意外。

收到消息后,朱利安尼立即同几位随从一同搭车赶往位于世贸中心7号大厦第32层的市政府应急指挥中心。途中,大约在9点零3分,他们又收到另一架飞机撞上世贸大厦南塔的消息。于是,一切变得显而易见——这是恐怖分子所为!

朱利安尼一行继续赶往现场,很快,他们到达了构成世贸中心楼群北面边界的巴克利街,与行政副市长乔和警务处长伯尼·克里克等会合,并决定先设立两座指挥所,分别负责指挥消防大队和警察部队。消防指挥所设在灾难现场附近,以便随时观察现场情况。

在赶往消防指挥所的路上,朱利安尼望见窗外沿途的某些景象,这些景象令他目瞪口呆。他亲眼看到大厦内的一位男性,靠在约102层窗沿边上往下跳,他的身影画出一条抛物线,终点落在六号大厦的屋顶。朱利安尼感到自己的身体变得僵硬。有人居然选择这样的死法! 朱利安尼紧握伯尼的手臂:"这种形势深不可测,必须立即应对!"

一抵达消防指挥所,朱利安尼看到消防局职位最高的官员皮特·甘奇正在和下属们商讨对策,第一副局长比尔·菲恩就坐在旁边。负责特别行动的消防大队长雷·唐尼也和几位部下站在附近。部署了对策之后,朱利安尼分别与比尔、皮特、雷三人挥手道别,祝大家好运。这时,消防大队的梅卡尔·贾奇神父从一旁经过,朱利安尼请他代为向上天祈祷。他面露微笑看着朱利安尼,说:"日复一日,我每天都在为你们祈祷!"

可是,朱利安尼万万没想到这一别竟是最后一面。比尔、皮特、雷、贾奇神父——他相识多年万分敬佩的好友,当天无一生还。

走进中浦院

领导心理调适案例

（2）情

经过周密的考虑,朱利安尼一行决定利用位于第 20 街的警察学院,作为市政府过渡期间的办公地点。

在赶往警察学院的途中,朱利安尼的心思转到深爱的家人。他请警方对家人加强保护措施,并电话通知妻子唐娜,电话中他们决定由唐娜带着孩子们到新泽西过夜。

接着他打给朱迪丝·内森——一个已经陪他度过两年艰苦岁月的女人,他的私生活里不可或缺的角色。一听到朱迪丝的声音,他对她说:我爱你。

由于朱迪丝坚持要来见朱利安尼,他答应了。

（3）悲

大约在正午时分,他们抵达警察学院,几乎全体官员都塞在一间狭窄的办公室里。陆续有官员加入,一看到哪个官员突然现身,大伙儿就上前热烈拥抱亲吻,庆贺其平安脱险。

阵阵的激愤、恐惧、悲伤汹涌而来。虽然眼前需要朱利安尼处理的事务成堆,不容片刻分神,但是那天,他还是三次禁不住放纵自己,沉溺于个人的伤感。

在警察学院,朱利安尼见到了贝丝·佩特龙——18 年来一直密切合作的助理。3 年多以前,朱利安尼曾亲自为贝丝夫妇证婚。她的先生是掌管消防局精锐队伍的特里·哈顿队长,他在消防大队服务 21 年,获得过 19 枚勋章与公开褒奖。朱利安尼询问贝丝,特里早上有没有去上班。“是的。”她回答,眼眶中含着泪水。朱利安尼紧紧搂住贝丝,同时第一次感到自己眼中的泪水。

第二次是收到贾奇神父的噩耗。对于朱利安尼而言,贾奇神父是他的精神支柱。每当他陷入极度沮丧的情绪低潮,或看到报上的文章对他的诋毁诬蔑,贾奇神父总是有办法让他舒坦许多。所以当听到他也离开人世的消息时,朱利安尼的整个情绪开始崩溃。看见照片中神父被人从废墟中抬出来,孱弱的躯体上几许苍白发丝和祥和的面孔……朱利安尼感到无法承受。他明白,贾奇神父的死亡,表示他失去了一位能协助自己个人乃至全市渡过危机的人。在此之后没隔几分钟，又传来比尔和皮特双双毙命的消息，这对朱利安尼来说无疑是雪上加霜。他们两人都在大楼外面，如果连他们都难逃一死，那些还在楼内的同僚岂不是全军覆没！

悲剧连续上演，在朱利安尼召开的第二次记者招待会上，他从记者的提问中得知撞击五角大楼的机上乘客当中还有芭芭拉·奥尔森。她是司法部副部长的夫人，与朱利安尼相交甚笃。当时，他真想立即放声号啕大哭，但现场人山人海，他必须要忍住。于是在会后，他火速赶到设在警察学院的临时办公室，让自己的泪水尽情宣泄。

但是，担负在朱利安尼肩上的责任和使命不允许他频繁地、长时间地沉溺于个人的悲痛之中。以上 3 个时刻都不到一分钟，他就必须立刻拭去泪水，集中思想，回转思绪，面对蜂拥而来的需要由他做出的重大决策。

（4）疑

一直以来，朱利安尼就是一个乐天派，凡事都往好处想。他相信以美国人和纽约客的优良素质，天下没有克服不了的挑战。

但是，当他置身于 16 英亩闷燃之中的废墟，看到这幕灾难的实际景象时，心中对于能否迅速展开救援行动升起一股怀疑的情绪。

晚上 11 点左右，他再度回到灾难现场，在周围踱着脚步，头脑中产生了一个想法：一切都是假的！这种想法在他的心头萦绕不去。

午夜时分，四周架满了照明设备，救难人员从堆积如山的瓦砾向下挖掘，一片尘灰弥漫，现场随处可见烈焰闪烁，浓烟密布，楼层中不时滚落混凝土巨块或办公家具。在现场，他遇到伯尼，两人一语不发继续走着。不止一次，他闭上双眼，盼望睁开之后看到世贸双塔还矗立眼前，一切都是假的！但是，他又不得不重振神智，提醒自己：没错！这是真的！而且他必须肩负起收拾善后的重任。

（5）怒

当天，朱利安尼至少 5 次前往灾难现场。第一次到达现场，他感到极度悲愤，不停地四处大吼："究竟是什么样的人居然对同类做出这种事情！"那一次从现场回来，他深深淹没在自己的情绪当中。之后，每到一次现场就是一阵暴怒。

2001 年 9 月 12 日—10 月 11 日

凌晨两点半,朱利安尼回到好友的公寓。电视机还开着,这是他头一次看到世贸双塔实际崩塌的景象,才明白那种混沌纷乱、险象环生的程度。此刻,他已经筋疲力尽,连洗澡的力气也没有。他把电视音量转小,但没有关上,生怕又冒出什么消息媒体比警方抢先一步。接着,他脱光衣服,整理另一套衣服搁在边上,以防又有突发事件,可以随时套上衣服立刻出门。

他的床头摆了一本《丘吉尔传》,想起当年在纳粹日以继夜疯狂滥炸下的伦敦市民,以求生的意念突破重重逆境,让他对美国人将战胜挑战的信念更加坚定。四点半左右,他酣然入睡,但不到一小时就醒过来了,他期待旭日东升,担心太阳从此一去不回。

当第一道金光射入眼帘,他松了一口气。反击的时刻终于到了!

(1)行动

9 月 12 日,星期三。一早,朱利安尼就通过电视上的"今天"节目,向大家保证:纽约市还在这里。8 点整,他开始每天的例行工作——晨间会议,听取各项报告,并做出决策;而后,他向军方与联邦应急管理局调来 1.1 万个尸袋;接着,亲自打电话给损失最惨重的几家公司老板……

9 月 13 日,星期四。晨会上,朱利安尼下令组织一个大型的祈祷仪式,商讨了警察和消防队员的葬礼问题,并考虑如何安置和安抚死者的亲友。他们决定成立扶助咨询中心,并由朱利安尼面对数千名家属发表感言。

此外,因为事发当天,朱利安尼意外地收到了通用电气公司总裁杰夫伊梅尔特的 1000 万美元的捐款,让他产生了要建立世贸双塔基金的想法。因此,为了募集更多的基金,这一天朱利安尼决定召开记者会呼吁各公司跟进,并取得了很好的效果。

晚上,验尸中心、家属中心里传来痛哭哀号,得知遭难者生还的希望渺茫,巨大的伤痛聚集在每个人的心头。朱利安尼的周围挤满了人,他们向他提出无数问题。他每隔一阵就会祈祷:"天哪,希望我给的答案是对的。"但是,对于身为一市之长的朱利安尼来说,不能只顾眼前的危机,他迫切需要一些思考的时间,因为还有长期的问题有待规划。

9月14日，星期五，布什总统抵达纽约市。对于朱利安尼来说，这不是第一次看见空军一号，但当天看见布什总统从机舱走出来，他的眼泪立刻夺眶而出。布什总统问他："有什么我能效劳的？"他答道："如果您逮到拉登，我希望能亲手把他枪毙！"大概布什总统会认为他在夸大其词，但他是认真的。拉登攻击了纽约，朱利安尼认为自己身为一市之长，是处决拉登的最佳人选。

那天，新的家属扶助中心落成，这让大家感到自己无所不能，也对冲破这场危机所设下的所有难关信心十足。同一天，消防局长艾森给朱利安尼出了一道难题。局里损失了343名弟兄，包括许多高级长官。他希望将某些人晋升以补充罹难者的职缺。朱利安尼同意他的看法，不过建议他将这个任命当作战地委任。

晚上，朱利安尼还参加了一场未列在行程中的秘密会议，主题是关于生化攻击，他担心这将是恐怖分子下一波的攻势。他邀请了几位传染病和生化武器领域的专家和医师，举办这一场研讨会。整场会议的气氛凝重。他们反复琢磨着计划，并准备随时付诸行动；即使如此，朱利安尼心头的压力未曾稍减。

9月16日，星期天。纽约市消防大队晋升典礼上，168名队员升职。这是因为必须重整旗鼓。在平时，一年一度的晋升典礼是欢喜庆贺的场合，这回却是痛心疾首的日子。对朱利安尼而言，这样的晋升典礼或许是整个灾难期间最感煎熬的时刻。典礼结束之后，朱利安尼开始泪如泉涌。他设法忍住泪水，但就是办不到。

同一天，朱利安尼还参加了一场婚礼，这场婚礼对市民、对朱利安尼本身都是莫大的鼓舞。新娘的哥哥、父亲和爷爷在短短十个月内相继去世，只留下她和母亲。但她的母亲盖尔却坚持让女儿的婚礼照常举行，并邀请朱利安尼陪女儿走过红地毯。盖尔告诉朱利安尼：在夹杂着奔放狂喜与惨痛悲情的时刻，不能让哀伤淹没了喜悦。

9月17日，星期一。灾后，朱利安尼首度回到市政厅。虽然还要等几个星期市政府才能迁回来办公，但附近的证交所和一些企业都想早点开张营业，他想去体验一下正常的生活步调。他步行到华尔街替证交所开盘。接

走近中濒危领导心理调适案例

着,又来到了纽约商品交易所,随着电话铃声响起,交易员开始买卖期货。经过 6 天的沉寂,纽约商品期货交易所也恢复了往日人声鼎沸的景象。纽约,活力依旧!

10 月 11 日,事发后一个月,大家在灾难现场举行纪念仪式。现场工作人员还在成堆的瓦砾中辛勤工作,但对于一般市民此地仍是步步危机。这是累人又伤心的工作。这么多善良的人无辜送命,实在让人无法接受,更可恶的,这是蓄意精心策划的屠杀。这些尸块和血迹不是天灾造成的,是恐怖分子大举进军美国留下的证据!

(2)沉思

9 月 13 日,星期四。晚间 10 点左右,朱利安尼感到从肩膀到臀部的整个背部开始剧痛不已,一个念头在他脑中闪过:是不是心脏病发作?但他马上又告诉自己:不可能的,上帝不会让我死在这个节骨眼儿上!他想去看医生,很快又打消了这个念头——被媒体知道一定会大肆渲染。他对自己说:"我现在没空生病,要生病也得过一阵子。"

朱迪丝发觉朱利安尼背痛,便建议他出去散散步。她找到一扇通往紧急出口的后门,朱利安尼一直走到东河。9 月美妙的夜晚,原本的嘈杂化作鬼魅般的死寂。灾难现场飘出的浓烟不改,臭味依旧。他想到这个城市、这个国家、这个世界即将面临的挑战,还有那些失去所爱的家庭即将度过的漫长夜晚。

他还清楚地记得,前几个星期,他带着女儿出去庆祝她的 20 岁生日。他们乘坐小船,沿着眼前的这条河划行。有一张父女两人的照片,衬着夕阳下的曼哈顿,背景的世贸双塔历历在目。

望着眼前的河水,朱利安尼一时难以自拔。还记得和父亲在东河里学游泳,他的心身随着潺潺河水荡漾,往日情景一一重现。街道依旧,纽约仍在。这次的创痛无比惨重,但河水—城市和市民——并未消失。他提醒自己必须静下心来思考。

散步让朱利安尼的背痛好多了,他知道这不是心脏病,可能是前天肌腱拉伤了。可能是精神压力和睡眠不足,让疼痛的感觉加深。他掉头回去,准备做出决定。

散步途中,朱利安尼对自己的心态作了反思,他认识到对自己谴责最深的往往是自己。当一件事情搞砸了,他会从局外人的角度审视自己犯下的错误,内心挣扎思索——为什么没想到这个?没料到那个?他决定抛弃这种心态,并不断地告诉自己:"我有办法,我打算这么做,我有这样的能力——我会掌握局面,做出理智的决定。"

短短半个小时的沉思,让朱利安尼有了自我舒缓的空间。他回到工作岗位,希望这座城市也能喘一口气。

(3)宣泄

9 月 13 日,星期四,此时的朱利安尼已经几乎 48 个小时也没合过眼了。他坐在一张椅子上,放声嘶吼,但不是针对哪个人:"这种痛苦太残忍了!我不敢相信!"对他而言,最痛苦的莫过于看见飞机撞入大楼的景象一再被重播。

朱利安尼从小就训练自己,在人们激动的情况下克制自己的情绪。父亲不断告诫他,面对危机一定要保持镇定。当旁人的情绪激动,冷静可以让自己理出头绪,谋求解决之道,尤其是危难当头。但这绝不表示他没有感情,也不表示他不能表达感情。他认为领导人也是人,让自己所带领的人们了解这一点,其实是有帮助的。

但宣泄情感的时刻往往难以捉摸:可能是看见一个小男孩拿着爸爸的头盔,一位母亲失去唯一的儿子,弟弟在悼文中说到他没有机会告诉哥哥自己是多么爱他。当感到情绪的水位不断上升,朱利安尼会设法找个私密的地方发泄。事件发生的前几天,一直到之后的三个半月,他都尽量利用独处的短暂时刻,让内心的愤怒和悲伤得以抒发。

球赛是唯一能让他情绪舒缓的时刻——周六早晨看了大一的儿子在扬基球场打橄榄球,还有带着女儿卡罗琳观赏橄榄球。几次看儿子打球,上半场就必须离开,通常是赶赴葬礼或另一场紧急事故。但就在那短短的片刻,他可以全神贯注于球赛让自己沉浸在欢乐当中。

(4)后记

2001 年 12 月 31 日,是朱利安尼市长任内的最后一天。那天,他替股市收了尾盘,也为自己的市长生涯谱下了休止符。

2002 年 1 月 1 日,参加完布隆伯格就职典礼之后,朱利安尼和朱迪丝一起再度前往灾难现场。没有媒体记者、随从幕僚或政坛人物,这是他启程之前最后造访的地方。过去 3 个半月以来,他来到此地 300 多次。然而,即使在卸任的那一天,他还是怒火中烧,仿佛第一次见到现场烽烟满天的惨烈景象,感觉同样强烈……

但我们有理由相信,此时他心中的愤怒已然与开始时截然不同,如果之前的愤怒中夹杂着的是对自己能否带领大家渡过危机的怀疑,那么此时的愤怒中饱含了面临一切危机都挺身应对的必胜信念。正如朱利安尼在《领导:纽约市长朱利安尼自述》一书中提到的那样:"一个领导人为了达到目标,有时候必须压抑热情,保持镇定和头脑冷静。反观领导人的另一面,你不能失去人性。我对于'9·11'事件所感到的持久的愤怒,正是心态健康的表现。重大的挑战横亘眼前,驱使我成为更坚强、更杰出的领导者。"

点评

2001 年 9 月 11 日上午 8:46:26,美国航空公司 11 次航班以大约每小时 490 英里的速度撞向世界贸易中心北楼;9:02:54,联合航空公司 175 次航班以大约每小时 590 英里的时速撞入世界贸易中心南楼;10 点过几分,另一架飞机又撞上了大楼……

短短一个多小时之内,纽约的地标——世贸双塔相继崩塌,数千人失去了生命。这就是震惊世界的"9·11"事件。

这一事件对美国人,尤其是纽约人来说,无疑是一次历史性的灾难,一次百年不遇的公共危机。时任市长鲁迪·朱利安尼顶着前所未有的巨大压力,凭借自己丰富的经验、出众的胆识、优秀的领导力和稳健的心态,成功地应对了这次危机,令世人拍手叫好。凭着

世贸中心遭袭的瞬间

在"9·11"恐怖事件发生后"处变不惊"的态度和"悲天悯人"的形象,他击败乔治·布什和本·拉登成为《时代》杂志2001年的年度封面人物。本案例以时间为主线,向大家清晰地展现了他在处理"9·11"事件过程中的心路历程。

下面,我们将从压力源、压力反应、压力应对和压力评估四个方面对这一案例作简要分析。

第一,压力源。心理学中,我们将可导致个体产生应激反应的紧张性刺激称作应激源,又称压力源。压力源可能是物理性的,比如不适宜的温度、强烈的噪声、辐射、电击等;可能是生物性的,如病毒、细菌等;可能是心理性的,如情感剥夺、社交恐惧;可能是社会性的,如政策的变化、经济变动、工作变化、教育水平的差异;可能是文化性的,如风俗、习惯、生活方式、宗教信仰、语言环境的改变;等等。

毫无疑问,在本案例中,这次恐怖袭击事件就是压力源。

第二,压力反应。对纽约而言,这一压力事件导致了社会系统的基本价值和行为准则趋于崩溃,在较大程度上和较大范围内威胁着人们的生命和财产安全、引发社会恐慌、瓦解正常秩序。

对市民而言,它不但使受灾人群(受害者及其家属、亲友)遭受生命和财产的损失,也给他们造成严重的精神打击。此外,还会给其他直接或间接接触该事件的幸存者、目击者与救援者等相关人员带来难以磨灭的心灵创伤。据2002年3月《新英格兰医学杂志》上一篇报告载:"世贸中心遭袭后,成千上万的曼哈顿居民产生了严重的必须接受治疗的心理障碍。"

对朱利安尼而言,在"9·11"事件中,他痛失了最亲密的朋友、朝夕相处的工作伙伴和无数市民。作为一个普通的、有血有肉的人,他不可避免地出现了一些典型的压力反应,大致可以分为两个阶段:第一个阶段是立即反应阶段,表现为否认或不相信事实,希望"一切都是假的",并对自己是否有能力妥善处理残局产生了怀疑;第二个阶段是完全反应阶段,表现为产生了悲痛、愤怒、恐惧、焦虑等急性负面情绪,以及背部疼痛等生理反应。

第三,压力应对。朱利安尼身为一市之长,不但要处理个人的情绪,还要肩负处理危机带来的种种社会问题的责任。这要求他必须及时、迅速有效地做出反应,否则不但不能解决危机带来的社会问题,而且会进一步加重自己的心理负担,造成难以磨灭的影响。

因此,他没有让自己沉溺于负面情绪,也没有被病痛击垮,更没有缴械投降,而是对自己的情绪做了快速、恰当的处理,包括:

◈ 寻求支持:在得知事件发生,悲愤惊恐交集的时候,他不忘联系家人,并允许爱人陪伴左右,给他支持;

◈ 情绪宣泄:在收到好友丧生的噩耗时,他允许自己短暂放纵情感,然后立即拭去泪水,回转思绪;

◈ 思维阻断:在产生希望一切都是假象的想法时,他适时地重振神智,提醒自己:没错,这是真的;

◈ 情绪放松、认知调节:在感到背痛的时候,他选择外出散步,并利用这一时间整理和反思自己的心态,化消极为积极,变被动为主动;

◈ 情绪宣泄:在感到情绪的水位不断上升的时候,他设法找个私密的地方利用独处的短暂时刻,让内心的愤怒和悲伤得以抒发,有时也会毫不掩饰地在众人面前泪流满面;

◈ 脱离压力情境:在空闲的时候,他去看儿子的比赛,让自己在短短的片刻沉浸在欢乐当中;使自己的情绪得到舒缓。

在处理个人问题的同时,他也对事件引起的社会问题作了一一应对,从完全反应阶段迅速进入消除阶段,即接受事实并为将来做好计划的阶段。他所采取的行动包括:

◈ 在第一时间召集记者发布消息;

◈ 通过媒体向市民保证:纽约市还在这里;

◈ 通过例会进行决策;

◈ 调来 1.1 万个尸袋来处理死难者的尸体;

◈ 联络全市医院以安置伤患;

◈ 亲自打电话给损失最惨重的几家公司老板表示慰问;

◈ 用祈祷、葬礼等仪式抚慰人们受伤的心灵;

◈ 组织成立家属扶助咨询中心安置和安抚死者的亲友;

◈ 筹划建立世贸双塔基金,并募集基金;

◈ 召集专家举行研讨会,防范恐怖分子的下一波攻势;

◈ ……

这一系列行动大致可以概括为四个方面:救灾、安置、重建和预防。其中,救灾是指对生命安全和财产损失的处理,包括处理尸体、安置伤患、清理现场等工作。安置是指对受灾人群在生活、经济和心理等各层面的处理,包括通过媒体向市民作保证、电话慰问、举行仪式、建立家属扶助中心等工作。从这一部分的工作中,我们可以看到,朱利安尼非常重视心理层面的安抚工作。"9·11"事件发生后的一段日子,朱利安尼几乎代表着"美国的声音",每当他发表谈话,数以百万计的美国人就减少些许不安。他的用字遣词包含了许多对罹难者的哀悼,也充满着对恐怖分子绝不妥协的坚定立场,深深打动了纽约人及全美国人民的心,这正是他在"9·11"事件处理过程中最为成功和深得人心的地方之一。重建是指受灾地区的再建设工作,案例中朱利安尼所采取的行动包括为灾后重建募集和申请资金等工作。预防指的是对其他形式的灾害进行防范,案例中,朱利安尼召开了专家研讨会,分析恐怖分子可能进行的下一波攻势并商量对策。

从这四个方面的行动中,我们发现,在应对"9·11"事件的全过程中,朱利安尼采取的是积极的问题应对策略,即处理现实问题,考虑进一步预防,并作长远打算。心理学研究发现,当人们相信他们拥有足够的资源可以改变压力情境时,往往会倾向于采用这种应对策略,而且内控型的个体也更倾向于在压力情境下采取这种应对策略。

第四,压力评估。朱利安尼的出色表现不禁让人心生佩服,同时也让人想起 2005 年的松花江污染事件中吉林市主管安全及环保工作的副市长王伟因涉嫌隐瞒事实真相而悬梁自尽,年仅 43 岁。相比之下,朱利安尼向我们展现出一位领导人应该有的健康稳定的心理素质、应对危机的自信和解决问题的决心。

那么,为什么同样面对危机,面对压力情境,有些人觉得轻如牛毛,有些人觉得重如泰山;有些人选择接受挑战,有些人选择临阵退缩呢? 当然,这一方面取决于压力事件本身,但更重要的是人们对压力事件的认知和评估。如果把应激事件的威胁性估计过大,对自己应对的能力估计过低,那么应激反应也必然过于强烈。正如古希腊哲学家伊壁鸠鲁说的，"人类不是被问题本身所困扰，而是被他们对问题的看法所困扰"。根据拉扎如斯（Lazarus，1984）提出的压力的认知—现象学—相互作用理论模型（Cognitive-Phenomenon logical-Transactional，简称 CPT），个体在经受压力事件后，将根据自己的主观感受来评价来自环境的刺激是否对他来说是一种重负，或超过他所能承受的负荷，或危及他的健康。

那么，哪些因素会影响个体对压力程度的评估呢？这些因素主要包括社会支持、控制感、个性特征、行为模式等。同时，在个体感受到压力以后，这些因素也可以帮助个体降低对压力程度的评估，缓解其因为压力所带来的紧张、焦虑等消极体验。

◈ 社会支持：社会支持是个体知觉或接受到的他人从精神、物质、信息等各方面的多种支持。社会支持可以来自家人、亲戚、朋友、同事，或者社会团体；其内容可以是情绪的支持、尊重的支持、实质的或工具性的支持、信息的支持，等等。研究发现当人们处于压力事件中时，总是要向他人寻求支持和安慰。如果这时缺乏外界的支持，就会增加个体体验到的压力源强度，降低对压力的承受力。而如果个体生活在关系密切、相互关心的人群中，其压力的后果会较轻。

◈ 控制感：有时候，真正对人构成威胁的不是压力事件本身，而是人们认为事件的"不可预知性"和"不可控性"。一般认为一件不可控制或不可预见的事情对人的威胁最大，而反复出现、事先已有预料或已做好了应对刺激的精神准备时，压力效应较小。控制感包括对控制的信念以及自我效能感。控制的信念分为内在控制观和外在控制观两种。相信能控制自己的成败的人拥有内在控制观；而相信自己的生活掌握在如运气之类外在因素的人则属于外在控制观。有很多早期的研究表明，持外在控制观的人，会感到无助，感到自己无法避免消极的结果，最终放弃追求他们的目标。自我效能感是指人们对自己能否完成某项特定任务或应付某种情景的自我判断。自我效能感强的人，恐慌度明显较低。

◈ 性格：有人说，性格决定命运。跟据 Suzanne Kobasa 和 Salavatore Maddi（1977）的研究，坚毅（hardiness）的性格可以区分哪些人在压力下会生病,而哪些人不会。他们认为坚毅包括三个特征:控制,即认为自己能影响生活的信念,也就是前面提到的控制感;承诺,即对生活的事件、活动和人物所感到的目的性,拒绝放弃;挑战,即将改变视为成长的机会,而非对安全的威胁。坚毅的人能更好地处理压力情境,更能吸引或寻求社会支持。

◈ 其他:其他影响个体对压力情境评估的因素包括个体的行为模式、意志品质、过往经验,等等。

分析朱利安尼处理"9·11"恐怖袭击事件的过程,我们可以发现他具备了许多帮助他做出积极评估、缓解消极情绪的条件。

◈ 社会支持:事发以后,消防局、警察局的全面介入,同事的陆续加入,家人的默默支持,救难人员的辛勤工作,各大公司的资金支持,总统的来访,专业人士的意见,市民的支持配合等等无不给朱利安尼提供了解决危机的坚实后盾和巨大支持。

◈ 控制感:虽然恐怖袭击事件本身是不可预知的,而且朱利安尼也曾经一度失去控制感,但他及时重振神智,对自己说:我必须肩负起收拾善后的重任!并不断地告诉自己:"我有办法,我打算这么做,我有这样的能力——我会掌握局面,做出理智的决定。"这反映了他积极的内在控制观和自我效能感,并且在行动中,他通过付出和承担责任而提升自我控制感。

◈ 性格:我们可以看到,朱利安尼完全具备上面所提到的坚毅性格的三个特征:控制、承诺和挑战。他在危难发生的时候,毫不犹豫地选择了迎战,并且亲赴战场;他期盼着9月12日的旭日东升,那是他反击的时刻。

◈ 心态:这一点尤为重要。朱利安尼非常强调领导人面对压力时,必须克制自我的情绪,保持镇定的心态。他认为,危难当头时,冷静镇定的心态有助于理清头绪,谋求解决之道。无论如何,领导人镇定的心态是不可或缺的。因此,在市长任内,只要听到哪个官员说自己在面对业务上的危机时感到"恐慌",他会严正声明,不准再用这个字眼。他认为正确的心态应该是"担心",如果情势紧急必须采取更加关切的态度,倒也无妨,恐慌则大可不必。

◈ 其他:此外,他强烈的价值信念,以及之前担任执业律师、检察官、司法部代理检察长等职积累的经验也帮助他面对危机时能做到临危不乱。

当遭遇公共危机时,领导者是首当其冲的,他的职责要求他必须肩负起带领团队平安度过危机时期的艰巨任务。因此,他所感受到的压力可能比任何一个人都更大。在这种情况下,领导者如果不能调整好自己身心状态,迅速投入战斗,只会使情况变得更加糟糕,甚至造成无法挽回的后果。案例中,朱利安尼对整个事件的处理不失为一个典范,值得广大的领导者学习和借鉴。

四 风雨过后见彩虹
——记一位领导遭遇家庭危机的始末

案例作者:何晓蕾
案例取材于真实人物
案例属于原创

困难、打击和危机都只是暂时的,对一个成功的人来说这只不过是一个铺垫,一旦你走出去了,那就是晴空万里。让我们接受考验,迎接挑战,迎来更美好的明天!

◢ 案例概述

一直以来,陈宇平与妻子敏过着两地分居的生活。直到他们的大女儿丽丽迎来 3 岁生日的时候,敏才从外地调回陈宇平的身边工作,夫妻团聚,那年是 1981 年。

(1)妻子离去

幸福的日子是短暂的。

一年以后,敏不幸患上了肝炎。于是,夫妻俩开始频繁地奔走于各大医院,想尽各种办法治疗。虽然当时家里的经济条件不是很好,但他们还是不计代价地找好大夫,用好药。那段日子里,陈宇平不但要给敏治病,还要照顾孩子,参加职称考试,感到压力非常大,但心中总存有一线希望,认为敏总会一天天地好起来。

可是天不遂人愿，肝炎有 2‰ 的死亡率，却不幸落到他们的头上。1983年年初，敏的病情开始恶化，最终于 1983 年 4 月 5 日清明节那天离开了人世，当时她只有 28 岁，而陈宇平也只有 31 岁。

敏的过世对他的打击非常大。一时间，他感觉天塌了下来，家不像家。但是，一想起身边还有 5 岁的女儿丽丽和 3 岁的儿子聪聪需要照顾，他强忍着悲痛，开始过着与他们相依为命的日子。

（2）子女染病

厄运不断降临到陈宇平的身上。

敏去世以后没几天，他便感觉自己的一双儿女好像也感染了肝炎。由于深知此病的严重性，他二话不说就把两个孩子同时送到医院去检查、住院，千方百计地给孩子治病。

1983 年 4 月到 7 月间，陈宇平变得有家不能回，医院成了他的第二个家。他也不能正常工作，一心只系着一双儿女，只要有空，他就一直陪在两个孩子身边。晚上的时候，丽丽的液体输完了，聪聪的却还没有输完，让人感觉痛苦的日子总也过不到头。

一个 30 岁的男人带着两个生病的孩子，可想而知，他们无论在生活上还是经济上都相当困难。当时，打一针白蛋白要 120 元，十针就要 1200 元。而他当时每月的工资只有 42.5 元，又要生活，又要给孩子治病，压力之大可想而知。这时候，单位的领导、同事都纷纷向他伸出援手，这个捐 100 元，那个捐 50 元。陈宇平把大家的心意都清清楚楚地记在一张单子上，他深知大家的日子都不宽裕，日后这些钱一定要还给人家。

有时候，下班去托儿所接孩子，发现已经被人接走了。然后在家里做着饭，人家就把孩子送回来。

同年 7 月以后，丽丽病情开始有所好转，可是聪聪却不见起色。于是，陈宇平想把聪聪转到更好的医院接受治疗。

（3）聪聪过世

那是一段非常难熬的日子。

当时，电视里正在播放日本连续剧《血疑》，大夫和病友们都说他们一家就是《血疑》在现实生活中的原型。

每当聪聪输完液,陈宇平就把他抱出去到街上走走、坐坐车、逛逛公园。回到医院,便给聪聪讲故事、做游戏。随着日子一天天过去,身为父亲的他心里也越来越清楚:聪聪的时日无多了。因此,他要给他最后一点父爱,毕竟聪聪才是一个 4 岁的孩子!

聪聪相当懂事,从来不哭也不闹,即便扎针的时候也是一样。有时候,因为他的血管小,很多护士来都扎不进去,于是就换一些有经验的人来。很多时候,护士们都是流着眼泪在扎。

有一次,陈宇平感到实在不能忍受这种煎熬了,不能眼看着孩子再这么痛苦下去。于是,他做出了一个令人惊讶的决定——把针拔掉。他对医生说:"让孩子就这么去吧①,晚死还不如早死,这样对我们、对孩子来说都是一种解脱。"作为父亲的他,这时候一心想的就是希望孩子少受点儿罪,况且,孩子在另一个世界还有母亲相伴。但最后,在同事和医生的竭力劝阻下,最终还是把聪聪的液体又输上了。毕竟,对一位父亲来说,眼看着自己心爱的孩子死去实在太难了。

有时候,陈宇平也想到过要结束自己的生命。有一天,聪聪闹得很厉害,陈宇平感到心里很烦。那天晚上,他拿着平日一粒粒攒下来的一把安眠药反反复复地进行激烈的思想斗争,很想把它们统统塞进嘴里就此结束自己的痛苦。这时候,他的老母亲突然出现在病房里,她是特地赶来看聪聪的。一见到母亲,陈宇平心中的伤痛、委屈一下子爆发了出来,他抱着老母亲痛哭流涕。慢慢地,他冷静下来,他想,自己的爱人去世了,留下两个孩子,自己的父母也尚在人间,如果他走了,让年迈的父母来承受这个打击是不公道的。他暗下决心:不管多么艰难,这一切应该由自己来承担,不能把自己的责任交给父母亲! 于是,他最终没有把安眠药吃下去。很多次都是这样,矛盾的心情交织在一起,让他备受煎熬。那段日子里,1.77 米的陈宇平从 130 斤的标准体重一下子瘦到 90 斤。

1984 年 9 月 25 日晚上 10 点多,大夫来看聪聪。他用听诊器听了听孩子的心跳,接着,把听诊器递给陈宇平说:"你听听,这孩子的心跳特别好,特

---

① 叙述到这里的时候,陈宇平第一次哽咽了。毕竟,要做出这样的决定所体验的压力、痛苦和思想斗争是难以想象,也无法忘却的。

别有力。"就在他们聊天的时候,孩子突然开始抽搐。当时,陈宇平的母亲就坐在边上,她很坚强,头也没有回一下,问道,"他走啦?你给他洗一下,然后把衣服穿好,玩具都带上"。于是,陈宇平就开始给聪聪擦身,把衣服穿好,玩具都放在床边上。

那个时候,陈宇平和他的母亲都显得出奇的冷静,也不流泪,一边给孩子整理,一边还在和别人聊天。一方面,他们心里都觉得聪聪的死也是一种解脱,至少他可以少受点罪;另一方面,他们也是顾及同房的病友,怕深更半夜大哭大叫吓到其他人。12点过后,护士推着车把聪聪送到了太平间。早上7点,天亮了以后,陈宇平扶着母亲出去吃早饭。医院里很多认识的病友看到他们都议论说,怎么没带孩子啊?当时,他们都能听到大家的议论,但却表现得很平静。10点过后,陈宇平给单位打了一个电话,然后为聪聪订了一个木盒子。当陈宇平把聪聪从太平间的冰箱里面取出来的时候,只感到聪聪的全身是僵硬的。他把聪聪放进木盒子,和孩子的母亲埋在一起,土葬了。

(4)活着的人

日子对于健在的人来说,依然是痛苦的。

聪聪去世以后,单位的同事都建议陈宇平通过疗养来缓解情绪。但对于陈宇平来说,只有工作、繁忙的工作才可以冲淡悲痛。至于她的母亲,天天带着6岁的孙女去买菜,一路走一路哭,回家后又是一场痛哭。

1984年10月初,陈宇平的单位恰好有一个到北京培训的名额,厂里决定让他去,顺便也可以调节一下情绪。于是,陈宇平到了北京,参加了3个月的培训。其实,这3个月对他来说是异常艰难的。他感到心中充满了矛盾,肩上压着重担,而脑子却是麻木的。有时候,他听着课,突然感觉到不行了,眼泪哗哗地流下来了,连忙跑出教室,找个没有人的地方坐下来,哭①,但也不是大哭,等情绪缓解了以后再慢慢走回去。因为同学和老师都知道他的状况,所以大家都很理解,老师也从来不说。

最难受的莫过于1985年的元旦。一听到孩子们嬉戏玩闹的声音和噼噼啪啪热闹的爆竹声,他就觉得无法承受,只有找个没有人的地方坐下来,

---

① 叙述到这里,陈宇平又一次哽咽了。

才会慢慢地感到平静。有时候,他在半梦半醒中仿佛听到孩子的叫声。突然醒来,才发现睡枕边早已湿透……

那段时间,陈宇平没有和任何人去完整地叙述这件事情,也不想和任何人说,甚至听到别人问起这件事情就觉得受不了,他最怕的就是听别人劝他的话。谁要是劝他说:"想开点儿,过去就过去了",他就觉得特别委屈。① 他对那些劝他的人说:"你们不要劝我,什么都不要说,我自己能够承受,只是需要有个过程。"

整整3个月,陈宇平感觉自己的心灵备受煎熬和折磨。他不知道怎样解脱,也不知道自己是怎样熬过来的,就这样反反复复,在压抑、悲痛、矛盾和迷茫中默默独自承受。

3个月的培训终于结束了,陈宇平拖着疲惫的身心回到家中。一进家门,老母亲就抱着他痛哭,许久……听院子里的邻居们说,她天天以泪洗面,但是谁也不敢去劝。因为只要别人来劝,或是一提起这件事,她就伤心得受不了。

陈宇平是一个非常要强的人。他感到女儿已经失去了母亲,就应该给她更多的爱,不能让孩子受委屈,更不能让别人笑话。有一次,恰逢厂里的职工下班,他们看到他6岁的女儿倒垃圾、到街上去买酱油,就说没有妈的孩子真可怜,这么小就让她做事。听到这些话,陈宇平觉得心里非常难受。② 从此以后,他回到家里能做的就尽量做,宁可自己累一点。人家吃饭早一点,他们就吃得晚一点;人家饭菜丰盛些,他们就简单些,但保证营养;人家做家务一件一件来,他就算好时间,这儿开始洗菜,那里同时开始烧饭;人家给孩子买衣服穿,他就自己缝、自己织;人家睡得早一些,他就睡得晚一些……

1985年下半年,陈宇平再婚了。他的爱人叫芳,与前夫离异,带着一个男孩儿。芳善良、有同情心,是一位能够为人母的贤惠女子。陈宇平知道自己要找的正是这样一位伴侣,于是他们很快就在一起了。

再婚以后,陈宇平一家的日子开始慢慢恢复正常,毕竟家里有人料理和

---

① 叙述到这里,陈宇平又一次哽咽了,久久都不能继续说下去。

② 叙述到这里,陈宇平又一次哽咽了。

操持家务了。虽然家境并不好，但是过得还是很幸福。芳对丽丽很好，陈宇平也把芳的儿子当自己的儿子待。陈宇平感到非常知足，因为他和芳能相互理解对方、互相体贴、心灵相通，一家人也能和睦相处。

当然，他们从开始，到慢慢沟通，到互相理解也有一个过程。有时候，陈宇平晚上想起自己的经历禁不住流泪，芳就有点想不通，认为他还想着前妻，对自己没感情。

每年清明节的时候，陈宇平都要到前妻的坟前祭奠。开始的时候，芳不理解，不愿上山。慢慢地，她虽然人不去，但会提前买好糕点、水果和鲜花。再后来，她也开始每年清明陪着丈夫上山。

用陈宇平的话来说，有些事情一旦经历，终身都不可磨灭，不可能像从电脑里消除一样简单。但是，如果我们不去刻意地改变它，而是在通过时间让它慢慢淡化，同时珍惜今天的一切，才能建立起一个正常、和谐、温馨的家庭，才能真心地互相理解、支持、帮助，最后实现互爱。

（5）后记

转眼间，20多年已经过去了。从不愿提起这件事，哪怕是只字片语，到现在可以完完整整地叙述这件事情，甚至用自己的经历去激励和安慰他人，对陈宇平来说是一次巨大的飞跃。虽然谈起这件事情的时候，他仍然会动感情，仍然会流泪，但至少他已经可以从容面对。

正如他所说的，过去的已经过去了。

如今，他已经是一名正局级干部。正是他所经历的这些磨难和艰苦的环境造就了他，成为他的巨大财富。这些财富赋予他坚强的性格和平和的心态；这些财富让他面对任何大风大浪都能从容应对；这些财富使他获得了人们的认可，深得民心，甚至在人大选举中创造了全票通过的纪录……

📖 点评

提到领导干部的压力，许多人都会自然而然地想到他们肩上繁重的工作带来的压力、复杂的人际关系带来的压力、矿难等公共危机事件带来的压力、社会舆论的压力，等等，然而很少有人会考虑家庭给领导们带来的压力，更少人会关注这一问题。

　　然而,领导干部首先是一个普通的人,他们也会像我们一样遭遇家庭带来的压力。如果家庭压力不能得到妥善的处理,它所造成的不良影响甚至会渗透到领导干部工作、社交、判断、决策等各方面,从而带来更大程度的压力,造成不可估量的损失。

　　本案例描述了一位领导干部——陈宇平在经历了至亲至爱的人相继死亡的不幸后,如何慢慢地从悲痛中康复,挑起家庭和事业重担的过程。我们将主要从压力性生活事件给陈宇平带来的身心影响、陈宇平采用的自我调节方法、压力性生活事件的积极意义这几方面对这一案例进行剖析。

第一,压力性生活事件的影响

　　压力性生活事件(stressful life event)是指个体在生活中突然遭受到的急剧的、形成心理上强烈反应的重大事件。一般认为,亲人死亡、事业挫折、家人分离、破产、考试失败,罹患重大疾病和恋爱婚姻失意,皆可视为压力性生活事件。

　　压力性生活事件会引发个体的紧张反应。在有些情况下,这对个体适应环境是有利的。因为它可以提高人的警觉水平,从而动员肌体内部的潜能,以应付各种变化的情境和事件的挑战。但是,如果这种紧张状态持续过长或过分激烈而超出了个体所能耐受的适应和应付能力,则会引发各种问题,反映在心理、行为和生理等各方面。

　　压力性生活事件引发的心理反应首先表现为相伴的一系列情绪体验,如愤怒、焦虑、恐惧、嫉妒、内疚、抑郁、悲伤、绝望等,严重时可形成创伤后压力综合征(PTSD),甚至导致自杀行为。其次,应激状态所造成的心理失衡会干扰心智功能的正常发挥,容易形成思维紊乱,导致应激性障碍、适应性障碍及记忆力下降等问题。

　　行为方面,压力性生活事件可能引发吸烟、酗酒、自杀和反社会等不良行为。

　　生理方面,压力性生活事件可导致植物神经系统、内分泌系统和免疫系统的变化。

　　在这一案例中,陈宇平也在一定程度上反映出了上述问题。在整个案例的叙述中,我们不难发现这样一些语言:首先是一些描述负面情绪的词汇,诸如压力大、打击大、难受、痛苦、矛盾、煎熬、委屈,等等,这些情绪充斥着整个案例,非常鲜明;其次是这些负面情绪引发的行为方面的描述,诸如哭、哽咽、自杀,等等;此外,在生理方面,陈宇平也出现了体重急剧下降的现象。

在实际访谈的过程中,陈宇平在这些方面的表述更为集中和频繁,为了让读者更好地理解,我们将他提到的一些关键词和关键行为做了如下整理(见表1)。

表1 关键词和关键行为出现的频率计算表

类别	关键词/关键行为	出现时间	频率	总计
心理/情绪	压力大(心理、生活、经济)	聪聪去世前	7	43
	烦	聪聪去世前	1	
	天塌下来	聪聪去世前	1	
	家不像家	聪聪去世前	1	
	有家不能回	聪聪去世前	1	
	生活过不到头	聪聪去世前	1	
	平静	聪聪去世后	5	
	解脱	聪聪去世后	5	
	委屈	聪聪去世后	2	
	迷茫	聪聪去世后	1	
	压抑	聪聪去世后	1	
	麻木	聪聪去世后	1	
	折磨	聪聪去世后	1	
	打击大	聪聪去世前后	5	
	难受	聪聪去世前后	4	
	痛苦	聪聪去世前后	3	
	煎熬	聪聪去世前后	3	
行为	自杀念头	聪聪去世前	1次以上	>11
	哭	聪聪去世前后	3	
	哽咽	聪聪去世前后	7	
生理	体重急剧下降40斤	聪聪去世前	1	1

短短两小时不到的访谈,由于他的情绪波动被打断了7次之多。此外,在访谈过程中,他在关于事件对自己的情绪影响方面的表述多达43处。尤其值得注意的是,在照顾聪聪的过程中,他有过自杀的计划(收集医生给的安眠药),动过自杀的念头,还差一点付诸行动。足见这亲人连续患病、过世的事件对他的打击之大,影响之深,直到20多年后的今天还在隐隐作痛,让

饱经风雨的他至今回想起来还禁不住泪流满面。

以上,我们从"质"的方面就事件对陈宇平的身心带来的影响进行了分析。接下来,我们将从"量"的方面做进一步分析。

1967 年,美国华盛顿大学医院精神病学家 Thomas H. Holmes 和 Richard Rahe 开发了社会再适应评估量表(SRRS,见表 2)。该量表列出了 43 项生活事件,每个事件被赋予一个数值以反映其压力程度(即把这些生活事件给人造成的压力数量化)。被试需要从中挑出他们在最近 6—24 个月中曾经经历过的事件,并将这些事件的分数相加,所得总分即每个人的压力得分。Holmes 等提出,若个体一年内的压力分值不超过 150,则预示他来年可能是健康平安的;若在 150—300 分之间,则来年患病的可能性达 50%。

表 2　社会再适应评估量表(SRRS)

生活事件	平均值	生活事件	平均值
1. 配偶死亡	100	22. 所担负工作责任方面的变化	29
2. 离婚	73	23. 子女离家	29
3. 夫妇分居	65	24. 姻亲纠纷	29
4. 坐牢	63	25. 个人取得显著成就	28
5. 亲密家庭成员丧亡	63	26. 配偶参加或停止工作	26
6. 个人受伤或患病	53	27. 入学或毕业	26
7. 结婚	50	28. 生活条件变化	25
8. 被解雇	47	29. 个人习惯的改变(如衣着、习俗、交际等)	24
9. 复婚	45	30. 与上级矛盾	23
10. 退休	45	31. 工作时间或条件的变化	20
11. 家庭成员健康变化	44	32. 迁居	20
12. 妊娠	40	33. 转学	20
13. 性功能障碍	39	34. 消遣娱乐的变化	19
14. 增加新的家庭成员(如出生、过继、老人迁入)	39	35. 宗教活动的变化(远多于或少于正常)	19
		36. 社会活动的变化	18
15. 业务上的再调整	39	37. 少量负债	17
16. 经济状态的变化	38	38. 睡眠习惯变异	16
17. 好友丧亡	37	39. 生活在一起的家庭人数变化	15
18. 改行	36	40. 饮食习惯变异	15
19. 夫妻多次吵架	35	41. 休假	13
20. 中等负债	31	42. 圣诞节	12
21. 取消赎回抵押品	30	43. 微小的违法行为(如违章过马路)	11

根据访谈获得的信息,我们大致列出了陈宇平在 1980—1985 年所经历的重要生活事件。大致可以分为 3 个阶段(见表 3):第一阶段是从 1980—1982 年,其间的压力值为 185;第二阶段是 1983 年 4 月—1984 年,其间的压力值为 268(计算入第 14 项的压力值);第三个阶段是 1984 年 10 月—1985 年下半年,其间的压力值为 199(计算入第 14 项的压力值)。

表 3　陈宇平 1980—1985 年间的压力性生活事件

编号	时间	事件	压力值	总计
1	1980 年	岳父去世	63	185
2	1981 年	岳母去世	63	
3	1981 年	夫妻团聚	15	
4	1982 年	妻子患病	44	
5	1983 年 4 月	妻子去世	100	268
6	1983 年	经济条件变化(只有一人的工资)	38	
7	1983 年	职称考试	26	
8	1983 年	担任副厂长(副处)	29	
9	1983—1984 年	子女患病	44	
10	1984 年 10 月	儿子去世	63	199
11	1984 年末—1985 年初	参加培训	26	
12	1985 年	担任厂长(正处)	29	
13	1985 年下半年	再婚	50	
14	1983—1989 年	负债	31	

由此我们可以发现,在这 3 个时间段中,陈宇平所经受的压力都远远超过了临界值 150。虽然这些事件没有像 Holmes 等研究中所预期的那样,导致他罹患疾病。但是,我们也应该注意到这样一个事实:他的体重在这段时间内骤降了 40 斤!一名身高 1.77 米的 30 岁男性居然只有 90 斤,BMI① 指数仅为 14.36,远远低于 WHO 公布的正常标准。许多研究表明,BMI 指数偏低会给人带来许多潜在的风险,甚至在某些方面比超重更具危险性。比如,BMI 指数偏低会导致人体内脂肪含量不足,从而引起维生素 A、C、E、K 的缺乏,甚至导致神经系统、生殖系统疾病,增加患肺癌的风险性,乃至危及生

---

① 目前全世界都使用体重指数(BMI)来衡量一个人的胖瘦。计算的方法是:BMI = 体重(公斤)除以身高(米)的平方($BMI = kg/m^2$)。1998 年,WHO 公布 BMI 在 18.5—24.9 为正常范围。一般男性的 BMI 指数小于 20 就属于偏低。

命。另有研究表明,BMI 指数低于 20 的男性在精子数量和浓度两项指标上比体型理想的男子低 28.1% 和 36.4%。

可见,陈宇平虽然在那段时间没有出现任何生理疾病,但他当时的身体状况可谓是徘徊在危险边缘。那么,究竟是什么让他安然渡过了这一连串的压力性生活事件呢?

第二,应对压力性生活事件

从上面的分析中我们可以看到,在 1980—1985 年这近 6 年的时间里,陈宇平几乎一直承受着巨大的家庭压力,其中以 1982—1984 年最为集中和强烈。如果一根皮筋长时间处于紧绷状态,结果只有两种:一种是完全松弛,再不能发挥皮筋的功用;另一种就是断裂。而陈宇平长时间处于高强度的压力之下,不但没有被压力击垮,反而从中觅得生机,取得了家庭和事业的双丰收,这又是为什么呢?

我们从整个案例中大致可以找到以下几个关键要素:

● 责任感

当陈宇平将安眠药攥在手心里的时候,是对家庭强烈的责任感制止了他。这是一种最质朴、最真实的情感。他想到,如果他为了寻求自我解脱自私地走了,就等于把自己应尽的责任交给了父母,把所有的痛苦也留给了父母。这对父母来说是不公平的,身为儿子和父亲,这也是一种不负责任的做法。就是这样一种要承担责任的强烈信念,让他最后放弃了自杀的念头,顽强地活下去,并扛起了照顾儿女、赡养父母的重任。

而后,在经历了一连串家庭悲剧以后,又是对事业的责任感在一定程度上帮助他暂时放下了个人的伤痛。陈宇平从 1985 年开始做厂长(正处),是单位里的一把手。用他的话来说,如果作为一名厂长,还沉溺在自己个人的悲痛当中,那么不但自己过不来,整个厂也跟着遭殃。正是对单位、对职工的这份责任感,让他很好地胜任了这一工作,五年之后又升为副局级干部。

● 社会支持

社会支持是个体知觉或接受到的他人从精神、物质、信息等各方面的多种支持。社会支持可以来自家人、亲戚、朋友、同事,或者社会团体;其内容可以是情绪的支持、行为的支持、经济上的支持,等等。

在陈宇平经历一连串压力性生活事件的过程中,他得到了来自家人、上级、同事、医生、病友、老师、同学等方方面面给予的心理上、经济上、行为上、信息上的支持。这些支持有的帮助他解决了实际困难,有的使他得到了精神上的寄托,从而从整体上增加了他对压力的耐受力。

- 宣泄

压抑自己的情绪,是很多人(尤其是男性)在经历压力性事件后经常采取的一种应对方式,正所谓"男儿有泪不轻弹"。因此,在感到痛苦时,他们往往选择"把眼泪往肚子里咽,把苦水往肚子里吞"。但是研究表明,这是一种非常危险的做法。情绪反应如果受到压抑,得不到必要的疏泄或持续时间过长,就会使人的整个心理状态失去平衡,造成各种心理和生理疾病,包括抑郁症、高血压、冠心病、肿瘤等。

陈宇平面对丧妻和丧子之痛,内心积郁的情绪是可想而知的。但是无论作为父亲、儿子,还是作为领导者、受训者,这些身份似乎都不允许他随时随地大肆宣泄自己的情绪。但是,他仍然找到了一些适合他的宣泄途径:比如利用独处的时间让自己的泪水流淌,并帮助自己冷静下来;又如和有共同经历的老母亲互相抚慰心灵的创伤等。

- 注意力转移

在事情发生以后,陈宇平尽量让自己的生活忙碌而充实。他让自己忙于家务、工作和学习,这样在一定程度上转移了注意力,让自己无暇想起伤心的往事,从而达到减少痛苦的目的。另外值得一提的是,他在让生活忙碌的同时,还注意合理安排时间,使自己虽处于忙碌的状态,但不至于给自己带来更大的负担和压力。

- 恢复常态

在妻子和儿子过世以后,陈宇平于 1985 年下半年又重组了自己的家庭。这样一来,他一方面不再孤军奋战,妻子可以替他分担家务和一部分压力(包括经济上的、生活上的和精神上的);另一方面,又使他们的家从"家不像家"的状态进入了"家就是家"的状态,生活重新步入了正常轨道,注意力也渐渐转移到建立和谐的新家上来。如此一来,一切渐渐从消极走向了积极。

● 时间

有人说，时间是治疗一切的伤口，事实正是如此。陈宇平从1984年失去妻儿，到1985年重建家庭，花了1年的时间；到成为厂长，全身心地投入工作，大概又花了1—2年的时间；而从不愿与人谈起自己的经历，到开始谈、愿意谈，其间经历了近20年时间。的确，没有人可以在经历了巨大创伤后立刻恢复到从前的状态，抚平创伤总是需要一个过程。只要人不放弃自己，时间就会成为一剂良药。

● 其他

在访谈的过程中，陈宇平还提到了一些他认为在应对压力过程中必不可少的要素，它们包括开朗的性格、内在控制观、投入群体生活、坦然面对一切，等等，此处不再赘述。

当然，除了这些要素以外，从心理学的角度来说，还有许多有助于缓解压力的方法，比如说倾诉、自我放松、寻求心理咨询，等等。但是，俗话说得好：没有最好的，只有最合适的。虽然减压的途径有很多，但对于每个个体来说，有适合与不适合之分，这与个体的性格、身份等因素有关。举例来说，在此过程中，陈宇平不愿与任何人谈起这件事，不能忍受别人提起这件事情，甚至受不了别人安慰的话语。诚然，从一般意义上来说，倾诉是一种很好的缓解压力的方式。但是对陈宇平来说，每次提起，就等于再经历了一次创伤，这无疑是重新割开正在结痂的伤口。

所以说，在经历了压力性事件之后，多了解一些减压的方法是有好处的，但也要有选择地使用，否则可能引起反效果。而本案例中，陈宇平就找到了适合他的减压方式，无论从身份上，还是性格上。

第三，压力性事件的积极意义

任何事情都是具有两面性的。正如我们之前提到的那样，压力性生活事件虽然可能引发各种问题，但它本身也具有一定的积极意义，比如增加个体对环境的适应性。

陈宇平提到，在经历了这一连串的事件以后，在面对生活时，他心里更加清楚明白，自己需要的是什么；在面对困境时，他至少不会想着去寻死，而是会想办法化解；在面对突发事件时，他也会保持平和的心态，积极地去应对。用他自己的话来说：是磨难和艰苦的环境造就了我，它们对我而言是一种财富。

这就是压力性生活事件背后所具有的积极意义。就像歌中唱的那样：不经历风雨，怎么见彩虹。

第四部分　生涯篇

背景知识

本章节所涉及的所有案例都是和职业生涯规划有关的。职业在一个人的一生中扮演着重要的角色,我们花在它上面的时间要远远多于我们和亲人、爱人在一起的日子。从幼年起,我们就有着各自美好的梦想,可随着时间的推移,我们不得不根据社会环境的变迁一再调整自己最初单纯的愿望。我们对于职业的规划就像是风雨中的小船,随着各方面涌来的波浪摇摆。在这个过程中,人们遇到了种种的困难和挑战,有人成功地把握住了机会,将危机变成转机,完成了职业上的自我实现;也有人顶不住压力最终失败。本章的目的就是通过几个成功或失败的案例,总结经验教训,以期帮助还在飘摇中的人们掌握生涯之舵轮。

◢ 职业生涯规划简介

在开始案例展现之前,让我们先来了解职业生涯的相关概念和理论。职业生涯是指一个人终生职业经历模式,它是个人终其一生所扮演职业角色的整个过程。职业生涯规划是指组织或个人把个人发展与组织发展相结合,对决定个人职业生涯的个人因素、组织因素和社会因素等进行分析,制定个人一生事业发展的战略设想与计划安排。

职业生涯规划可以从个人角度和企业角度划分成两个方面的内容。

任何一个人,无论其是否受过良好教育,都有从自己现在和未来的工作中得到成长、发展和获得满意的强烈愿望和要求。为了实现这种愿望和要求,他们不断地追求理想的职业,根据个人的特点、企业发展的需要和社会发展的需要,制定自己的职业规划,我们把它称为个人职业生涯规划。个人职业生涯规划是个人对自己一生职业发展道路的设想和规划,它包括选择什么职业,以及在什么地区和什么单位从事这种职业,还包括在这个职业队伍中担负什么职务等内容。一般来说,个人希望从职业生涯的经历中不断得到成长和发展。个人通过职业生涯规划,可以使自己的一生职业有个方向,从而努力地围绕这个方向,充分地发挥自己的潜能,使自己走向成功。

在员工希望得到不断成长、发展的强烈要求推动下,企业人力资源管理与开发部门为了了解职员个人的特点,了解他们成长和发展的方向及兴趣,不断地增强他们的满意感,并使他们的发展能与企业组织的发展和需要统一协调起来而制定的有关职员个人成长、发展与组织需求和发展相结合的计划,我们把它称为职员职业生涯管理。

同时,职业生涯还可分为内职业生涯与外职业生涯。内职业生涯,是指在职业生涯发展中通过提升自身素质与职业技能而获取的个人综合能力、社会地位及荣誉的总和。外职业生涯,是指在职业生涯过程中所获取的地位、权利以及物质财富的总和,它是依赖于内职业生涯的发展而增长的。

职业生涯规划还可按照时间的长短来分类,分为人生规划、长期规划、中期规划与短期规划四种类型。人生规划是整个职业生涯的规划,时间长至 40 年以上,设定整个人生的发展目标,如自己创办一个上市公司;长期规划是 5—10 年的规划,主要设定较长远的目标,如在 10 年内成为现在公司副总经理;中期规划一般为 2—5 年内的目标与任务;短期规划是 2 年以内的规划,主要是确定近期目标,规划近期完成的任务。

职业生涯规划理论

(1)人职匹配理论

人与职业匹配理论是一种依据人格特征及能力特点等条件,寻找与之匹配的职业类别的职业指导理论。这是职业指导的经典理论。最早由美国职业指导之父帕森斯将其运用在职业指导方面,他提出了职业选择的"三步范式"。他认为职业指导就是要帮助个人寻找与其特性一致的职业,以达到人与职业之间的匹配。匹配过程包括三个步骤:①分析个人情况,包括常规性身体和体质检查、能力测验(尤其是职业能力测验)、职业兴趣分析、人格测验,以及有关的被指导者家庭文化背景、父母职业、经济收入、学业成绩、闲暇兴趣等;②职业因素分析,包括各种职业(职位、职务)的不同工作内容、不同职业对人的不同条件要求等;③个人特征与职业因素相匹配。

(2)职业兴趣理论

由美国著名的职业心理学家霍兰德(John. L. Holand)提出和发展的。根据霍兰德的观点,一个人的职业兴趣会极大地影响职业的选择和适宜度。当他从事的职业与其兴趣相吻合时,就可能发挥最佳水平,易于做出成就;反之则可能感到极不适应或者毫无兴趣,即使取得一定成绩也难以获得成就感。霍兰德经过大量的分析研究,把职业兴趣分为六种基本类型,简述如下:

社会型(S):喜欢与人交往、不断结交新的朋友、善言谈、愿意教导别人。关心社会问题、渴望发挥自己的社会作用。寻求广泛的人际关系,比较看重社会义务和社会道德。喜欢要求与人打交道的工作,从事提供信息、启迪、帮助、培训、开发或治疗等事务。如教育工作者(教师、教育行政人员),社会工作者(咨询人员、公关人员)。

企业型(E):追求权力、权威和物质财富,具有领导才能。喜欢竞争、敢冒风险、有野心、抱负。为人务实,习惯以利益得失、权利、地位、金钱等来衡量做事的价值,做事有较强的目的性。喜欢要求具备经营、管理、劝服、监督和领导才能以实现机构、政治、社会及经济目标的工作。如项目经理、销售人员、营销管理人员、政府官员、企业领导、法官。

常规型(C):尊重权威和规章制度,喜欢按计划办事,细心、有条理,习惯接受他人的指挥和领导,自己不谋求领导职务。喜欢要求注意细节、精确度、有系统、有条理、记录、归档的工作,或依据特定要求和程序处理数据和文字信息的职业。如秘书、办公室人员、记事员。

实际型(R):愿意使用工具从事操作性工作,动手能力强,做事手脚灵活,动作协调。缺乏社交能力,通常喜欢独立做事。喜欢使用工具、机器,需要基本操作技能的工作。对要求具备机械方面才能、体力或从事与物件、机器、工具、运动器材、植物、动物相关的职业有兴趣。如:计算机硬件人员、摄影师、厨师。

研究型(I):思想家而非实干家,抽象思维能力强,求知欲强,肯动脑、善思考,不愿动手。喜欢独立的和富有创造性的工作。喜欢智力的、抽象的、分析的、独立的定向任务。如科学研究人员、教师、工程师、电脑编程人员、医生、系统分析员。

艺术型(A):有创造力,乐于创造新颖、与众不同的成果,渴望表现自己的个性,实现自身的价值。做事理想化,追求完美,不重实际。具有一定的艺术才能和个性。喜欢的工作要求具备艺术修养、创造力、表达能力和直觉。如演员、导演、艺术设计师、雕刻家、建筑师、歌唱家、作曲家、乐队指挥、小说家、诗人、剧作家。

(3)职业锚理论

职业锚(Career Anchor)是指当一个人做出职业选择时,最难以舍弃的选择因素,也就是一个人选择和发展一生的职业时所围绕的中心。它实际上是个人内心中能力、动机、需要、价值观和态度等相互作用和逐步整合的结果。职业锚的概念是由美国的施恩教授提出的,这一概念最初产生于美国麻省理工学院斯隆管理学院的专门研究小组,是从斯隆管理学院毕业生的跟踪研究中提炼而成的。施恩教授在1978年时提出了五种类型的职业锚,随后大量的学者对职业锚进行了广泛的研究,并在20世纪90年代将职业锚确定为八种类型:

技术/职能型:技术/职能型的人追求在技术/职能领域的成长和技能的不断提高,以及应用这种技术/职能的机会。他们对自己的认可来自于他们的专业水平,他们喜欢面对专业领域的挑战。他们通常不喜欢从事一般的管理工作。

管理型:管理型的人追求并致力于工作晋升,倾心于全面管理,独立负责一个部分,可以跨部门整合其他人的努力成果。他们想去承担整体的责任,并将公司的成功与否看成自己的工作。

自主/独立型:自主/独立型的人希望随心所欲地安排自己的工作方式、工作习惯和生活方式。追求能施展个人能力的工作环境,最大限度地摆脱组织的限制和制约。他们宁愿放弃提升或工作发展机会,也不愿意放弃自由与独立。

安全/稳定型:安全/稳定型的人追求工作中的安全与稳定感。他们因为能够预测到稳定的将来而感到放松。他们关心财务安全,例如退休金和退休计划。稳定感包括诚实、忠诚以及完成老板交代的工作。

创业型:创业型的人希望用自己能力去创建属于自己的公司或创建完全属于自己的产品(或服务),而且愿意去冒风险,并克服面临的障碍。他们想向世界证明公司是他们靠自己的努力创建的。一旦时机成熟了,他们便会走出去创立自己的事业。

服务型:服务型的人一直追求他们认可的核心价值,例如帮助他人,改善人们的安全,通过新的产品消除疾病等。

挑战型:挑战型的人喜欢解决看上去无法解决的问题,战胜强硬的对手,克服无法克服的困难障碍等。对他们而言,参加工作或从业的原因是工作允许他们去战胜各种不可能。他们需要新奇、变化和困难,如果事情非常容易,他们马上会变得烦躁。

生活型:生活型的人希望将生活的各个主要方面整合为一个整体,喜欢平衡个人的、家庭的和职业的需要,因此,生活型的人需要一个能够提供"足够弹性"的工作环境来实现这一目标。生活型的人更关注自己如何生活、在哪里居住、如何处理家庭事务等。

3 职业生涯发展理论

职业生涯的规划不是人一出生或者一有自我意识就形成并固定下来的。它同认知、语言一样,是随着人的成熟而逐步发展的。国外很多学者就人职业生涯发展所经历的阶段提出了各种见解,下面介绍几种有代表性的观点。

美国学者金兹伯格(Eli. Ginzberg)认为,青年的职业成熟程度分为三个阶段。①空想期。以少年儿童对成人后干某种工作的幻想为特征。这种职业想象往往是幼儿的模仿行为。②尝试期,也称试验期或暂定期。从 10 岁至 12 岁之间开始,到 16 岁至 18 岁之间结束。这一时期青年人所依据的是自己主观的兴趣、智力、价值观,并依据这些主观范畴调节职业选择目标。③现实期。一般从 16 岁至 18 岁之间开始,是将主观选择与个人客观条件、外界客观条件(环境)、社会需要相结合的正式职业选择决策阶段。

美国心理学家萨帕(D. E. Super)提出了关于人的职业心理与职业行为成熟化过程的理论。他认为:①个人的职业是由其父母的社会经济地位、个人智力与人格及其机遇所决定。②人的发展过程可以通过指导更好地进行。③职业发展过程是"自我"概念(对自己的认识)的形成、发展和完成的过程,这是一种折中调和的过程。④工作与生活的满足感,都与个人的才能、兴趣、人格特质、价值观有联系。

美国学者蒂德曼(D. V. Tiedeman)认为,职业选择作为一种过程,是在工作中通过鉴别和综合来建立职业同一性的过程。鉴别与综合的决策过程包括两个阶段:第一阶段为"期望与预后",包括四个步骤:①探索;②成形;③选择;④澄清。第二阶段为"完成和调整",包括三个步骤:①就职——将选择付诸实行;②重新形成——从事工作后出现自我感,与团体相互影响;③综合——个人了解自我,也被他人看作是成功,达到平衡。

综合国外研究者的研究成果和个人经验,国内学者把一个人的职业生涯发展大致分为以下几个阶段:

(1)成长阶段

在这一阶段,个人通过对家庭成员、朋友以及老师的认同以及与他们之间的相互作用,逐渐建立起了自我的概念。在这一阶段的一开始,角色扮演是极为重要的,在这一时期,儿童将尝试各种不同的行为方式,而这使得他们形成了人们如何对不同的行为做出反应的印象,并且帮助他们建立起一个独特的自我概念或个性。到这一阶段结束的时候,进入青春期的青少年(这些人在这个时候已经形成了对他们的兴趣和能力的某些基本看法)就开始对各种可选择的职业进行带有某种现实性的思考了。

(2)探索阶段

在这一时期中,个人将认真地探索各种可能的职业选择。他们试图将自己的职业选择与他们对职业的了解以及通过学校教育、休闲活动和工作等途径中所获得的个人兴趣和能力匹配起来。在这一阶段的开始时期,他们往往做出一些带有试验性质的较为宽泛的职业选择。然而,随着个人对所选择职业以及对自我的进一步了解,这种最初选择往往会被重新界定。

到了这一阶段结束的时候,一个看上去比较恰当的职业就已经被选定,他们也已经做好了开始工作的准备。

(3)确立阶段

个人在这期间(通常是希望在这一阶段的早期)能够找到合适的职业并随之全力以赴地投入到有助于自己在此职业中取得永久发展的各种活动之中。人们通常愿意(尤其是在专业领域)早早地就将自己锁定在某一已经选定的职业上。然而,在大多数情况下,在这一阶段人们仍然在不断地尝试与自己最初的职业选择所不同的各种能力和理想。

确立阶段本身又由三个子阶段构成。

◈ 尝试阶段:在这一阶段,个人确定当前所选择的职业是否适合自己,如果不适合,他就会准备进行一些变化。

◈ 稳定阶段:在这一阶段,人们往往已经定下了较为坚定的职业目标,并制订明确的职业计划来确定自己晋升的潜力、工作调换的必要性以及为实现这些目标需要开展哪些教育活动等等。

◈ 中期危机阶段:在这一阶段,人们往往会根据自己最初的理想和目标对自己的职业进步情况做一次重要的重新评价。他们有可能会发现,自己并没有朝着自己所梦想的目标(比如成为公司总裁)靠近,或者已经完成了他们自己所预定的任务之后才发现,自己过去的梦想并不是自己所想要的全部东西。在这一时期,人们还有可能会思考,工作和职业在自己的全部生活中到底占有多大的重要性。通常情况下,在这一阶段的人们第一次不得不面对一个艰难的抉择,即判定自己到底需要什么,什么目标是可以达到的以及为了达到这一目标自己需要做出多大的牺牲。

(4)维持阶段

在这一职业的后期阶段,人们一般都已经在自己的工作领域中为自己创立了一席之地,因而他们的大多数精力主要就放在保有这一位置上了。

(5)下降阶段

当退休临近的时候,人们就不得不面临职业生涯中的下降阶段。在这一阶段,许多人都不得不面临这样一种前景:接受权力和责任减少的现实,学会接受一种新角色,学会成为年轻人的良师益友。再接下去,就是几乎每

领导心理调适案例

个人都不可避免地要面对的退休,这时,人们所面临的选择就是如何去打发原来用在工作上的时间。

◢ 职业决策困难

职业决策困难是指个体在职业生涯的进入阶段或改变过程中,在面临最后决策时,不能或不知道该如何做出一个令自己满意的职业生涯选择。

决策理论最初起源于经济学领域,后应用于职业心理学领域,于是发展出了现在的职业决策理论。该理论研究主要涉及三个方面的内容:决策过程的研究和决策模式的研究以及影响决策因素的研究。

(1)职业决策困难过程研究

对职业决策困难过程本身的研究是从职业决策理论出发,来分析职业决策困难的结构要素或影响因素。目前,有代表性的理论观点有萨帕(Super)的职业发展理论、霍兰德(Holand)的理论、社会学习和认知行为学家的理论、信息加工观的职业决策理论。

萨帕的职业发展理论认为,在职业决策过程中出现的典型困难,与职业发展的正常阶段一致,尤其强调职业成熟的概念。比如在职业进入期,选择合适的职业是主要困难;在职业巩固期,适应和加强自己的职业素养;在职业维持期则主要是保持自己已经取得的地位,不断获取新知识和技能;在职业衰退期则主要是为退休后的生活作计划和安排。与职业决策困难直接联系的内容主要是在职业进入期。

霍兰德对职业决策困难的类型和水平作了分类,假定职业决策困难是由职业认同困难、缺乏关于工作或训练的信息、环境或个人的障碍等因素引起的。在假设的基础上于1980年编制了职业情境量表(MVS)。

社会学习和认知行为理论家克朗伯兹(Crites)根据职业选择的过程,提出职业选择过程成熟论。过程变量包括两个主要的因素群:职业选择能力和职业选择态度。在克朗伯兹(Crites)理论的基础上泰勒(Taylor)和贝兹(Betz)结合班杜拉(Bandura)的自我效能结构理论,认为职业的自我效能感是职业决策中的核心影响因素。他们从社会学习和认知行为理论出发,依据班杜拉的自我效能结构,提出职业决策自我效能概念。所谓的职业决策自我效能也就是对自己是否能够选择合适自己的职业,并很好完成职业所要求的任务的信心。具体包括五个部分:了解自己的能力、职业兴趣、与职业有关的需要和价值以及自我概念等的自我评价能力;获得职业信息的能力;将个人的属性与工作的特点进行匹配的目标筛选能力;做出职业决策后,对决策的实施的职业规划能力;解决或应付在职业决策过程中所遇到问题或障碍的能力等(Taylor 和 Betz,1983)。他们认为个体在知觉成功执行任务能力(即自我效能感)上的差异可以用来解释为什么有的人在职业决策时比其他人有更多的困难,并合作编制出了职业决策自我效能量表(career decision-making self-efficacy scale,简称 CDMSE)。后期的研究者发现,职业决策自我效能高的人进行职业选择更加坚定,对自己的选择更有信心,如果第一选择不能达成时,能更冷静客观地思考第二选择;而自我效能感低的人,不仅在进行职业选择时犹豫不决,而且往往一遇到挫折就会做出相互矛盾的选择。

从信息加工的观点出发,奥西泡(Osipow)和盖特(Gait)把职业决策过程分为几个独立的组成部分。每一组成部分包括各种不同的困难。根据困难的共同特征,将困难分成几个独立的类别。职业决策困难包括三大类,十小类,如缺乏动机、犹豫不决、不合理的信念等。在这个模型的基础上编制出了职业决策困难调查表(CDDQ)。

(2)职业决策影响因素研究

关于影响因素的研究,魏运成等曾在对一些职业决策模型进行修改后提出:职业决策过程受到五大因素的影响,它们分别是家庭因素,包括早期童年经历、父母亲的角色模型;社会因素,包括受教育的经历、同辈人的影响、大众媒体;社会经济因素,包括害怕失败、缺乏自信、缺少决断能力、角色冲突;个人因素,包括自我期待、能力、兴趣、态度、成就动机;环境因素,包括机会、最小阻力的选择、地理位置、科技的变化等。进一步研究发现,在众多的影响因素中,个体的自我效能感对于最终做出成功的职业决策起重要作用。

对于职业决策模式的研究,比较著名的有乔普森的理论。乔普森(Jepson，D.）认为职业决策是一个复杂的认知过程，它是个人以有意识的态度、行动、思考来选择学校或职业以符合社会期望的一种反应，通过这个过程，决策者组织有关自我和职业环境的信息，仔细考虑各种可供选择职业的前景，做出有效的合适的职业决策，这个过程中又与个人的心理特征密切相关，并且个人的决策会受到父母、朋友以及职业咨询人员的影响。在此基础上，伽勒特（Gelatt. H.）提出了"决策模式"，包括预测系统、价值系统和决策系统。预测系统是指根据客观事实资料（包括职业资料和心理测验资料）对工作成功几率所做的预测，价值系统是指个人内在的价值体系、态度或偏好倾向；决策系统是综合上述两种系统资料的方法，通常包括期望策略、安全策略、逃避策略、综合策略。他既强调预测系统，又强调价值系统在决策过程中的重要性。

目前国内对职业决策困难的研究也有很多，主要集中在决策困难量表的编制方面。

（3）职业停滞

"停滞期"这个概念是由费仁思（Ference）提出的，他认为所谓的停滞期是指个体在职业生涯发展中的某一个阶段，在这样一个阶段里，个体所能够获得的进一步晋升机会的可能性非常小，此时职业生涯即进入一个相当长时期里无法提升的状态。随着对停滞期的不断深入，停滞期的定义也在被不断地修正和完善，美国学者朱迪丝·巴德威克按照停滞的不同形态，把停滞状态分为结构型、满足型和生活型三类。当代社会所指的"职业高原"被定义为"结构型停滞"，主要表现为晋升的停止，内容包括：

①个体在职业发展上接受进一步挑战、增加和承担进一步的任务和挑战的可能性很小；

②个体在职业生涯发展阶段上处于一个职业变动相对缺失的时期，并且与个体的工作晋升和变动密切相关；

③职业高原一般被视作个体在职业生涯的峰点，是职业发展"向上运动"中工作内容、责任、挑战、压力的相对静止或者终止，是职业生涯发展上的一种"停滞期"；

④如果处于职业生涯发展上的"职业高原期"的时间过长，对于个体来

讲就势必会出现许多负面的问题,例如对于工作,特别是对于工作的前景丧失信心、对于工作内容和成果缺乏激情、工作效率的显著降低、产生离职的念头等。

停滞的种类主要包括三种:结构性停滞、满足性停滞和生活性停滞。

造成结构型停滞的原因是由组织的阶层或结构所造成的,表现为晋升的停止。传统金字塔式的组织,越向上职位越少,当我们努力向顶端爬升时,机会也越来越小。但是即使我们都清楚这个原则,我们仍希望能突破各种障碍,去成为那些为数极少的高层领导之一。在一个大型的组织里,管理者和专业人员难免受到触动而想不断地向上爬,一方面许多利益诱惑摆在面前,另一方面是彼此间的竞争使然。

结构型停滞是一种客观存在,不同的是,由于我国社会政治经济体制在转型的过程中的政策因素,在今天或未来人们会比预期的时间更早地陷入结构型停滞。时下结构型停滞在党政干部和国有企业管理者身上表现最为突出。

满足性停滞多表现在专业技术人员身上,尤其是业务稔熟的专家水准的人,他们通常觉得没什么好学的了,因此感到非常乏味。从事技术工作的高级管理人员也会频繁出现停滞情形,举例来说,当一个具有高超技术才能的人被提升为技术主管以后,除非他学过管理方面的技能或接受过这方面的培训,否则就不会升到更高的职位。还有市场和技术的迅速变化也把经理们送入停滞期。随着年龄的增长,他们的技能会逐渐偏离公司的核心目标。

满足型停滞几乎是小型机构或家庭企业中员工的"必由之路"。对他们来说,结构型停滞永远不会出现,因为晋升对他们可能没有太大意义。

组织中的员工除了过职业生活外同时还要有个人的生活,工作与生活间的潜在冲突对职业的影响甚至超过个人发展目标对职业的影响。在拼命工作与享受生活之间,人们很难找到一种平衡。如果工作成了生活的重心,只要他们工作春风得意,工作即是他们自尊和自我肯定的基础。可是工作的压力,失败的沮丧和挫折感不可避免地随之而来。每天朝九晚五,周而复始,千篇一律,人们就极易陷入生活型停滞。

陷于生活型停滞的人,常常觉得自己就像掉进陷阱一样进退维谷。他们不知道如何才能突破这种近乎绝望的桎梏,他们害怕尝试。除非生活发生了出乎意料的变化。你被解雇了,于是你的整个事业毁于一旦;孩子们纷纷成家立业,你感到孤单寂寞,更糟的是你失业了;你退休在家,你会无事可做,但你的个性使你忍受不了这种无所事事,或是入不敷出;你离婚、丧偶,你的爱侣身患重病;也可能你一夜之间成了孤家寡人,既当爹又当妈,独力拉扯孩子,用一半的收入应付双倍的责任……

生活型停滞的影响比较其他类型更加深远、广泛。从中年开始,有人安于现状,有人不能。因此能安于自己目前处境的不妨就如此生活下去,不能的只好另找出路。大多数人都会感受到生活型停滞,而要突破这个障碍,需要极大的勇气,因为你无法断言哪里才是成功的,也无法肯定当自己到达了某一点后,会不会快乐。

每一个人都会陷于停滞,唯一不同的是他们处理的方法。处理问题的第一步都一样,对个人和组织来说,都是要面对事实。停滞现象必须被确认,它所产生的问题也必须被提出。由于生活中的停滞不可避免,故此在心理上加以接受极其必要。但是当停滞造成工作、人际关系或生活失去平衡时,空虚情绪就会使人们丧失活力,剩下的只是一些责任而已。

一 每一步都有意义

案例改编者:卢燕

案例取材于真实人物

案例参考:《中国青年报》专访,《比尔·拉福策划人生》

◢ 案例概述

一个美国小伙子立志做一名优秀的商人。中学毕业后考入麻省理工学院,没有去读贸易专业,而是选择了工科中最普通最基础的专业——机械专业。大学毕业后,这位小伙子没有马上投入商海,而是考入芝加哥大学,攻读为期三年的经济学硕士学位。更出人意料的是,获得硕士学位后,他还是没有从事商业活动,而是考了公务员。在政府部门工作了五年后,他辞职下海经商。又过了两年,他开办了自己的商贸公司。20年后,他的公司资产从最初的20万美元发展到2亿美元。这位小伙子就是美国知名企业家比尔·拉福。

1994年10月,比尔·拉福率团来中国进行商业考察,在北京长城饭店接受《中国青年报》记者采访时,他谈到他的成功应感激他父亲的指导,他们共同制订了一个重要的生涯规划。最终这个生涯设计方案使他功成名就。我们来看一下这个成功的简图:

工科学习→工学学士→经济学学习→经济学硕士→政府部门工作→锻炼处世能力,建立广泛的人际关系→大公司工作→熟悉商务环境→开公司→事业成功

● **第一阶段:工科学习**

选择:中学时代,比尔·拉福就立志经商。他的父亲是洛克菲勒集团的一名高级职员,他发现儿子有商业天赋,机敏果断,敢于创新,但经历的磨难太少,没有经验,更缺乏必要的知识。于是,父子俩进行了一次长谈,并描绘出职业生涯的蓝图。因此升学时他没有像其他人一样直接去读贸易专业,而是选择了工科中最基础最普通的机械制造专业。

评析:做商贸必须具备一定的专业知识。在商品贸易中,工业品占绝对多数,不了解产品的性能、生产制造情况,就很难保证在贸易中得到收益。工科学习不仅是知识技能的培养,而且能帮助建立一套严谨求实的思维体系。清楚的推理分析能力,脚踏实地的工作态度,正是经商所需要的。

收获:比尔·拉福在麻省理工学院的四年,除了本专业,还广泛接触了其他课程,如化工、建筑、电子等,这些知识在他后来的商业活动中发挥了举足轻重的作用。

● **第二阶段:经济学学习**

选择:大学毕业后,比尔·拉福没有立即进入商海而是考进芝加哥大学,开始了为期三年的经济学硕士课程。

评析:在市场经济下,一切经济活动都通过商业活动来实现,不了解经济规律,不学习经济学知识,就很难在商场立足。

收获:比尔·拉福掌握了经济学的基本知识,搞清了影响商业活动的众多因素,还认真学习了有关法律和微观经济活动的管理知识。几年下来,他对会计、财务管理也较为精通,在知识上已完全具备了经商的素质。

- 第三阶段:政府部门工作

选择:比尔·拉福拿到经济学硕士学位后考取了公务员,在政府部门工作了五年。

评析:经商必须有很强的人际交往能力,要想在商业上获得成功,必须深知处世规则,善于与人交往,建立诚信合作关系。这种开拓人际关系的能力只有在社会工作中才能得到提高。

收获:在环境的压迫下,比尔·拉福培养强烈的自我保护意识,由稚嫩的热血青年成长为一名老成、处世不惊的公务员。并结识了各界人士,建立起一套关系网络,为后来的发展提供大量的信息和便利条件。

- 第四阶段:通用公司锻炼

选择:五年的政府工作结束之后,比尔·拉福完全具备了成功商人所需的各种素质,于是辞职下海,去了通用公司。

评价:通过各种学习获得足够的知识,但知识要通过实践的锻炼才能转化为技能。

收获:在国际著名的通用公司进行锻炼,比尔·拉福不仅为实践所学的理论找到了一个强大平台,而且学习到了丰富的管理经验,完成了原始的资本积累。这也是大学生创业应该借鉴的地方,除了激情还应该考虑到更多的现实。

- 第五阶段:自创公司,大展拳脚

两年后,他已熟练掌握了商情与商务技巧,便婉言谢绝了通用公司的高薪挽留,开办了拉福商贸公司,开始了梦寐已求的商人生涯,实现多年前的计划。

评析:时机成熟后,应果断决策,切忌浪费时间,应抓住契机实现计划。

收获:比尔·拉福的准备工作,几乎考虑到了每个细节。拉福公司的成长速度出奇的快,20年后,拉福公司的资产从最初的20万美元发展为2亿美元,而比尔·拉福本人也成为一个奇迹。

✍ 讨论分析

为什么拉福可以成功,我们至少可以从他的经历中总结出三点:第一目标,第二计划,第三执行。这三点看起来真的很简单,很普遍,是我们每个人在生活中做每件事情都必须要走的三步。认知心理学家在进行了精密的研究后,也认为这三个步骤是人类思考的基本程序,并据此发展出了人工智能领域。但这样简单人人尽知的程序大家真的能够做到吗?就我看来恐怕并不尽然。因为就像做菜一样,除了主材料的品质外,调味品的配合比例往往更能决定一道菜的味道。而在规划职业生涯时,我们往往只将目标盯在了发展上,却忘了其中所必需的个人特征。

首先是目标。我们都知道要想拥有成功的生涯最先就要确定自己要达到的目标。这个目标可能是很清晰、很具体的,比如说"我希望在两年内成为公司的部门经理",也可能相对模糊,比如拉福那样"我想成为一个优秀的商人"。有很多人都认为目标越具体越细小越好,其实不然。目标具体那是为了方便执行,但你完全可以提出一个宏伟的人生总体目标,像拉福那样,不必去计较这个目标的清晰与否,然后再设立每个阶段的分目标,把分目标设立的具体而可操作,就好了。但在设立目标时需要考虑哪些因素呢?至少两个方面,一个是自身,一个是外界。

自身是自己的能力、兴趣、性格,外界则是社会经济、政治、就业、发展等的宏观和微观环境。对自身的了解是规划中最最重要的一步,这种了解不仅是初入社会时需要认真分析,由于随着自身经验和能力的增长,兴趣和阅历的改变,在人生职业的每一个关键时期都必须要重新研究和分析。很多职业发展领域的心理学家都认为人在不同的年龄阶段对于职业的要求都是不同的,因此没有一蹴而就、永恒不变的职业目标,目标的变化和调整不仅是可能的,甚至是必须的。像过去那样在一个单位,甚至一个职位上工作几十年已经是不现实的了。变是必然,不变才是偶然的。即使你自己不想变,社会也会推动着你不停变化。变了的人所适合的工作也是变化的,因此只有随时了解自己的现状,才能保证自己在人生中处于上升状态。像拉福所制订的整个规划,其实就是建立在发展的基础上,每一个阶段都是以前一个阶段的积累为基础,每一步都不浪费,一个台阶一个台阶地逐渐登上天台。对自身的了解一方面可以依据自己的智慧分析,另外很重要的是借鉴专业的心理学研究成果。在这些方面,心理学已经有很多成型的问卷和量表,比如测试职业兴趣的霍兰德问卷,测试人格的卡特尔 16 种人格因素测验,都是在职业发展领域被广泛使用的工具。定期运用这些工具对自己进行测量,并与以前的结果相比较,观察自己的变化,并做出及时的职业调整是很重要的。

即使了解了自己和外界的变化,我们又能否有勇气从自己已经得到的一切中跳出来,迈向新的目标呢? 像拉福一样,他两次放弃了在别人看来已经辉煌的成就,重新开始,一次是从政府部门进入通用,一次是从通用出来自己创业。这需要的不仅是对自己未来精准的把握,更重要的是在于放弃的勇气。佛家说,"不曾拿起,怎么放下"。但人们往往是拿起了就不能放下。想想为了过去,我们付出了多少努力,多少汗水甚至鲜血,现在突然要一并放手,其中的困难和不舍是显而易见的。但是人生的成功往往就需要这种归零的勇气。陈安之说:你要有归零的想法。归零就是问你自己:假如我现在重新开始,我会做什么? 在你的行业中要问你自己:假如我要重新开始,我会选择哪一个行业? 其实这种归零并不是真正地从头开始,他这个零只是在为无数个零前面的 1 做准备而已,不是减法而是进位,每进一位实际上是登上了更高的台阶,有了更广阔的视野和发展平台。就好像中国古语说的:"退一步海阔天空"。以退为进才是人生策略的最高境界。记得杨澜在接受中央电视台"艺术人生"节目访谈时说过,"年轻的时候,最大的财富不是你的青春,不是你的美貌,也不是你充沛的精力,而是你有犯错误的机会"。其实这不仅是对年轻人,对所有面临职业发展关键时期的人同样适用。有勇气去为错误承担责任。

如果我们像拉福一样,想成为一个优秀的商人,我们会怎么做呢? 大多数人会选择直接从商吧。中国人讲究"做中学"。不管怎么样,先开始再说。固然这种做中学的品质也是一种勇敢的体现,但在现今这个高速发展,知识爆炸,人才竞争的世界里,你想要做中学,只怕别人未必会给你提供这种机会。聪明的人不是只会从实践中吸取经验,他们更懂得如何用完备的计划去指引自己的方向。所谓磨刀不误砍柴工,这个古老的寓言相信大家都听说过。计划的作用就在于减少我们走弯路的可能,将通往成功的道路缩到最短。但是要想达到以退为进就必须要有完美的计划。怎样才能有完美的计划呢?拉福所使用的就是典型的倒推法则,如果我要达到这个目标,我需要做什么,我要做什么,那么我该准备什么。

其实无论你使用什么样的方法去设计自己的生涯,达成自己的目标,最重要的一点就是时刻保持自我觉察能力。什么是自我觉察能力,顾名思义就是对自己的监督,对自己的意识,知道自己现在正在做什么。心理学家认为人和动物最大的区别就在于,人具有认识自我、观察自我的能力,也就是元认知,正是这种元认知能力使人们能够监督自己的行为,随时检测自己距离目标有多远,并对行为做出调整。在生涯规划中,这种元认知的能力同样有着重要的意义。它能让我们了解自己所做的工作到底有什么意义,对自己未来的职业发展又有什么作用。古人用"宦海沉浮"来形容为官者的生涯坎坷,好像人对自己的一生是根本不能把握的。这从一方面来讲固然是对的,我们确实很难对自己的人生每一步都做精细的策划,同时我们也没有必要去那样策划,一个人如果能清楚地看见自己五年十年之后的模样,那人生也就失去了其本身的精彩和价值,但至少我们要知道自己目前在做什么,现在从事的工作到底有什么意义,到底是否能帮助我们达成自己的目标。如果它不过是在例行公事,或者只是单纯为了赚钱,根本不能有助于我一点点的提高,那么我们还有什么必要每天付出大把的时间去做呢?因此随时保持着这种自我觉察能力,随时能跳出自己的世界,从一个更高的角度问自己,我到底在做什么,能使你更好地明白未来的走向。

二 "跳槽"的诱惑

案例改编者：卢燕

案例取材于真实人物

案例参考：全球品牌网，王高楼：《小人物唐强的职业生涯》

✎ 案例概述

1995 年炎热的夏天，陈东从北京一所名校毕业后来到 A 公司。最初进入的几个月，陈东欣喜万分：高档的甲级写字楼、清一色的正统西装，奔腾 4 的 IBM 笔记本电脑，出门不是桑塔纳就是出租车……与清贫的大学生活相比，这些足以让他彻夜兴奋难眠。风华正茂、踌躇满志，一副欲与天公试比高的决心，着实让陈东感到成功的脚步已经不太遥远。

由于陈东的刻苦努力，个人业绩上升很快，立即赢得了其他部门的青睐，纷纷向其投出橄榄枝，邀其加入。但陈东的部门领导没有同意，只是答应可以借用陈东。谁知从那以后，陈东比以前更忙了，需要给 3 个部门工作，而其他部门也是动不动就说：只有陈东才能解决！要求陈东出手支援，但每逢工作汇报的时候，对于陈东的贡献，只字不提，大谈自己的思路如何。同时，由于陈东的介入，其他同事也开始忌妒和排挤他，一旦出现问题，大家也必定异口同声地诽谤他。

这样的日子转眼过了 5 年，当昔日的同学不断提升、薪资突飞猛涨后，陈东停下了脚步，回望这段辛苦历程。5 年了，自己的薪资没有任何变化，虽然也常常能听到各个部门领导和同事的赞许，但现有职位依然原地踏步，丝毫没有改变；项目完成了一个又一个，大部分工作都是自己完成，但几乎是没有奖金；原先还向自己学习的马屁精们一个又一个出任要职，而自己什么也没得到，这些让陈东痛苦万分。

在反复的思想斗争后，陈东终于走进了总经理办公室，然而出乎意料的是,总经理非但没有对陈东的业绩予以充分肯定,反而认为他是在争功好胜,抢夺他人业绩,而且认为部门相互支持再正常不过,何须在团队中区分你我,陈东听后非常震惊,平生第一次产生了想走的念头。

两个月后,陈东终于出现在一家国企 B 公司的办公室中,在他眼中,国企人际关系相对比较融洽,竞争压力也不是很大,工资虽然低点,但很舒心。远离了繁杂的 A 公司后,陈东一身轻松,每天过着"两点一线式"的工作和生活。到 2003 年,由于市场需求旺盛,B 公司的经营业绩连续翻了一番,企业规模也较以前扩张了 2 倍,但陈东的职位仅仅往前挪动了一点,因为在他上面,大大小小的官就有 8 个。陈东又一次感到了迷茫。

2005 年春,北京的积雪还没有完全融化,陈东就接到了一个猎头公司的电话,问其是否有兴趣加入 C 跨国集团在北京的办事处。其实,那次见面并没有持续多久,陈东就应允了对方的要求。

❷ 讨论分析

跳槽是我们现今职业生涯过程里不可避免的历程。随着市场经济的发展,过去那种在一个单位里待一生的情况已经几近天方夜谭。对于企业,每个人已经很难再抱有过去的那种主人翁精神。为了更好地适应社会变动,众多知名企业的大幅裁员更使本来就岌岌可危的员工忠诚度难以维持。同时,我们所需要的不再是单纯的金钱,工作不再仅仅是为了温饱或者安逸的生活,更多的人看重的是自我实现。只有那些能为其员工提供自由的平台,让他能充分展示个人的能力,发挥个人的优势,全面实现人生价值的企业,才是我们所追求的。因此,作为现代人的我们,在职业旅途上就不得不时常面对着去或留的尴尬情景。去——能得到更好的机会发展个人能力,让自身有一个更高层次的提升,但同时又要面对着从头开始的挑战,不得不放弃自己在过去单位里既得的资历和人际网,到一个新的环境里和那些毛头小子一起奋斗,更可怕的是有时不得不面对失业的生存危机;留——已经没有继续待下去的价值,无论职位上还是个人成长上可能都很难得到进一步的提升,每天的生活都不过是干耗日子而已,又有谁希望将自己的生命就这样一点一滴地浪费掉。那么,去还是留,就好像哈姆雷特的经典台词"to be, or not to be"(生存,还是死亡),让人挣扎不已。

其实造成我们抉择困难的因素有很多,我们都讲人要做职业生涯规划。但职业规划除了规划自己的职业内容外,很重要的是规划的时机。"想什么时候规划就什么时候规划"的想法是错误的。因为我们对自己进行职业规划是需要一定的条件和基础的。太早,我们不清楚自己真正的价值、兴趣和优势所在;太晚,则可能错过了最佳的积累时期。由于每个人所处的发展阶段、环境、个人条件不同,不可能存在统一的最佳规划时间。这个最佳时间不是一生只有一个,而是每当你发现自己在工作中开始出现停滞感的时候,就可以开始考虑了。规划时要思考的问题简单来说包括以下几个:

第一,你和你现在的工作甚至企业是否缺乏"合度"? 即你与这家企业、与你所在的岗位是否"合得来"? 企业对工作岗位的要求是否和你的学识经验相符,当然是需要考虑的,但更重要的是企业的发展战略是否和你个人的发展方向一致。比如政府机关需要的是精益求精和稳定前进,创新固然重要但可能在这类的组织内的重要性相对较轻,因此对那些追求事业飞速发展,想凭着自己的才华快速打出一片天下的年轻人来说,很可能不是最好的选择。

第二,工作对你来说是否缺乏"深度"? 即便你与企业、所在岗位有较高的"合度",但是你发现你所在岗位的技能对于你来说已经没有可以学习的了,也就是你只在输出而没有输入了,你就需要考虑自己未来的问题了。这种技能既包括知识经验,同时也包括管理经验,在这个时候你考虑的方向既可以是离开原来的单位,但也不妨考虑从技术路线或者销售部门向管理部门发展,这种工作内容上的转变也能很好地解决停滞感,为你的工作打开新的局面。

这种思考最好在真正出现离职意向之前,也就是古人所说的"居安思危",外国专家所提倡的"B计划"。有人可能认为这是对现有组织的不忠诚,其实不然,这种提前性思考对个人来说不仅是更好完成事业目标的必备条件,也实在是为了应对变动社会不得不采取之举。近几年来,联想等大型企业几次发展方向的改变都导致了大批人员不得不离职。如果个人所从事的专业与企业的战略目标不符,不用等你主动离开,组织就会采取行动。可见这种随时的评估对现代人的重要性了。总之,在合适的时机为自己规划未来发展的方向,让自己既能安心在目前所在岗位上积累学习,最大限度地创造价值并实现自己的价值,避免盲目跳槽,同时又能促使个人的职业发展曲线保持上升的趋势。

在进行规划时,你必须要突破一些固有的局限。

首先不要让想法把你吓住。查普曼在《Be True to Your Future》写道,每个人在开始思考并谈论"B 计划"时,都会感到害怕。他们怕危及自己当前的职位;他们害怕自己可能会疲于奔命,或花费大量金钱接受教育。但大多数企业认识到,经理人必须为可能出现的变化做好准备。有些企业甚至称,探索职业生涯另外路径的人,在其现有工作中变得更加积极主动,给职场带来新气象。因此,如果这些企业听说某位经理投入个人时间进行自我发展,只会对此表示欢迎。不过这种情况可能并不完全适合中国人,如果你害怕组织因此担心你的忠诚度,那么暗地里进行也没有关系,找个职业猎头公司做你的私人顾问能让你更好地了解周边发展的形势。

(1)思考自己当前的工作有何问题

有时候,人们从事着完全不适合自己的职业。在和很多人的聊天中,他们常常抱怨,每到周末结束一想到自己不得不去上班,就感到胃里恶心,心烦得要死。与其让自己继续在这种恶劣情绪里不如思考一下改变。但是,如果你在考虑改换职业,那么你目前的工作就存在(对你来说)不适合的因素。首先确定那是什么,这样你就不会重犯同样的错误。

(2)想象自己的"梦想工作"

有些人心中已经有了想法,有些人却没有。如果你不满意现状,但却不知道自己能够做其他的方面,建议你询问自己喜欢当前工作的哪些方面,或者喜欢先前工作的哪些方面。通过脑力激荡寻求答案,能帮助你了解自己热爱什么,你大体对什么领域感兴趣?你能否在那些领域中确定具体职责?是否有特别感兴趣的职责?

(3)弄明白自己的考虑重点

作为职业规划你要特别关注对你来说最重要的事项。例如,要是你看重工作与家庭兼顾,你或许就要避免每周必须工作 60 小时的岗位。如果你觉得平稳的生活对你重要,那么那些高强度大变化的工作如网站可能对你就不合适了。

(4)广泛联系

这里的联系既包括与专业的规划人员联系,也包括和自己以前的旧同学,旧同事联系。靠自己打天下当然是很豪爽。但有机会为什么要错过呢? 研究者发现雇主找员工一般采取的步骤是先从内部职员中调动,再在熟人中找,或者听熟人介绍,以上都不行了才可能通过公开招聘的形式,而大多数人找工作则会从相反的方向进行。真是事倍功半,得不偿失。很多人都是通过和旧友联系才发现了新的职业契机,开创了新的职业天地。

(5)确定你将得到的和失去的

很多人在跳槽之后都会抱怨说,现在的工作还不如原来的,于是导致了频繁跳槽。其实并不是新工作永远不适合他们,而是他们没有在跳槽之前先考虑清楚得失。新的机会带来新的发展,但同时也必然会让你失去一些,有时是地位有时是时间,所以在离职之前就先对这些可能的损失有个准确的估计,问问自己能否承担或者该如何解决,在真正面对的时候你会少了很多的烦恼。

(6)记住选择有的时候比努力更加重要

人的一生都是在学习,不论好的,坏的;只有深入地学习,才会知道"为什么",而不是简单地知道"是什么"或"怎么样"。这也就是营销里说的"WHAT"(什么)和"WHY"(为什么)。只有知道了"为什么",然后才知道如何去做,如何做好! 如果受不住外面的诱惑,只看到短期利益,忘了自己的职业取向,在职业理想和现实状况的天平发生严重偏移时,本能地选择了后者。殊不知,如果我们把它放到一生的职业天平来看,却发现不但不能有利于职业的发展,而且和职业取向是完全相偏或相违背的。到头来,在外面诱惑和无奈了一圈后,还是回到了原来的职业起点,重新回归自己的职业认知和规划。而此时,往往又错失了很多有利于职业积累的机会。这就是为什么很多企业里,有不少出去的人又回流的现象。

选择的同时是与耐得住寂寞、坚持住方向和对自己的自信联系在一起,很多人,在选择了企业和老板后,在短期内不能快速实现自己的职业目标时,看到许多朋友和同学都开始"飞黄腾达",便萌生去意。殊不知,机会往往在他离去之后就绽放了。而这种选择的本身也就是对自己以前的选择的抛弃和对自己的不自信。

(7)不要放弃

记得有一位前辈专家说过这样的一句话,只要你所在企业不是太差,老板不是太坏,而且你也不是很聪明,但工作还是比较尽心尽力的,只要你能够待下去,你就成功了,你也就可以得到你想得到的。哪怕你真的一无是处。看过一篇文章,作者说自己有 3 个朋友,第一个很聪明也很能干,第二个很聪明但不太能干,第三个不太聪明但工作很卖力。3 年前,第一个进入一家很有名的公司,第二个进了一家很有发展前景的公司,第三个进了一家大家都不看好的小型公司。然而,3 年后,第一个已经换了 3 个单位,目前据说,又要跳了,好像还没有找到自己的职业发展方向。做到的最高职位也只是项目经理。第二个还是待在那家企业,不过已经做到了公司部门主管,在大家纷纷外求高薪内转高职时他无地可去只好待在原部门。然而,部门总监感觉到如果再不提拔留下来的人,可能都要跑掉和内部转岗了。于是,一下子破格提升了好几个职位,矮子中拔高个子。有幸第二个朋友比较聪明,于是他也成了受益者。而第三个朋友知道自己比较笨,于是拼命地工作,更多地付出,与公司共同成长。现在,他们的公司经过 3 年的努力已经由行业的第六位做到行业的第二位,公司总部也已搬到了上海,他也做到了副总的位置。这就和挖井人的故事一样,找到了一个地方就应该持续不断地挖下去,直到真的没有水了再说,而不要总是想当然地认为其他地方的井水蕴藏量就一定比这里丰富。这又好像回到了上面的问题,短期内企业可能不能完成你的目标,但是只要方向是对的,那么需要的只是坚持。而且在公司发展的过程中,你也是同样在成长的,没有被浪费的努力。我们需要的不仅是对选择的坚定,还有在后面对选择的坚持,两个"坚"才能帮助我们在机会来临时不和它擦肩而过。

三 | 面对停滞

案例改编者：卢燕

案例取材于真实人物

案例参考：翁国旗著：《突破停滞》，清华大学出版社 2004 年版。

▰ 案例概述

历经了职场风霜雪雨的李强，最终选定在本市一家国企 B 公司任部门负责人，在他眼中，国企人际关系相对比较融洽，竞争压力也不是很大，工资虽然低点，但很舒心。远离了繁杂的 A 公司后，李强一身轻松，每天过着"两点一线式"的工作和生活，也让很多昔日好友羡慕不已。

其实，李强所加入的那个企业规模非常巨大，而且在业内很有名望，全公司有 27000 多人，仅母公司就有 13 个职能部门，管理层级多达 9 层，而他所在的部门也有 20 人之多。李强每天的工作几乎完全一致：下访车间，查看生产现场，询问物料供应情况，返回办公室，制订次日生产计划，原料供给计划，以及协调相关事宜等，这种"点"式工作一直持续了好几个月，李强才感到有点单调和厌倦，恰恰是这些起初认为是"优点"的东西变成了李强后来的苦楚。

到 2003 年，由于市场需求旺盛，B 公司的经营业绩连续翻了一番，企业规模也较以前扩张了 2 倍，但李强的职位仅仅往前挪动了一点，因为在他上面，大大小小的官就有 8 个，他们拥有极好的人脉，在 B 公司"根深蒂固"，用其他同事的话说，就是"吃的比牛都多，干的比鸡都少"。李强又一次感到了迷茫。

职务不能晋升，个人得不到成长，李强不知道该何去何从。

为了逃避复杂的人际关系和不公平的待遇，李强来到 B 公司，舒适的工作环境在让他快乐的同时，也带来了死板。太过明确、清晰的工作职责让这个雄心勃勃的年轻人感到可怕。

国有企业僧多粥少，等级观念非常严格，李强纵使再有知识和才能，也不能立刻超越现状。而员工薪酬和福利与职位直接挂钩，事实上非常固定，且相互差异不大，也就是所谓的"大锅饭"形式，这样的环境很容易使一些还在青壮年，或者希望能更多自我实现的人产生倦怠和停滞感，这也就是我们经常说的职业结构性停滞。

讨论分析

那么，我们该如何认识又如何突破这种职业停滞呢？

首先，检查一下你是否出现了如下的症状，如果出现了，你恐怕就进入了停滞期。停滞的征兆：①逃避作决定。②不愿冒险或尝试新事物。③谈论你即将要做的事，却从来没有去做或认真地完成。④同一件事跟朋友反复说。⑤停止成长，也没有学习的欲望。⑥失眠。⑦经常为小事感到愤怒。⑧生活方式支离破碎。⑨老想着提早退休。⑩不愿为自己的生活负责；容许环境或其他人左右你的生命、决定和方向。⑪失去对将来的热切和期待。⑫莫名的焦虑。

停滞是每个人在一生中都可能遇到的问题，尤其是那些已经得到了很高成就的管理者，停留在现状，不能继续发展就成为他们不得不面对的困扰。管理者所面临最头痛的就是结构性停滞，也就是说因为组织层级呈金字塔状，越往上职位越少，所以导致了晋升的停止现象。到底是什么引起了停滞现象呢？

原因一是组织的金字塔结构。金字塔下面宽上面尖，越往上走权力越大，但相对的人数也越少。同时组织金字塔的两腰并不像几何中的三角形一样，为平滑的直线。组织金字塔呈阶梯状，每一层间的宽度差别很大，落差也很大。许多人认为组织斜坡是平滑的直线，所以他们觉得晋升也应该是不断地直线上升。但事实上金字塔的斜坡是不规则的，晋升的机会常会突然中断。

长久以来争得上司的注意与工作调动被看成受到重视的表现。然而，现在从基层到中层再到高层，调动的频率及机会大大减少，即使平行调动也

走
中浦院

领导心理调适案例

不多见。由于相等的职位有限，加之各单位人满为患，同时工作又变得更复杂更专门，互通性较小，所以固定于一个职位上的时间也较长久。到最后不再有任何调动，就此停滞，成为一个不重要的角色。

原因二是人力素质的常态分布。除了组织结构的因素外，结构型停滞也有人力素质分布的因素。整个就业市场的所有人力资源当中，素质好、态度积极者有之，素质差、态度消极者亦有之，但大多数人都属于中等，而呈现常态分布。公司在招募新人时，通过面试的过程，已经先行过滤掉素质最差者，接着透过不断的训练、改进，使其能力提升，整个人力素质分布曲线会向右移动，虽然仍无法完全达到最理想的状态，但整体平均素质已有所提升。此时，无论就人员的资质、经验、能力或是积极度而言，依旧呈现常态分布。这是另一种自然律。由于组织具有中等素质的成员占大多数的现象，而组织对高层次管理者的要求又是各种能力都要顶尖，自然大多数人就必然落入停滞的陷阱了。

原因三是99%定律。任何一个大型组织中，最高决策阶层的人数总是不到全体员工的1%。假定一直升到最高层的1%为不停滞者，那么就有99%的人会陷入停滞，我们可以把这一自然律称为"99%定律"。假设一家公司雇用100名员工，他们都相当出色，能力素质样样俱佳，但他们中最多有十个人会被提拔升任中层主管，只有一人有望升到决策阶层，对此人事安排恐怕你本人也没有什么异议。因此不管你资质多好，多么努力，决心多大都无法改变这一自然规律。这就是为什么有些人离退休年龄还早，却已无法晋升的原因。99%定律也说明了结构型停滞是不可避免的正常现象，任何人都应有心理准备，唯一不同的只是达到这一阶段的早晚。

原因四是成长的螺旋形曲线。在人一生的事业生涯中，直线式上升即使有，也只会在某一阶段出现。从职业生涯发展的整个过程来看，还是呈现螺旋式上升的趋势。螺旋式曲线上升的规则适用于任何职业人。在当今社会，很难想象一个没有一技之长的人能轻易成功。对那些渴望成功，不轻易满足现有成绩的有专业知识的人来说，这个规则会体现得更集中。事业发展的轨迹之所以是螺旋式上升而不是直线上升，是有它的特定原因的。心理学研究成果表明，我们的大脑接受外界信息以后，都有一个自我消化和梳理的过程,这种活动即使在我们的睡眠中也在进行。当我们的知识积累到一定程度,思考深入到一定深度,就会自发地产生一个质的飞跃,达到一个豁然开朗的境界。如同小孩每一步的前进都得益于无数次摔跤经验的积累。我们的学习也是如此,学到一定程度就会出现一个停滞时期,再要有所提高就很困难了,非得经过很长时间的积累才能感到进展,这在心理学上称为"学习的高原现象"。个人能力的提升也受到自然律支配。在理想状况下,个人能力应该随着时间不断提升。但实际上,能力提升与时间并非成直线关系,而是呈现 S 形曲线,当个人能力提升到一定程度之后,会出现一段成长趋缓、甚至几近水平的时期,我们通常称为"能力高原期"。只有过一段时间的努力之后,才会再出现另一波成长。其原因在于能力的形成有一定的过程,必须透过不断学习、练习,直到能够运用自如的程度,才能算是真正具有某些能力。而这样的过程非经过一定的时间不可。又因为能力的成长,是越高的能力难度也越高。因此,能力越到更高的层次,"停滞期"持续的时间也越长。

有了停滞应该如何对抗呢?首先你要承认停滞是不可避免的,它早晚都要出现在你的生活之中。每个人都会遇到这种情况,即使是国家元首也不例外。它是正常的,和你的能力并无关系,任何一个人处于你现在的职位上都要面对。停滞本身并不一定是一件坏事。事实上,人的一生中有很多时候是需要静下来思考何去何从的。表面上看,停滞状态的出现表明事业进行得不是很顺利,但是停滞期恰恰提供了一个最好的反思自己的机会。人的一生就像大山一样有高峰和深谷,"高原"正是二者的衔接处,它让你有时间去反思自己对事业的选择是不是正确,自己追求事业的方式是不是最恰当。从这个角度来讲,出现"停滞"状态不但是正常的,而且对你今后的事业也是有帮助的。

其次要修正你对成功的概念,成功并不仅仅是职位的上升,成功应该包含更多的内容,知识的增长,能力的提升,经验的丰富,都意味着某种意义上的成长,而只要成长就是成功。给自己更多富有挑战性的工作,加大承担的责任,把每一项任务都当成是战役看待,或者是考虑在组织内部平行调换职位,到更有挑战性的部门任职。陷于停滞的人必须寻找或创造合适的新的机会,以从中建立自尊。因为当人们无法从奉献中获得满足和刺激时,就会感觉到停滞。他们必须重新审视从奉献中得到的东西,只有内心拥有新的动机,未来才会充满新的希望。如果我们在停滞的征兆出现时,就能试着"动起来",给自己一颗年轻的心,我们都将跨过这个高原的困扰,在下半场赢得更精彩,让人生各个阶段都过得更有活力,更有意义。

或者做一个科学的职业生涯规划,找到前进的路径。重新评价自己,考虑自己对未来的规划,以自身的进步作为导向来规划职业生涯。即使目前的工作能获取高薪,但知识及技术含量不高,没有什么发展空间,也不该多留恋。或者以兴趣为支点来重新规划,找一份原来梦寐以求的工作,也许薪酬并不一定比原来高,但只要足以维持体面的生活即可,这是职业的最高层次。这时,工作就成为生活中的一种享受。

最后要告诉你自己"勇敢去做"。在大多数情况下,人们不行动不仅仅是因为优柔寡断,而是因为有所畏惧。但是,每次当你要做某件令你畏惧的事情并且又大胆地去做了以后,你的自尊就会有所提高。因为每次当你勇敢地克服了畏惧,你都会感到自己是一个成功者。你可以切实地体验到那种成功的感觉,这种感觉令人陶醉。我们每个人都乐于在有了解决问题的办法之后再付诸行动,对尚不知道自己人生追求还未找到最适合自己的位置的人来说,先行动起来却是绝对必要的。行动使你接触现实生活,体验实际生活经历。这样,行动会使你思考得更全面深入,远胜于静坐在那里权衡各种利弊。甚至就是最终表明方向相悖的行动也会给你提供有用的信息。只要开始行动你就能改变自己的停滞状态。

第五部分　身体篇

背景知识

☑ 身体健康的重要性

俗话说得好,"身体是革命的本钱",这里的本钱指的是基础、根本、一切的源泉。而革命的意义已经发生了变化,不再是打仗、行军、爬雪山、过草地等。现代人的"革命"主要是工作和学习,同样面对着巨大的压力。但是健康的身体仍然是最基本的条件,无论你想成就一番多么伟大的事业,身体都是必要的条件,因为身体就是你的本钱,只有良好的本钱才能支撑你的一番事业。身体健康就好比地基,地基越为牢固,楼房就能盖得更高,身体越健康,我们的生活质量就越高,生活也会更加幸福。特别对那些处在领导岗位的人来说尤其重要,因为他们健康的体魄是整个组织机构顺利运行的首要条件,要是领导病了,何来工作,何来高效。因此广大领导同志一定要注意保护好自己的身体。

☑ 疾病不可避免

虽然健康的身体是幸福生活的首要条件,但生老病死是自然界的基本规律,自从人类诞生以来,疾病就一直伴随在我们左右。随着医疗技术水平的发展,人类的平均寿命有了很大的提高,生活质量也有了显著的改善。随之而来的是自然环境的逐步恶化,饮食结构的不合理化,生活方式的改变,社会竞争压力的加剧,各种新的疾病层出不穷,人类社会发展的过程在某种意义上就是与疾病不断抗争的过程。当我们患了某种疾病的时候,医学上的治疗当然是重要的,但中国传统观点是身心一体,躯体的疾病必然会导致心理方面的变化,同时心理也会影响疾病的形成和发展,因此我们要以积极的心态来生活,这样就能预防疾病,而且即便是在患病以后,调整好自己的心态也非常有利于疾病的治疗和康复。

❸ 躯体疾病与心理状态之间的关系

国外早已对身体疾病和心理状态间的关系作了非常深入的研究,并提出了身心疾病的概念。身心疾病是指因为人的身体上发生了某些生理变化,如急性疾病突然发作,长期以来慢性疾病的困扰,在特定的年龄阶段生理变化(如更年期)或者是伴随年龄的增长而出现的机体功能的衰退等引发的个体在心理、行为上的变化,而这种心理和行为上的变化并不能够受患者自我意识的控制。它包括两个方面的症状,一方面表现为身体上的病患,另一方面则表现为心理上的痛苦,这些继发的心理反应不但会影响病人的日常生活功能,以及工作的满意度,而且更为严重的是可能导致原有躯体的恶化甚至新的躯体和心理疾病的产生。

躯体疾病对病人的影响主要表现在三个方面:

(1)躯体疾病对病人感知的影响

通常病人能意识到自己疾病的存在,对疾病有一些基本认识,如疾病是什么性质的,疾病的严重程度,疾病发展处于何种阶段,以后会如何发展,社会大众对这种疾病的看法,同事和周围人对这种疾病的看法等。当然,病人对疾病的感知还受到自身因素的影响,包括自己已有的对疾病相关知识的了解,病人对自己的身体状况的认识,病人所处的特定的年龄阶段,以及病人所处特定的社会角色等因素都会影响病人对疾病的感知。

(2)病人在对疾病感知的基础上还会产生相应的心理反应

首先是自我意识的转变,由于发现自己身患疾病,对自我的各个方面的认识都会发生变化,如对自己未来工作能力的怀疑,对自己事业发展期待的改变,对自己在家庭或组织中相应角色地位的重新认知,甚至会影响自己一直所持有的人生观、价值观。病人同样也会对疾病产生理智性的反应,病人会对自己过去的饮食习惯、生活方式等进行反思,力图从中找出疾病的主观原因,同时也会在自己已有的身体保健和疾病康复知识的基础上,结合疾病治疗过程和医生对疾病治疗和康复的建议,对疾病的治疗方案加以思考。不可否认,疾病也会使个体产生不良的情绪反应。

(3)躯体疾病也会对病人的社会心理产生影响

包括原发性心理障碍,主要是指躯体机能障碍引起的心理后果,如视力、听力以及运动机能的丧失,这些都是比较严重的躯体疾病,会引起一系列的心理问题;第二种是继发性社会后果,主要是患病后导致社会关系变化引起的后果,如与家人的关系、对学习工作效率的影响等。

最后,在某些情况下,如果躯体疾病对神经系统产生影响,这可能会对心理活动产生间接的影响,如脑血管意外或心脏病引发的脑缺氧导致的心理障碍,如人格改变。

◢ 躯体疾病患者的心理变化

不管是何种类型的疾病都会使个体原有的生活模式发生变化,这种变化给病人的内心带来强烈的冲击和痛苦,加上躯体痛苦,这是双重打击,引起病人心理各个方面的变化。

(1)恐惧心理

病人会害怕患病部位的功能丧失,害怕随之而来的治疗环境,痛苦的治疗过程,以及与家人和同事的疏离,害怕受到冷落、鄙视,害怕会给家人带来长期经济和精神上的压力,当然最重要的一点是对死亡的恐惧。如果病人不能很好地调整好自己的心态,可能会出现非理智情绪反应,不利于病人的康复。

(2)易激怒,脾气暴躁

会与家人、同事、医护人员产生冲突,这是一种难以控制的情绪发泄,病人常常处于焦虑、紧张状态,终日惶惶不安,变得非常敏感、敌对。

(3)疑心很重

处于这种状态下的病人总是以一种怀疑的眼光来看待周围的环境,抱有一些近乎偏执的想法,认为周围的一切都是对自己不利的。对自己的躯体的变化过度关注,整日抱怨自己躯体的不适,始终处于焦躁不安的状态,非常不利于健康的恢复。而一些慢性病患者和诊断不明的患者,可能会对他人的善言包括医生的诊断和建议表示怀疑,甚至会曲解,但另一方面他们又会担心自己的病情、前途、晋级、提拔,因此他们会向别人询问许多问题,因为他们觉得自己必须提高警惕才能不受伤害。

(4)希望被重视

有的病人,特别是一些处于领导地位的人,特别希望得到别人的关怀和照顾,认为医护人员和家人都应该以自己为中心,让他们了解自己的疾病,随时了解自己的想法,满足自己的需要,如果这些需要不能满足,自尊心就会受到挫折,自我价值感丧失,心情会变得非常沮丧。有时病人为了能够获得他人的重视会有意无意表现得软弱、病态、信心不足、被动性增加。有时病人的表现会非常幼稚,行为倒退到不像健康时所具有的那种成熟的水平,这是普遍的反应。

(5)不良情绪

患病时引起的各种矛盾冲突容易导致焦虑、愤怒、束手无策、绝望、罪恶、羞愧、厌恶等不愉快情绪。焦虑是患者对疾病造成的危害所产生的情绪反应。患者的焦虑表现多种多样,如肌肉紧张、出汗、搓手顿足、紧握拳头、面色苍白、脉搏加快、血压上升等,在这种情境中的患者往往对困难估计过高,过分关注躯体的微小不适,对环境刺激过于敏感,对挫折容易自我责备,情绪起伏特别强烈。高度的焦虑不仅可以增加生理和心理上的痛苦,而且会对治疗过程产生不利的影响。因患病丧失了劳动力,或疾病导致了形象变化,患者情绪往往变得异常悲观,通常表现为言寡行独、厌恶社交、抑郁苦闷,常被失望、孤立无援及凄凉的感情所包围,对事业失去信心,对生活缺乏乐趣。患者希望逃脱他感到不能忍受的生活环境,在绝望中摆脱身体上、精神上的痛苦,可能企图自杀。

🖐 躯体疾病患者的心理治疗

对躯体疾病的治疗,传统的生物医学模式已经向"生物—心理—社会—文化"模式转变,因此对疾病的治疗必须要考虑心理因素的作用。我们必须遵循一些基本的原则:首先是心理和生理同时治疗,但对具体疾病的应对方案又是不同的,对急性发病且躯体症状又非常严重的病人来说,应该在采取医学急救措施的基础上进行床前心理治疗。对于一些心理症状表现比较明显的病人,特别是一些与慢性疾病有关的心理问题,应该在实施常规的躯体治疗的同时,加以常规的心理治疗和行为方面的指导,例如对于一些有慢性的消化道疾病和处于更年期的病人尤其重要,当然对于具体的疾病,应根据病情的严重程度,以及发病原因的不同而采取不同的方法。

对躯体疾病的相关心理治疗主要围绕的目标是:消除心理学病因,特别是一些与心理因素密切相关的疾病,如冠心病病人是与其个性特征密切相关的。研究表明,A 型性格的人非常容易患上高血压、冠心病和消化道溃疡,因此我们应当采用合适的心理治疗手段帮助其改变认知模式和行为方式,使得在环境压力和主观体验之间起到很好的调节作用,对疾病的治疗和康复起到积极的作用。

根据身心疾病所对应的躯体分类可以分为内科、神经科、儿科、肿瘤科、外科等,由于不同类别的躯体疾病是与不同的社会心理因素相联系,患病后给病人带来的心理影响也是不同的,因此对不同疾病采取的心理咨询和治疗的手段以及自我调适的手段也是不同的。

以癌症为例,它的发生与生活事件、应对方式、情绪、个性特征等因素密切相关,但由于研究多采用相关法,因此我们不能确认究竟哪个是因哪个是果,但是对于癌症患者的心理行为问题与肿瘤的生长和扩散过程的关系研究的结论则是比较明确,下列因素会让癌症病人的生存期明显延长,首先,要对生活抱有积极希望和乐观的心态,对疾病的治疗和康复也要有信心;其次,对于工作和生活中事件的不良的情绪体验要及时表达或者是发泄,千万不能压抑,当然这与个体的性格特征有关系,但个体要努力去做,努力去表达;再次,个体还应该开展有意义的活动,并且能够在活动中收获快乐,这对注意力的转移和自身情绪的调节是一个很好的办法;最后,与个体的生活质量以及积极心态相关的社会支持的多少也是一个重要因素,个体必须与周围的人保持密切联系,在需要帮助或支持的时候能够及时获得。与上面的情况相反,消极的心理行为反应则会加速癌症的恶化过程,因此应该结合癌症病人具体的心理行为问题给予适合的治疗方案，改善其身心反应过程，提高生活质量。

但对于一些具体的躯体疾病，我们可以用具体的心理和行为疗法来治疗，以高血压为例，可以采取松弛疗法，这是目前治疗高血压比较常用的一种行为治疗办法，虽然放松的含义和模式各不相同，但以下几点是共同的特征，也是最基本的特点，包括排除杂念、全身放松、深慢呼吸、反复训练等，都是直接针对高血压的发病原因采取的相应的行为方法，并且已经被近年来的临床和实验结果所证实。有人用音乐松弛训练观察高血压病人的即时降压效应，停止训练后 10 分钟，血压下降了 40%，事实证明，松弛疗法能成为一种有效的辅助降压治疗手段。同样更为长久的康复行为的学习或内脏学习过程也是不容忽视的因素。病人通过长期坚持训练，体会到了全身主动放松时的个体感受，并逐渐容易地再现出这种心身状态，结果病人的血压成为一种能被自己"随意"操作的内脏行为，从而达到降压目的。临床实验也证明，长期的松弛训练可降低外周交感神经活动的张力。另一种治疗的方法是生物反馈治疗，高血压在国外常选用收缩压、舒张压或者脉搏波速等作为反馈信息。病人一般接受住院治疗，但也有在家进行的活动。国内常用肌电或皮肤温度等间接信息反馈做降压治疗。

中国传统文化强调的是一种养身之道，而气功作为一种身体运动的同时在某种意义上也是一种心理治疗，高血压患者在进行气功锻炼时要注意的基本要领是：心静、体松、气和、动静结合、辨证施功、循序渐进。关键在于认真坚持，每天 1—2 次，每次按程序锻炼 30 分钟。气功疗法具有降压，稳定疗效，减少用药，改善症状以及减少并发症，改善预后的良好效果。

参加一些团体活动也是非常重要的，现代社会中高血压患者越来越多，在某种意义上，能与病友一起交流康复方法和体会对获取更多的实用技术是非常重要的，同时也可以得到病友的支持，这是一种有别于家人、朋友的社会支持，对病人来说是非常重要的，但往往被我们忽略。

领导者作为一个特殊的群体，受到来自各个方面的压力都非常大，我们同样看到，与领导相关的职业病也日渐增多，这使领导压力更大，此篇的目的就是通过案例来说明在应对各种躯体疾病时可以采取的较为具体的心理治疗手段,个体也可以通过这样的手段对自己的心理状态进行调适,以积极的状态投入到工作和生活之中。

一 疲劳,一个绝不平常的字眼

案例改编者:卢洪明

案例取材于真实人物

案例参考:http://www.it33.com.cn/telecom/hyxx/200525161826.html

http://www.pingli.gov.cn/Article_Show.asp? ArticleID＝4664

引言

面对繁忙的工作,我们总是努力去做得最好,面对压力我们"勇往直前",但不要忘了,在你事业有成的时候,疾病正慢慢向你走来,而你也正在不知不觉地主动向它靠近,特别是领导者和"白骨精(白领、骨干、精英)"更难逃此运,因而学会调整自己的心态,解除疲劳症状,才能更好地投入到工作中。

案例介绍:爱立信中国区总裁杨迈猝死

如果不是因为他的突然故去,对很多中国人来说,杨迈这两个字只是偶尔见诸报端的一个符号,这个爱立信(中国)有限公司总裁的中文名字地道得让人很难把这两个字与一个瑞典的老外联系起来。

然而,发生在 2004 年春天的一场生死离别,让更多中国人记住了这个名字——在连续经历数日高强度的工作之后,54 岁的杨迈忽然倒下,从此再没有站起来。

一夕猝逝

2004 年 4 月 8 日上午,作为爱立信中国区总裁,杨迈与合作伙伴夏新电子的总裁李晓忠一起,在上海出席了上海张江夏新研究院的启动仪式。中午 11 时 10 分开始,杨迈接受了媒体的小范围采访。在这一系列紧锣密鼓的活动结束后,当天下午 6 时 30 分,杨迈匆匆回到北京。

那个难得闲暇的晚上,独居的杨迈决定去健身房健身。爱立信中国区公共关系总监屠敏女士事后透露,杨迈一直有到健身房锻炼的习惯,然而在去世前的一段时间,因为忙于工作,杨迈已数次推迟固定的健身计划。

在跑步机上跑步时,杨迈的心脏忽然停止了跳动,这个 54 岁的瑞典男人毫无征兆地轰然栽倒在跑步机上。令人唏嘘的是,当时他的身边没有一个熟人。包括屠敏女士在内的爱立信中国区 20 余位高层闻讯后迅速赶到北京协和医院,然而为时已晚,医院当晚即确认,杨迈已经死亡。

据悉,导致杨迈心脏衰竭的诱因正是,连日高强度工作已超过其心脏所能承受的负荷。

第二天一早,爱立信(中国)有限公司的所有员工都收到了一封来自爱立信全球 CEO 思文凯的 E-mail,从中获悉了这一令人震惊的消息。

按照先前的计划,那天下午,杨迈本将接受一个专访,题目是"爱立信如何开拓中国农村市场的电信业务"。在原定的专访时间内,爱立信(中国)有限公司的全体员工为杨迈进行了 3 分钟的默哀。

"大家缅怀的不只是一位上司,更是一位好朋友。"屠敏这样告诉媒体。

临危受命

老外 Jan Maim 在 1994 年 3 月的一天第一次来到中国。

多年以后,为自己起中文名叫"杨迈"的 Jan Maim 向一位记者描述了那天的情景。那天,当他走出首都机场时,天色已晚,除了知道自己要去的宾馆叫"国贸",其他的中文统统不会。当时的北京,英语普及率远比现在要低。坐上出租车后,杨迈将"国贸"两个字说了不下数十遍,才终于让司机明白他要去哪儿。就在那个时候,杨迈便意识到,在中国工作将是一项困难的任务,仅仅语言就将是一个大障碍。

1995年,刚刚出任爱立信无线系统公司副总裁的杨迈被公司正式派驻中国,兼任中国市场区总经理,开始其在中国的工作生涯。5年后,杨迈升为爱立信中国区总裁。这个位置并不好坐。当时,爱立信在中国市场的业务已开始出现亏损,此时出任中国区总裁,可谓临危受命。

杨迈果然不负众望。到2001年底,中国市场的业务量在爱立信内部已排到首位,达到总量的30%。

2002年,杨迈主持了爱立信系统各合资企业的重组工作。继当年8月与索尼合资成立索尼爱立信中国公司后,杨迈又将移动电话业务集中到北京爱立信移动通信有限公司,而将移动通信基站、系统设备业务集中到南京爱立信熊猫通信有限公司,同时将南京爱立信熊猫移动终端有限公司转交南京熊猫经营。同年,杨迈又加大了爱立信的本地化力度,成立爱立信中国研发总院,从而使中国升级成为爱立信全球产品供应三大中心之一,与其他两个分别设在欧洲和北美的中心共同承担管理爱立信全球产品供应体系。2003年,杨迈更是拿下广东移动GSM网络扩容的6亿美元大单,为爱立信的发展立下赫赫战功。

就在杨迈去世前一星期,爱立信全球董事长泰斯库在接受20余家媒体采访时,曾当众夸赞:"爱立信在中国的业务是全球爱立信学习的优秀榜样。"

然而,无限风光的背后往往意味着无限艰辛和无限付出。据爱立信员工透露,杨迈生前一直单身,家人和女友都在瑞典,唯一可与他们会面的机会就是出差。杨迈生前曾经说:"我几乎把所有时间都用来工作了。"

曾在爱立信担任8年总裁助理的陈烨回忆,杨迈是一个处处为别人着想的人。有一次杨迈遇到棘手之事,陈烨就提醒旁边的司机等人安静一些。细心的杨迈很快察觉自己的情绪对周围人的影响,反而故意与司机聊天,缓和气氛。为别人想得太多,自己的压力却得不到释放,久而久之,对健康的侵蚀亦不难想象。杨迈的去世,引发了对"过劳死"的恐惧——工作时间过长,突然引发身体潜疾急速恶化,救治不及造成死亡。

个人简介

1994 年,加入爱立信无线系统公司,出任公司副总裁兼中国市场区总经理。1995 年底到中国工作。

1996 年,任爱立信中国有限公司副总裁兼无线系统部总经理。

1998—2000 年,升任爱立信中国有限公司执行副总裁,主管移动通讯部。

2000 年初,被任命为爱立信中国有限公司首席运营官。

2000 年 12 月 1 日就任爱立信中国有限公司总裁。

3 相关事件链接

2006 年 4 月 12 日晚 6 点多,云和县人民法院党组书记、院长魏剑明到办公室加班。第二天早上,当工作人员发现他时,已停止了呼吸。昨天,公安部门初步判断,魏剑明系过度劳累猝死。而在此前的一个月内,温州市龙湾区建设局副局长娄爱亮、仙居县公安局刑侦大队大队长吴天红均因工作过度劳累,倒在工作岗位上,英年早逝。3 名官员在去世前,有一点是共同的:连续加班加点地工作。温州医学院附属第二医院体检中心主任陈雪鹏认为,工作强度、精神压力大和饮食结构不合理,是公务员非正常死亡的主要诱因。陈主任呼吁,公务人员多关注自身健康。

法院院长猝死办公室

早上 8 点左右,云和法院办公室副主任魏丽萍找魏剑明有事,但敲门没人答应。"院长昨天晚上来加班,车子都还停在楼下,人呢?"魏丽萍觉得有点儿不对劲儿,推开门后发现院长倒在地板上,已停止了呼吸。魏剑明今年 50 岁,任云和法院院长已经有 6 个年头。"院长的身体一直很棒,就是最近因为天天加班有些头疼 ……"据初步推测,魏剑明可能是过度劳累,引起脑溢血或心肌梗塞猝死的。据了解,魏剑明担任院长的这几年,云和法院连续 4 年实现"零上访"。2005 年,丽水中院对基层法院进行综合考核时,云和法院获得一等奖。不久前,因为魏剑明的突出业绩,丽水中院正在给魏剑明申报个人二等功。

刑侦队长因劳累牺牲

3月13日下午5点,仙居县公安局刑侦大队大队长吴天红突然晕倒在办公室。经过4天的抢救,3月17日16时23分,年仅38岁的吴天红去世。从吴天红写得密密麻麻的工作笔记本上了解到,在他牺牲前的8天里,他每天都在加班,最早一天工作到晚上9点,最晚的一天一直到半夜12点半。据吴天红同事讲,在出事前一个星期,吴天红就发现身体不适,但由于工作太忙,一直没去医院。从1990年8月参加工作以来,吴天红一直在派出所、刑侦队等公安第一线工作。他11次荣立个人三等功和嘉奖,先后荣获台州市公安系统优秀侦查员和侦查破案能手、县优秀共产党员、县"十大杰出青年"等20多项荣誉称号。

建设局副局长的22个未接电话

2月28日早上,温州市龙湾区建设局副局长娄爱亮没有吃早餐,就进了办公室。上午9点半,同事们打开娄爱亮的办公室门时,发现他手里握着手机,躺在地板上,已经停止了呼吸。手机上显示,从上午8时40分到9时30分这段时间,共有22个未接电话。医生诊断,娄爱亮为心脏猝死。娄爱亮今年50岁,据了解,他身体一直不好,患有糖尿病已多年,因过于劳累,2005年8月又患上了高血压。几年来,他几次谢绝了住院治疗,为了不影响工作,他把药带在身上。他说这样既可以节省时间,又可以节约医疗费用。

◢ 相关知识链接

何谓慢性疲劳综合症(CFS)

20世纪80年代,媒体曾经以旁观者的姿态大量报道过的日本白领阶层的过劳死现象,如瘟疫般,已经蔓延到你我的身边,开始威胁到每一个人——不管你愿不愿意，这是事实。

慢性疲劳综合症与长期处于工作紧张、竞争压力、生活事件影响以及长时间处于疲劳状态有关，它是美国疾病控制中心建议使用的一个疾病名称。它指的是健康人不明原因地出现严重的全身倦怠感，伴有低热、头痛、肌肉痛、抑郁、注意力不集中等症状。

这种病人一般有很多的临床症状，可是几乎无任何客观体症。其核心症状是极度疲劳，其他症状例如腿痛、关节痛、注意力不集中、抑郁、睡眠障碍……慢性疲劳综合症的病因目前尚不十分清楚。科学家认为主要和过度的疲劳有关，是某种职业导致的疾病。其发病和环境因素、个体的遗传素质和心理上的承受能力有关；文化和社会结构造成的压力也有一定的影响。

医学统计表明，三类人是慢性疲劳综合症的易发人群：

一部分是长期面对激烈竞争压力、心理负担巨大的人群，如企事业单位的管理者、领导干部、私营业主等。

另一部分是一些事业心强、工作繁忙的脑力劳动者，如科研人员、新闻工作者、"白领"和"金领"人士。

最后是那些长期超负荷、精神处于紧张状态的体力劳动者，如劳动密集型企业中的工人、出租车司机等。

如何才算慢性疲劳呢？

如工作后回家休息（包括超时工作），第二天醒来微有倦意（肉体和精神），就不算疲劳。但若过了三天仍感疲劳，就是透支了精力。这些疲劳日积月累，肉体上和精神上的倦意也越来越多，就是慢性疲劳了。若还伴有肥胖、高血压、糖尿病、心脏病等，那么长期的慢性疲劳则会大大增加死亡的机会。受刺激、极度紧张恐惧、负重、繁忙的工作则是导致猝死的导火线！遗憾的是，多数人并不知道慢性疲劳的危害。而有些隐疾是连精密仪器也检查不出的，这就大大增加了猝死的可能。但我们可以通过一些简单的自我测验对疲劳程度进行评估以便早期发现并及早干预。专家列举以下 23 项症状：

①早晨懒得起床；

②经常感到疲劳、忘性大了；

③电车或者公共汽车来了，也不想跑着赶过去；

④突然感到衰老；

⑤上楼时常常绊住脚；

⑥不愿意和上级、外人见面；

⑦写文章、报告时常有差错；

⑧说话声音细而短；

⑨不愿意与同事说话；

⑩总是托着脸呆想；

⑪过分的想喝汤或咖啡；

⑫不想吃油腻的东西；

⑬很想在饭菜上撒下有辣味的东西；

⑭总觉得手脚发硬；

⑮肩部和颈部发麻；

⑯眼睛睁不开；

⑰老是打哈欠；

⑱想不起来亲友的电话号码；

⑲想把脚伸到桌子上；

⑳对烟酒过度嗜好；

㉑不明原因的肥胖或体重下降；

㉒容易泻肚子或便秘；

㉓想睡觉，但上床后不容易入睡。

上诉情况如果有两条，说明疲劳是轻微的；如果有四条，就是中等疲劳，可以称为慢性疲劳了；如果你有六条以上，那就是过度疲劳了，说不定已经有潜在的疾病，必须引起注意，应该到医院检查一下为好。

慢性疲劳综合症的治疗

如果经诊断是慢性疲劳综合症，除了药物方面的治疗以外，也不能忽视心理调适，两者结合效果才是长久的、根本性的。身体锻炼活动确实能够帮助我们，但是主动积极的自我心理调适同样能够起到很好的作用，如果能够很好地使用这种自我心理调适的方法,就能够有效缓解疲劳,调整精神状态,对慢性疲劳综合症起到很好的预防和治疗效果。

(1)静坐

静坐是一种简单易行的方法,通过身体的放松和思想的平静达到完全静止的精神状态,注意力也会提高。

①准备

最好能找一个安静的地方,若条件不许可,那就在卧室中。打开窗户,使空气流通,但不宜坐有风处,应把门关好,以免打扰。

最好坐在平坦且柔软的地方,能够长时间坐。

在静坐开始前应该宽松衣带,使身体尽可能放松,但在天气较冷时,要把两腿盖好。

②姿势

基本姿势是静坐,首先使左脚弯曲,脚尖的一半插入右大腿的下边,然后使右腿弯曲,插入左腿腿肚子下,保持上身正直,面向正前方,双肩自然下垂,两手掌轻轻放在大腿的中央位置,手指并拢,手腕放松。

③呼吸方法

开始的时候是自然呼吸(胸式呼吸),最后要慢慢过渡到深呼吸(腹式呼吸)。先尽量吸足气,使腹部鼓起,接着慢慢将气呼出来,直到腹部瘪下为止。通过这种反复的练习,经过长期锻炼以后,呼吸的次数可以逐渐减少,这是一个循序渐进的过程。

④静坐心态

在一天繁忙的工作之后,不免有心烦意乱、浑身不适的感受,在静坐的时候可以采用下面两种方法来放松和调整:

方法1:数息

在坐好以后,默默数自己的呼吸。一呼一吸称作"一息"。这样数至十再从一数起,熟练后可以数至一百为一个单位。假使没有数到十或一百,若在中间思想不集中,数错了或想到了别的东西,那就重新从一数起,时间长了便可以使自己的心静下来,并可消除一些杂念和心理的疲劳。

方法2:默念"真言"

在静坐的时候可以停止数息，让一切自然进行。"真言"可以是具有道理性的语句，也可以默念"放松，平静可以解除疲劳"。但总的原则是，选择的"真言"是真实的，代表人们的愿望、信念和经过努力能够促成其成功的座右铭。

（2）音乐疗法

①音乐治疗的基本原理

音乐欣赏的过程也就是感情体验的过程。对音乐的欣赏不仅能直接体验音乐音响，还可以起到唤起人们的想象联想，提高注意力、记忆力的作用。专家研究认为，音乐的频率、节奏和有规律的声波振动，是一种物理能量，而适度的物理能量会引起人体组织细胞发生和谐共振现象，这种声波引起的共振现象，会直接影响人们的脑电波、心率、呼吸节奏等。当人处在优美悦耳的音乐环境中，可以改善神经系统、心血管系统、内分泌系统和消化系统的功能，促使人体分泌一种有利健康的活性物质。良性音乐能提高大脑皮层的兴奋性，可改善人的情绪，振奋人的精神。同时，有助于缓解心理、社会因素造成的紧张、焦虑、忧郁等不良心理状态。

音乐疗法是通过音乐和音乐活动来改变人的行为和心理状态的治疗方法。对于缓解工作疲劳，调整心态有明显的作用。

②音乐治疗的基本方法

尽量选择适合自己当时的情绪和欣赏水平的音乐。当希望自己的情绪镇静下来时，可以听如"春江花月夜"、"平沙落雁"等；当需要消除疲劳的时候，可以听"骄傲的步伐"、"假日的海滩"等；如果想能够暂时改善自己的低落情绪和疲劳的身心状态，可以听贝多芬的"悲怆"、"江河水"；如果自己的忧郁情绪得到了宣泄就可以听一些相对明朗轻快的乐曲，如"喜洋洋"、"春天来了"、"蓝色的多瑙河"；当需要振奋自己的精神的时候可以听"步步高""金蛇狂舞"等曲目。

在音乐治疗的时候也要注意，尽量学会去感受节奏，以及带给你的那种放松愉悦的情绪，努力去体会，这样能够使音乐治疗的效果更佳。

（3）倾诉感受，减轻压力

我们工作中的压力以及由此带来的疲劳，常常是由于我们把感情封闭

走
中浦院

领导心理调适案例

起来不向别人诉说而产生的。人的感情,无论是积极的还是消极的,都需要宣泄出来。一个漫画上,画了一个球迷在晚上看球。由于夜深人静,看到精彩处,也不能喊出声来,这使他很难受。为了表达他激动的心情,他就准备了一个写着"加油"两个字的牌子,每当进球时,他就把牌子拿出来,使劲举两下,来表达他兴奋的心情。这个做法可能听起来有些可笑,但是实际上,这个球迷很好地利用了一种叫做"精神宣泄"的方法来宣泄自己激动的情绪。医生常说,长年累月把感情埋在心里从不外露的人,最容易患心脏病和慢性疲劳综合症。要避免这种压力,应该建立一种乐于向周围人倾诉的习惯。对大多数人来说,配偶是最能跟自己交谈的人。选择跟谁诉说时,一定要找你可以与之推心置腹交谈的人。这个人不会因为你说的话而给你扣帽子,也不会把你的话拿来做不利于你的事情。虽然只是简单的倾诉,但对你缓解压力,消除生理和心理上的疲劳非常有效。

二 "三高"干部跳楼轻生

案例改编者:卢洪明
案例取材于真实人物
案例参考:http://www.sina.com.cn 2003 年 3 月 26 日《北京晚报》

案例介绍

事业上正在大展宏图的李某是黑龙江省牡丹江市的一位镇党委书记,正在北京某高校学习高级行政管理,却因为被检查出了高血脂、脂肪肝等疾病,于 2006 年 3 月 24 日凌晨从在京住所里跳楼身亡。

事发前,没有任何人发现李某情绪不正常。李某的同事告诉警方,3 月 23 日晚 11 时 20 分许,李某等 7 人从牡丹江乘飞机来到北京。准备在北京某著名高校学习高级行政管理,为期 3 个月。一行人于次日凌晨 1 时许住进了位于丰台方城园的驻京办事处。深夜 3 时,大家用餐、洗漱完毕后便回到 12 层各自的房间休息了,谁也没有发现他有什么异常表现。24 日早 7 时,同事去叫独住的李某吃早饭时,始终没有叫开他的门。大约 1 小时后,在多次敲门没有回应的情况下,同事们"捅"开了他的房门:首先进入大家视线的是李某床上的一大摊血迹,旁边还摆放着仅剩下几片"安定"的药瓶,房间内的窗子半开着 ⋯⋯待同事们探出身子往窗下一看,李某已坠落在二层楼的平台上。经公安机关现场勘查:李某属自杀身亡。

年仅 45 岁的李某是牡丹江某镇的党委书记,他当过中学教师、组织干部、镇长和镇党委书记,可说是年富力强,事业有成。他还有一个幸福美满的家庭。不过李某的同事也说,李某平时言语不多,内向、好静、胆子小。2002 年上半年单位组织体检时,他被查出患有高血压、高血脂、高血糖后,他经常念叨自己是"三高"干部,精神状态一直不太好。2003 年年初,就怕身体再出现问题的李某又被查出患有冠心病、胆囊息肉和脂肪肝,这对性格内向的李某来说无疑是雪上加霜。李某住院治疗半个多月出院后,背上了沉重的思想包袱,不但每天要靠"安定"、谷维素等药物维持睡眠,戒掉多年的烟酒也都捡了起来。最终,李某承受不住巨大的思想压力,选择了轻生之路。

相关知识链接

在领导者中,血压高、血脂高、血糖高的人为数不少,其中尤以高血压最为普遍,这里仅就高血压问题介绍一些相关知识。

何谓高血压

血压是由一个复杂的生理系统根据反馈原则来调节保持的。这个系统能够保持血流量与存血之间的平衡。当心脏向动脉输送血液时,会对血管壁产生压力,这就是血压。通常记录血压时有两个数据,较高的一个发生在心脏收缩时期,即收缩压,较低的一个出现在两次心跳之间的心脏舒张期,即舒张压。根据世界卫生组织(WHO)建议使用的血压标准是:正常成人血压标准为收缩压(高压)应 ≤140mmHg,舒张压(低压)≤90mmHg。如果成

走
中浦院

领导心理调适案例

人收缩压 ≥160mmHg,舒张压 ≥95mmHg 即可判定为高血压;血压值在上述两者之间,即收缩压在 141—159mmHg 之间,舒张压在 91—94mmHg 之间,为临界高血压。

高血压的主要表现

约5%的高血压患者并不知道自己患病,有的甚至要到发生了心脑血管意外之后才知道自己患有高血压。

大部分的高血压患者在血压升高早期能体会到一些轻微症状,如头痛、头晕、耳鸣、烦躁、工作和学习精力不易集中并容易疲劳。随着病情的发展,特别是出现一些明显的并发症时,如手指麻木和僵硬、下肢疼痛、颈背部肌肉酸痛紧张等。当出现心慌、气促、胸闷时表明心脏已受累,出现夜间尿频、尿多时表明肾脏受累。如果严重到突然出现神志不清、呼吸不规则、大小便失禁等则可能发生脑出血,要是出现一侧的肢体麻痹,就是有脑血栓形成的标志。

(1)高血压的主要危害

①对心脏的损害

由于血压升高,逐渐使冠状动脉发生粥样硬化,出现狭窄而发生冠心病,这样的病变是不可逆转的。其次由于血压长期升高,增加了左心室的负担。左心室逐渐肥厚、扩张,形成高血压性心脏病,逐渐导致左心室衰竭。

②对大脑的危害

高血压引起的脑血管疾病主要有脑出血、大脑梗塞等,其中脑出血是高血压晚期最常见的并发症,一般死亡率较高,且易遗留后遗症。

③对肾脏的危害

高血压对肾脏的影响是比较缓慢的,主要导致肾小动脉硬化、狭窄、肾脏萎缩,甚至发展成尿毒症,这时肾脏的损害将是不可逆转的。

④对眼底的危害

高血压发展到一定程度,视网膜动脉可能会出现痉挛性收缩,并进一步发生硬化。随着病情的发展视网膜可出血、渗出、水肿。时间长了,大量渗出物质就沉积在视膜网上导致视觉障碍。

高血压的易患人群

高血压具有患病率高、致残率高、死亡率高和自我知晓率低、合理用药率低、有效控制率低的"三高三低"特点,在下列几种情况下特别易患高血压。

情绪激动紧张,脾气暴躁,做事喜欢瞻前顾后、反复思虑又犹豫不决,从事脑力劳动的人,容易患高血压,而且这类人如患高血压,药物治疗疗效往往欠佳。

饮食缺少节制导致的肥胖容易引起高血压,而且也易导致冠心病、胆囊炎、关节炎等诸多全身性疾病。同时肥胖者多数胃口好,容易形成恶性循环。

饮食过咸会导致机体钠盐过多,血管阻力增加,心血管负担加大,促使血压升高。

吸咽是高血压、冠心病最危险的因素。长期吸烟可使心率增快,血压增高。

长期过量饮酒尤其是经常喝醉的人,常常合并高血压、肥胖、高血脂和高血糖。

生活懒散不喜运动,晚间不睡早晨不起,通宵达旦无节制娱乐的人,易患高血压。

从上面我们可以看出高血压的形成是与个体的生活方式密切联系的,因此改变不良的生活方式是预防和治疗高血压的根本办法。

高血压病的心理调适

高血压的危害性已经被越来越多的人认识到,但同时也使广大高血压患者的心理负担越来越重,在某种程度上,这种负担就会使病情恶化,因此在患了高血压后,最主要的是要调整自己的心态。

首先要避免背上心理包袱,有些患者发现一段时间血压升高后,思想负担加重,情绪变得不稳定,结果反而使血压增高;有的患者则变得消极沮丧,不愿按时服药,不肯配合治疗,等待"天堂的召唤"。虽然还没有根治高血压的方法,但若能在现有药物治疗的同时减少不必要的心理负担,改变生活方式,调整自己的心态,病情是可以缓解的。

其次要纠正猜疑心理,有的患者被确诊高血压后便把注意力集中在病情上,对这方面的问题神经过敏,老是猜疑血压是否上升;还有患者看了一些关于高血压病的科普读物,就把自己的个别症状以及身体的不适进行"对号入座",怀疑自己的病情在加重,甚至有点儿头晕头痛,便怀疑自己是不是中风了。有的患者猜疑过多,产生绝望情绪,往往借烟酒打发日子,使原本不太重的病情日趋加重。因此,要建立起积极客观的态度看待疾病,并转移注意力,逐步把血压降至正常范围或接近正常范围。

除了采取积极乐观的态度来对待疾病,还可以采用一些自助的心理调适方法来稳定和缓解高血压。

（1）自我催眠术

①基本原理

所谓催眠术是指在参加者自愿条件下,由专业的催眠师或医生采用刺激人的视觉、听觉、触觉等而引起的意识状态,此时只引起大脑皮层不完全抑制,参加者的思想和精力集中到某一点上,难以产生别的思维和感觉,因此特别容易接受催眠师的暗示,通过这种预先想好的某种事实或指令来影响参加者的行为和感觉、调整机体功能、释放情绪,解除病症等。

我们也可以借助一些具体的技术来进行自我催眠。从一定程度上说,大部分人都具有丰富的想象力和梦幻感,这就是自我催眠的"天赋"。因此只要能够具备一些基本的客观条件,我们就可以进行自我催眠。

（2）自我催眠的六个阶段

①第一阶段

我们期望通过这个阶段来放松胳膊的肌肉和神经,使过于紧张的心理处于自然、舒畅的状态。

采用的姿势主要为坐姿,在选择坐具的时候要避免较硬的椅子,长期坐在上面会导致腰酸背痛。坐的时候,两脚碰地,两手放在大腿上,但不能将两手合在一起,脚趾分开,脚后跟略微离地,然后放松全身。

保持这种姿势 1 分钟左右,并尽量排除脑子中的杂念,不管今天发生了什么事情,都不要去思考,努力保持"一片空白"。

在你感觉自己的心境处于相对平静的条件下时,就可以进行自我催眠了,你可以默默对自己说"我感觉手臂很沉",在对自己说的同时要用心去感受,如果你确实感到手臂很懒散,不能抬起来,那就说明你的第一步已经达到了,第一阶段就基本结束了,你可以慢慢睁开眼睛,坐在原地,感受四肢,并小幅度动一下,做几个深呼吸。

要注意的是如果自己确实没有"四肢沉重"的感受,也不用着急,你可以让自己的脑海中浮现一幅美丽的画面,直到自己放松为止。

②第二阶段

和第一阶段的步骤基本一致,但这阶段的主要目的是感受毛细血管血液运行状况,解除整个身体的紧张。

给自己的暗示语是"手臂感觉热乎乎的",过一段时间,你会感觉到自己双臂内的血液正在慢慢流动。这种感觉会随着时间延续而变得越加明显。

当你感觉自己的双臂正在变暖的时候,第二阶段就结束了,你可采用和第一阶段类似的方法醒来。

③第三阶段

这个阶段主要的目的是通过调整心脏的机能来消除紧张状态。

首先可以选择仰卧在床上,头枕着枕头,全身躺平,两腿适当松弛,全身放松。脚趾头呈 V 字形朝向外侧。手臂略弯曲,放在身体两侧,手心朝下,但手指不能碰到身体。由于这种姿势会和外界有较多接触,我们可以事先将周围环境布置好,尽量减少不必要的干扰。

调整好姿势以后,抬起右胳膊,手心朝下放在心脏上面,左手不动。闭上眼睛,将自己的注意力集中在心脏,在自己的脑海中想象出心脏跳动的样子,你会逐渐感受到心脏的跳动越加有力,这种力量会扩散到你的全身。

接下来你需要的是让心跳重新回到安静状态,此时你会感受到自己已经与心脏融为一体了。

慢慢地睁开眼睛,保持仰卧的姿势,将两腿慢慢地并拢,膝盖略微上抬,将右手放回原来的位置,并做深呼吸。两手用力,使上身保持慢慢支撑起来的姿势,然后坐立起来。

④第四阶段

这是相对比较简单的过程,目的是通过调整呼吸来解除身体的疲劳,强化上面几个阶段的联系,并在方法上组织化。

调整呼吸阶段对周围环境要求严格,最好是在一个相对安静的房间中独自进行。练习的姿势可以采用坐姿,具体方法与第一阶段一样,逐渐放松,慢慢闭上眼睛,开始自我催眠。你给自己的暗示是"呼吸轻轻松松的",在你的脑海中反复这样默念。

然后你会感受到心脏在舒缓地、慢慢地跳动,呼吸变慢。好像整个身体都在呼吸,你感到一种畅通、愉快,如果成功的话你会感受到自己的身体在起伏,并开始前后摇摆起来。

接近结束的时候,慢慢睁开眼睛,伸展手臂,并作深呼吸,此时你已经回到了现实中。

要注意的是不要要求自己去尽力呼吸,而是"轻松呼吸",如果感受不到呼吸的放松的话,可以采用数数的方法"1、2……",跟着呼吸数数。

⑤第五阶段

主要是通过温暖身体内部的神经纤维,调整内脏器官的机能,保持身心安静。

首先选择一把舒适的椅子坐下,上身保持竖直。两脚舒适地平放在地上,左手放在膝盖上,眼睛可以睁着。将右手放在胸骨与肚脐的中间,但并不接触身体,手心必须离开身体3厘米左右。然后想象"从你的手心射出温暖的光线,照在你的腹部,腹部变得温暖,光线照透了身体的深部,热量穿透了衣服和皮肤,往更深的部位照去……"

经过上述的多次练习你会很快把握你腹部的神经纤维的位置,这样在接下来的自我催眠中你就不必将手放在腹部;如果你还是不能很好地把握神经纤维的位置,你可以用"胃热热"的暗示来代替。

第五阶段对感受的要求相对比较高,因此需要坚持练习,直到你感受到"胃部热热的"为止。

然后使用类似上述几个阶段的方法醒来。

⑥第六阶段

这个阶段的主要目的是通过练习使额头变凉,对大脑的机能产生很好的效果。

首先采用仰卧的姿势躺下,用类似第三阶段的方法使自己平静下来,对自己的身体进行暗示"额头凉凉的,热量从额头逃走了"。然后你可以想象自己在湖面上泛舟,不时有风从你身上吹过,把你内心的焦虑、不安、恐惧都带走了。当你真正感受到了额头的清凉,大脑被彻底清洗了一样爽朗,这时你就该醒了。

(2)生物反馈治疗

①基本原理

"反馈"在心理学上是指对自己行为结果的了解,神经学上是指大脑中枢根据来自神经末梢感受器的传入冲动,调整身体运动器官的活动与动作。生物反馈是在电子仪器帮助下,将我们身体内部的生理过程、生物活动加以放大,放大后的身体信息以视觉或听觉形式呈现出来,使主体得以了解自身的机体状态,并学会在一定程度上随意地控制和矫正不正常的生理变化。

生物反馈像打字、打球一样,是一种学习过程。利用生物反馈技术控制某一生理活动的过程是一个学习过程。患者必须了解生物反馈的原理、仪器的使用方法、视觉形式或听觉形式反馈信号的意义,必须坚持练习,探索学习成功的经验、失败的原因。例如,高血压患者从医生讲解示范知道:血压仪能够准确测量血压状况。那么就可用放松、想象等方法探索降低血压的可能性,通过多次尝试学习,找到一种最适合自己的控制血压方法。同样,通过多次尝试练习,可以找到血压升高时细微的身体感受变化,以便平时血压升高时不用仪器也能立即觉察,设法降压。

生物反馈仪不能直接治病,它只是告诉你身体的状态,改变或维持这种状态要病人自己寻找适当的方法。血压反馈训练可以使高血压患者觉察和控制自己的血压,使得高血压病情得到缓解。

②基本过程

在非常安静、光线柔和、温度26℃左右的房间内,坐在一张有扶手的靠椅、沙发或是呈45°角的躺椅上,解松紧束衣物,换穿便鞋,坐时双腿分开,以免受压。软垫宽椅使感觉舒服,最好能有靠垫。

第一次治疗与以后每次治疗前的 5 分钟,用血压计记录自己的血压状况。训练自己收缩与放松前臂肌肉,训练面部肌肉活动,抬额、皱眉、咬牙、张嘴,然后一一放松,观察血压计上显示数字的变化方向。

给自己增加精神负荷,如连续计算 100 - 7,回忆经历过的痛苦经历,观察血压计的变化。

逐渐放松全身肌肉,依次为上肢、下肢、躯干(腹部、腰部、肩背部)、颈部、面部肌肉。首先作收缩与放松交替的练习,最后作全身肌肉放松练习。同时呼吸要求自然、缓慢、均匀。尽量保持头脑清静。排除杂念,不考虑任何问题,使自己处于旁观者的地位,观察头脑中自发地涌现什么思想,出现什么情绪。

我们可以根据自己的实际情况并结合医生的建议给自己设定合理的降压目标,一达到目标就可以给自己一定的奖励,也可以由家人来监督。

在没有仪器监测的情况下,要求病人每日做"家庭作业",在比较方便时(如中午、晚上睡觉前或清晨)自己练习,每次 10—30 分钟,每日 1—2 次,并持之以恒,连续 3 个月到半年,一般都会有比较明显的效果。

在治疗前、治疗过程中与治疗结束后,可以由家人填写记录单,自己填症状变化量表,这样可做出对比,确定有无疗效。

三 | **失眠的心理调适**

案例改编者:卢洪明

案例取材于真实人物

案例参考:http://www.crt.com.cn/mzd/news/26/200491394906.htm

◢ **毛泽东的安眠药**

安眠药在毛泽东的一生中扮演着相当重要的角色。在延安工作时期,繁重的领导工作使他的神经常常处于高度紧张状态,那段时间的工作和生活使他逐渐养成了白天睡觉而晚上工作的独特习惯。毛泽东经常处于失眠状态,只有借助安眠药才能维持基本睡眠,但当时的延安并不生产安眠药,安眠药大多来自"国统区"或者从战场上获得,这种来源缺乏保障。据卫士李银桥回忆,毛泽东在指挥沙家店、蟠龙等战役的时候,只好拿白酒或白兰地来代替安眠药。毛泽东酒量不大,尤其是白酒,几乎从不喝,有时被逼无奈,偶尔喝上一小口,也会面红耳赤;如果喝上一小杯,那很快就会迷迷糊糊,于是工作人员在缺乏安眠药的时候就用白酒代替。

1949年,毛泽东进入北平,面对新成立的人民共和国,他兴奋无比,同时,国事、党务也更加繁忙,他经常通宵达旦地工作,短短几小时的睡眠完全由安眠药来维持,但是安眠药物具有一定的副作用,极易成瘾成癖,他身边的保健人员必须限制用量和使用频率。因此,只有在保健人员亲自监督下毛泽东才能服用安眠药。

服用安眠药对于毛泽东来说是个不是办法的办法。人们为此时常忧心忡忡,生怕时间久了会出麻烦,也有人采用睡前听音乐的办法帮助毛泽东睡眠,但效果不理想。抗美援朝期间,因为工作繁忙,同时也是因为长期服药产生的抗药性,毛泽东按常规服用一次安眠药后根本无法入睡,只得加量。毛泽东为此十分苦恼。保健人员也无可奈何,他们总不能让他无节制地服用。

保健人员建议他在工作后出门散散步、打打球,然后再睡觉。毛泽东半信半疑,笑着问:"这管用吗?"但他还是听从劝告,试上一试。不过,他在运动后又有了精神,一般还会继续工作一段时间。这样,运动对他的睡眠也就不会起多大的作用了。

后来,保健人员又想出了一个可以改善睡眠质量的办法,那就是在毛泽东睡前为他做按摩。他们请来了一位专业的护理师当教员,这个专家叫王力,毛泽东身边工作人员都从他那里学到一手按摩功夫。自从卫士们为毛泽东按摩以来,他确实容易入睡了,他对安眠药的依赖性便随之下降。按摩成了毛泽东日常生活中一项重要内容,卫士们常常坐在他那张大木床上为他按摩,直到他在安眠药的辅助下安然入睡。

　　毛泽东服安眠药的时间一般在"晚餐"之前,不过他的就餐时间与众不同,"晚餐"是别人的早餐,一般在早上八九点钟开始。在卫士的帮助下,毛泽东先服用安眠药,然后坐在床沿上,等候卫士们送来饭菜。卫士将饭篮提进卧室,简单的四菜一汤端上桌,毛泽东便开始用餐。这时,经常可以听到毛泽东卧室里清脆而有节奏的"咚咚"声,这是毛泽东自己敲打出来的声音。每次吃饭,他的双脚总是有节奏地拍地面。卫士们对此感到不理解,便问他:"主席,你为什么每次用饭都要踏地呢?"毛泽东笑着说:"这是在抓紧时间搞运动,活动一下筋骨,帮助消化嘛。"毛泽东还为这种有些特别的运动起了一个动听的名字:"擂鼓"。后来,工作人员就专门设计了一种有木踏板的小木桌,踏板离地面几公分,呈 30°角倾斜,这样,踏上去就比原来舒服多了,从此以后,毛泽东"擂鼓"的声音就更大了。

　　毛泽东"擂鼓"完后立刻上床准备睡觉。此时,如果安眠药还没发挥作用,他就不会马上躺下睡,而是从床的另一边拿过书来,一边让卫士给他按摩,一边读书,直到昏昏欲睡为止。这是毛泽东每天必做的事情。他身边的工作人员也逐渐对这种独特的音乐熟悉起来,要是哪一天没有听到"擂鼓"声,反而心里不踏实。

　　毛泽东服用安眠药后勉强入了睡,但室内外的任何一点声响都会惊醒他。新中国成立后毛泽东对居处的唯一要求就是周围保持绝对安静。卫士们在毛泽东入睡后都保持安静,不随便走动,更不能咳嗽,都希望毛泽东能在十七八个小时的工作后多睡一会儿。卫士们常常要在大白天赶鸟。中南海树木茂盛,是鸟类栖息的理想天堂,这些鸟类在丰泽园高大的榕树、槐树上叫个不停,严重干扰着毛泽东的休息。卫士们赶鸟特别辛苦,他们不能喊叫,只能用长竿赶鸟。赶鸟时的动作还不能太重,重了会使鸟叫个不停。

　　周恩来总理曾和政治局的同志们专门进行讨论,规定在毛泽东入睡后不得打扰,除非万不得已,因此即使是周恩来本人,有急事找毛泽东商量,如果遇上他正在睡觉,也会在客厅里安静等候,对毛泽东来说,一个好觉真的很难得。

　　对服用安眠药这件事,毛泽东本人也无可奈何,但是又不得不服用。有时遇上特别心烦急躁的事,还得加大剂量才能保证睡眠。1959 年,中共中央政治局在庐山召开扩大会议,会议最后一天,毛泽东收到彭德怀写的"万言书",由于问题涉及"大跃进"以来的党的路线和方针政策问题,毛泽东心中很难平静下来。这天晚上,他连服了三次安眠药也睡不着。在庐山会议期间,毛泽东也曾特意安排与前妻贺子珍见面。当时,贺子珍正在南昌休养,新中国成立后难以见上毛泽东一面,当她在毛泽东卧室见到瓶装安眠药时,感到十分担心,她对毛泽东说:"这种药吃多了对身体不好,千万不要多吃。"她还将毛泽东的这瓶安眠药偷偷地拿走了。

📖 相关知识链接

何谓失眠

失眠是睡眠障碍中最常见的一种,又叫睡眠开始及睡眠维持障碍,指的是入睡困难,睡眠中易醒及早醒,睡眠质量低下,睡眠时间明显减少,整夜不眠。长期失眠会引起一系列临床症状,进而诱发一些身心疾病,有的人一整夜在床上辗转反侧,难以入睡,各种办法用尽还是无法奏效,只好一小时一小时地熬下去,没有人能帮上忙,一想到第二天的工作或学习,一想到第二天又要头晕眼花、萎靡不振、困倦乏力,一想到这样下去会影响自己的身体、家庭、工作和前途,一种难言之苦,孤独失落之感便会袭上心头。失眠的痛苦只有自己最清楚,别人不太理解,有时连医生也不太重视患者的痛苦。

失眠最明显的表现:

①入睡困难,上床很难马上睡着;

②睡不安稳,噩梦频频、容易惊醒;

③早醒,醒后不能马上入睡;

④睡眠质量差,醒后感到疲乏;

⑤虽能入睡,却自觉整夜未睡好。

睡眠质量自我评价

您的睡眠情况怎样,回答下面几个简单的问题就可以初步了解。下面10个问题的答案有四种:A 经常;B 有时;C 很少;D 从未。

①睡眠时间很不规律,不能按时上床睡眠。

②工作或娱乐至深夜。

③躺在床上脑子里全是白天见过的人和发生的事,难以入睡。

④入睡后稍有动静就能知道。

⑤整夜做梦,醒来时觉得很累。

⑥很早就醒来,而且再也睡不着了。

⑦有点不顺心的事就彻夜难眠。

⑧换个地方就难以入睡。

⑨一上夜班就睡眠不好。

⑩使用安眠药才能安然入睡。

选中 A 记 5 分,B 记 2 分,C 记 1 分,D 记 0 分。

如果您的总分在 20 分以上为严重睡眠障碍。总分在 5—20 分说明您的睡眠质量比较差。5 分以下(没有 A 项)说明您的睡眠质量良好。

失眠的主要原因

引起失眠的原因有很多,主要的有以下几种:

①心理因素:睡觉前正考虑某些问题,放不下工作中生活中的事情;常担心自己睡不着,这样的担心最妨碍入眠;还有的人害怕黑暗、害怕噩梦、害怕睡过去不会醒来,等等,这些都会引起睡前的过度兴奋从而妨碍入睡。

②睡眠环境因素:有的人只习惯在自己熟悉的环境中睡眠,换间房、换张床便睡不着。老年人对环境改变的适应能力往往更差。噪音、强光、寒冷、炎热、床铺不舒适等客观因素都会影响睡眠。

③昼夜生活节奏的紊乱:乘飞机作长途旅行,时差的改变会使睡眠节奏紊乱,导致失眠。有的人突然改上夜班,白天休息,可能就会导致睡眠问题,需要较长时间的适应。个体的生物钟与生活的节奏不合拍是失眠的原因之一。

④梦的影响:当我们从印象深刻特别是噩梦中醒来时,情绪往往久久不

得平复,使得难以再次入睡。

⑤药物和酒的影响:对镇静催眠药物发生依赖现象的人常有顽固的睡眠障碍,药物剂量越用越大,停药或减药时便出现极显著的失眠。例如人到中年以后,对咖啡因非常敏感,可能在他年轻时便养成了喝咖啡的习惯,当时并不影响睡眠,但到中年以后,失眠便会显著起来。其次酒作为大脑皮层抑制剂常被当作催眠药物服用,好些人睡不着觉时便喝点酒,可是这样的睡眠有时不太舒服,一段时间后可能在兴奋状态中醒转,而且长期饮酒者对酒精发生一定依赖以后,一旦不喝便可能发生失眠。

⑥其他的各种躯体疾病:躯体疾病在一定程度上都可能妨碍睡眠。溃疡病患者的疼痛常常在深夜发作;心绞痛也多在睡梦中发作;甲状腺机能亢进的病人常于睡梦中惊醒,心悸、恐惧、出汗;糖尿病患者夜间尿多,常常起床小便,无法睡得安稳。其他如哮喘病、关节炎、任何疼痛、瘙痒、腹胀、便秘等均能引起失眠。

领导者作为一个特殊的人群,承受着来自各个方面的压力。各地区、各系统、各行业、各单位,你追我赶发展经济的竞拼,社会效益、经济效益及GDP 的评比排名次,个人升迁与实际绩效相挂钩等,增大了领导者"发展与责任"的压力;在发展与责任的压力之外,领导者还要分出相当大的一部分时间和精力来应对人际关系的压力;在社会上种种人际关系的交往中,还要克服和抵御因利欲诱惑而产生的心理困惑,这种诱惑的压力也能够折磨人的心灵;领导者作为"人",也有家庭,也有妻子儿女,由于他们必须把大量的时间和精力投入到工作和应酬中,无暇顾及家庭成员的感情,影响对孩子的关爱和教育,从而使一些干部在内心里有一种愧疚感,导致在家庭关系中产生不和谐,甚至出现一定的危机。以上所述的种种压力都会直接或间接地导致广大领导干部的心理问题,而睡眠障碍则是重要表现之一。

❸ 失眠的心理调适

失眠患者中的大多数是由心理因素引起的,采用一定的心理调适方法能够很好地缓解甚至克服失眠。

（1）气功

①基本原理

气功是以中医经络学、气血学与穴位学为理论基础,用个体的自我意识对机体进行调节的方法,目的是希望达到松弛身体,宁静思绪,改善自身的生理机能与心理状态,促进生理与心理健康。

气功主要通过对人体的"精、气、神"的自我锻炼,运行气血,协调脏腑,活络筋骨,达到调整身心的目的。气功锻炼强调的基本原则是"松、静、自然",松指的是躯体和精神的放松;静是指保持思绪的安静,不胡思乱想,或者将自己的注意力集中在一个积极的点上;自然是指正确的姿势,思想愉快自然,同时呼吸也保持细匀自然。

练习气功主要有以下一些具体的修炼方法和途径:静功是指在练功时肢体不进行运动的练功方法,主要通过身体和精神的入静让人体进行自动地平衡调整;意功是指通过意守心神或用意念引导气血按一定的规律运行,而达到对系统和人体的平衡调整;观功则是通过观察某些人、物,达到对人体系统平衡的调整;动功是通过一系列程序性动作,引导气血按一定的规律运行,而达到对系统的平衡和调整。不管什么功法,都是要对肉体和精神进行系统的平衡和调整。

气功疗法治疗失眠症的作用主要有以下几个方面:①气功能够使大脑皮层处于抑制状态,有利于脑细胞的修复,纠正神经系统的紊乱,使大脑皮质和皮下各级生命中枢,处于最佳的协调状态;②练功时,身体的耗氧量和能量代谢率减少,有助于减少体耗,重新积聚精力;③在练功时,肢体肌肉、关节完全放松,来自这些部位的内激感减少从而降低丘脑下部和内脏交感神经的反应;④通过一些特殊的暗示方法,可以使人学会控制诸如心率、血压等内部机能活动;⑤练功可抗衰老、增强机体的免疫功能,在抗衰防病的同时,对睡眠也具有很好的调整作用。

②具体步骤

气功是由调身(姿势),调心(入静)和调息(呼吸)三部分组成的,下面主要以静功为例来说明具体步骤。

1)调身主要是让身体保持自然,这是气功呼吸的前提条件,可以采用如下的方法。

a. 坐式:端坐在方凳或椅子上,身体端正自然,头正直或微向前俯,含胸挺背,沉肩,两手放在大腿上,两腿平行分开,屈膝成90°,两膝相距与肩同宽,两脚平放地上,眼睑自然下垂微闭,口轻合,在全身完全放松时,即可进入练功状态。

b. 仰卧式:仰卧床上,枕头高低以舒适为度,头应端正平直,两臂舒展放在身旁,双腿自然伸直,两眼轻轻闭合,口唇自然合拢,上下牙齿轻轻接触,舌尖舐住上腭,全身放松,用意念将气引至丹田。

c. 侧卧式:侧卧在木板床上,头枕平,上身保持笔直,上面的腿弯曲放在下面腿的上面,上面的手臂放在臀部,下面的手放在枕头上,手心向上。

d. 站式:两腿分开与肩齐宽,膝盖微微弯曲,脚尖稍稍向内,含胸挺腰,将两臂抬至与肩齐平,两手相距1尺,手心相对,两手指屈曲如握球状,眼睛和嘴巴微闭。

2) 调心主要是使心理入静,无杂念,对外界刺激的感觉减弱,这是最基本的功夫 。

a. 随息法:将自己的注意力集中在呼吸上,只留意腹部呼吸的起伏,但不对呼吸进行调整和控制。

b. 数息法:在练习气功的时候,默数呼吸的次数,数到心中的任何杂念都排除,意识中只有呼吸为止,这样就可以自然安睡。

c. 默念法:反复默念某一个字词,以此来代替其他的念头,帮助调心。

3) 调息就是调整呼吸,是气功疗法的一个重要环节。

a. 呼吸法:吸气的时候隔肌下降,腹部外凸;呼气的时候隔肌上升,腹部内凹,经过锻炼,可以逐渐变胸式呼吸为腹式呼吸。

b. 鼻吸口呼法:用鼻子吸气,用口呼气。

c. 气通任督脉法:用鼻吸气,以意领气,想象气到脐部丹田,然后下行至会阴;呼气时以意领气,想象气由会阴沿着脊柱至百会(头顶),由鼻呼出。

③要注意的方面

第一,要选择适宜的练功场所。环境安静对初学者非常重要,在室外练功,最好能选择树林、草坪、花圃等空气新鲜的地方;在室内练功,也应保持空气流通。练功场所的光线宜暗些,有利于较快入静。

第二,练功前要摆脱烦恼,心情愉快。在练功前 20 分钟即应停止较剧烈的体力和脑力活动,以保证练功时全身肌肉放松、心情平静,有益于调整呼吸和入静。

第三,要注意练功的次数和时间。初学者每天宜练一次,练习 10—15 分钟即可;练功熟练者,可增加一次练功时间,每次延长到 20—30 分钟。

第四,在练功期间,生活要有规律,饮食上可适当增加营养,去掉烟酒嗜好。练功完毕后,不要匆忙站起,应该先用两手擦面,轻轻揉揉两眼,然后再缓缓起立,活动活动四肢。但要注意的是在饥饿和饱食之后,都不宜练功;发热、腹泻、重感冒或身体过度疲劳时,均应暂停练功。

(2)自我按摩法

①基本原理

自我按摩疗法的主要原理是通过按摩反射性地影响神经中枢的功能,使头昏、失眠、多梦等不适症状得到改善,按摩还能起到舒筋活血、通利关节的作用。

②几种简单的自我按摩方法

头部按摩:晚上睡觉前半小时先把双手搓热,然后将两个手掌贴在头上,两手的中指从迎香穴,向上推至发际,经睛明、攒竹等穴位,然后两手分开向两侧至额角向下行,食指则通过耳门返回到起点,如此反复按摩 30 次左右。

胸部按摩:将两腿盘起,用右手平贴在右肋部分,向左上方按摩至左肩部,共 30 次;然后左手平贴,自左肋部搓至右肩部,共 30 次。

腹部按摩:将两腿盘起,将其中一手掌叠放在另一手掌上,按住腹部,以肚脐为中心,先顺时针方向揉腹 30 次,再逆时针方向揉腹 30 次。

腰部按摩:取盘膝坐位,两手叉腰(四指向后)沿脊柱旁自上而下抹至臀部,共 30 次,如发现有压痛点,可用手指按压 20—30 秒钟。

膝部按摩:端坐在椅子上,将两手按在两膝膑骨上,由外向内揉动 30 次,然后再由内向外揉动 30 次。

脚掌按摩:取坐位,左手握住左踝关节,右手来回搓左脚掌前半部 30

次,然后右手握右踝关节,左手搓右脚掌 30 次。

(3)逆向导眠法

有些人可能是因为思维杂乱而无法安静入睡,对这种人可采取逆向导眠法。就寝后,不是努力去入睡,而是舒坦地躺着,想一些过去经历过的愉快事件,并沉浸在幸福的回忆之中,要是因杂念太多难以入眠,就不要刻意去控制杂念,反而就着"杂念"去编一些奇怪的故事,而故事情节能够使自己感到身心愉快,故事的篇幅编得越长越好。有研究表明这些有意回想与"编故事"既可消除患者对"失眠"的恐惧,也可因大脑皮层正常的兴奋疲劳而转入保护性抑制状态,促进自然入眠。

第六部分　家庭篇

背景知识

家庭是一个人一生中与他人接触最早,关系维持最久,也是最错综复杂的社会生活单位。拥有幸福的家庭生活是每一个人的追求。家庭生活是否幸福,除了要有一定的物质基础以外,关键的就是建立和谐的家庭人际关系。一个人自出生后,一方面在物质上靠家庭维持生命的成长,另一方面在精神上靠家庭帮助心理的发展,家庭的社会化功能教导儿童学习生存及生活的技能,也提供给个人情绪上的支持与安全感。

现代婚姻里,情感关系被强化了,由于现代人逐渐不再因父母之命、社会舆论或生活压力而结婚,而是趋向于为了个人的满足及情绪的安全而结合。人们期望通过它来满足个人心理上被爱、爱人,以及有所归属和生理上性的需要。

领导者在生活中也有作为普通家庭成员的一面。常人所面临的家庭心理问题也是领导者个人发展的课题之一。而众所周知,处于"领导者"这一特定的社会角色的人,在工作上有不同于一般人的权力与责任,在家庭生活中也难免会面临一些特殊问题。比如,领导者在家庭处理事务时,其自我角色期待、家庭成员对他的期待,都往往会有别于对非领导者的期待。这都会对领导者造成一定的心理压力。可以说,保持良好的家庭关系,对领导者的身心健康有着重要的意义。

◪ 健康家庭的基本特征

什么样的家庭才是一个健康的家庭?从心理学的角度看,一个健康的家庭应具备以下几个方面的特征:

(1)家庭成员对家庭能认同、有默契与承诺

一个健康家庭的成员之间是互相合作、鼓励与支持,并且重视家庭生活的。一个健康的家庭,有共同目标,由家庭成员共同来拟定;家庭目标并非一成不变,而是具有弹性,能根据外在环境的变化适当修正。对目标的实现,家庭成员心灵上能彼此默契,行动上努力合作。健康的家庭,其成员彼此互相信任,并对自己的家庭感到骄傲。

（2）家庭成员互相接纳、尊重、欣赏、赞美与鼓励

正如心理学家弗洛姆所说的那样:"假如没有尊重,那么责任有可能蜕变为支配和占有。尊重不是害怕和畏惧……它表明要按其本来面目发现一个人,认识其独特个性。"①健康的家庭,其成员在认知上彼此承认个别差异,在情感上有一种内在的亲近感,无条件地彼此互相接纳并互相尊重。而相互欣赏和鼓励是婚姻的润滑剂,可以说,欣赏对方的优点就是带给自己的快乐。

（3）家庭成员之间有良好的沟通方式

健康的家庭中,每个成员都具有倾听对方说话与理解对方的修养。不健康的家庭,往往在沟通时有"当耳边风"或"对牛弹琴"的现象。当然健康家庭并不是绝对没有冲突、抗衡或争吵,而是他们强调解决冲突的方法,彼此都有选择的余地。健康的家庭强调夫妻间平等的关系。

良好的沟通不仅传达信息,而且对信息做出反应。沟通的内容包括非口语式的信息。健康的家庭允许成员们自由地表达喜怒哀乐。在健康的家庭中,家人们能自由地表达他们的意见,而不必担心将被责备、讥笑或阻止,但是,健康家庭沟通时也注意到表达情意的用词,注意到"说者无意,听者有心"的后果。

（4）注重安排家人团聚的时间与共同的家庭活动

无论多么忙碌,一个健康的家庭应该控制时间,而不被时间所控制,并设法安排家庭时间。这种家庭聚会并非偶然发生,而是有计划地进行。例如:参加社会活动、打扫卫生、做饭、一起用餐或家庭旅行等等。健康的家庭,提供成员们情绪上的支持及安全感的保证。

（5）健康的家庭具有应对困难的有效机制

每个家庭都有其独特的困扰,也就是所谓"家家有本难念的经",领导者

---

① ［美］埃里希·弗洛姆著,刘福堂译:《爱的艺术》,安徽文艺出版社1987版,第23页。

的家庭也不例外。只不过有的人能够有效解决问题或面对压力,他们能认识困境,进一步同心协力,有创造性、有系统、理智地克服困难,在困境中家人能做到同舟共济,彼此支持与鼓励。健康的家庭,在面对困难时,善用支持系统。家庭成员共同讨论并确定出新的家庭规则,态度倾向于解决问题而不是互相指责。

◢ 夫妻关系的心理调适

(1)影响夫妻关系的四大因素

夫妻关系是家庭关系的基础和核心,而夫妻关系的处理是一门艺术。让我们先来分析一下影响领导者夫妻关系的主要因素。

①理想与现实的冲突

许多婚姻问题都是由夫妇双方的期待和生活的现实相冲突而显现出来的。人们往往对婚姻期待得太多,如:爱情、温暖、相伴等。婚姻并不是双双走向浪漫世界的通行证,而是充满琐碎家事、要劳神费心的,必须有负责任的行动表现。而所有这些方面,都要与身居领导要职的人争时间、争精力。领导者在工作等方面表现出比一般人更高的处事能力,其伴侣会不由自主地期望他(她)在处理家庭事务方面也有良好的表现,如果发现由于种种原因难以如愿,则难免会有失落与埋怨。

②双方生活习惯的不同

婚后的头几年也是夫妻之间互相适应不同个人习惯的时期。"你越是注意这些讨厌的习惯,它们就越是显得讨厌"。一个做妻子的这样说:"最好的办法是不要去介意它们"。事实上,对方的毛病往往是我们所喜爱的气质中的一部分。一个人也许会忽略付账,或者把住宅弄得乱七八糟,但他也可能是个随和、乐观、幽默风趣的人。

③金钱的掌管与使用问题

身为领导者往往在单位拥有相当的权力,不少领导者是单位经费签字的"一支笔",而在家中却不能简单地套用工作中的准则与习惯。在夫妻纠纷中,几乎大部分都集中在经济问题上。人们对待金钱的态度往往受原生家庭的影响。如果妻子在出嫁前总是见到父亲掌管财务,便会把管钱当作丈夫理所当然的工作,尽管可能她在这方面比丈夫更胜任。而有的家庭,妻子来自生活优裕的大户人家,而丈夫则来自经济拮据的穷家小户,不言而喻,他们用钱的方式是不同的。

④中年期不平衡的夫妻关系

现在,人们经常见到妇女对充当内助角色感到不满,并且想方设法发挥自己的潜在才能,然而有些做丈夫的对妻子独立自主的愿望深为恐惧,妻子决定外出就业,或者为从事一项责任重大的事业而学习,都会遭到他们的竭力反对,同时他们还不停地嘲笑妻子发展自己思想和爱好的打算。

位于领导者地位的中年人,在夫妻关系上,夫妻双方发展的不平衡可能会比一般家庭表现得更加突出。做领导的丈夫也许会在事业上突飞猛进,或者迷上了妻子分享不了的新的乐趣;或者,处于领导地位的妻子也许会变得更为自信,更加成熟,并且具有自己的新的追求。这样,原来的夫妻就会渐渐发现互相之间的距离越来越远了。要解决这一"角色不平衡",需要耐心、理解和大量诚恳的交谈。

(2)成功的夫妻关系应具备的条件

成功的婚姻是每个人所期望的,但怎样的婚姻才算是成功呢? 要如何才能塑造成功的婚姻呢?

①成熟的个性是先决条件

如果两人在婚姻生活中,不了解自己与对方,不能接纳对方甚至包括对方的家庭,即使最初感情良好,后来也容易使婚姻出现裂痕。而对具有成熟的个性的夫妻,即使感情方面有些波折,也会较好地将不利因素及时"消化",或进而转化为能量。婚姻中两个来自不同背景不同个性的人,要朝夕长久相处,冲突是难免的,成熟的爱可以化解与包容对方,让彼此间的冲突变成创造和发展婚姻生活的动力,激励两个人共同成长。

在成熟的关系中,双方互相尊重,并拥有适当的自由空间。婚姻是共同创造和共同生活,这中间却也不能失去自我。因而婚姻就好像是两个相交的圆,其中交错部分代表两人共创的家庭,另外分开的部分,代表容许自我发展的空间。

②夫妻关系是动态关系，两个人必须不断相互适应

许多人认为婚姻的诺言是一生的信守，一旦两情相悦，就应永远保持这种美好的状态。但事实上个人的内在、外在条件总会随着时间而改变，如观念、环境、收入、家庭成员等，都会有变化。当变化发生时，共同生活在一起的两个人如果没有保持良好的沟通，就容易产生彼此的差距，造成彼此间的冲突。因此，在婚姻中两个人共同成长，使两人的精神与心灵相通，是非常重要的。

婚姻专家研究发现，结婚七年左右，离婚或婚姻不和谐现象陡增。七年前抱得的美妇，经过几千个日月的耳鬓厮磨，美人变成了糟糠；多年前嫁得的如意郎君，经过七年层层的盘剥，白马王子成了陋习难改的眼中钉子；曾经是花前月下浪漫牵手的一对，现在却为了鸡毛蒜皮的小事成了吵架对手。

婚姻发痒并不可怕，无论当初多么令你怦然心动，等到夫妻朝夕相处时间长了，感情就会平淡。那种用逃避来止痒的方法显然无法治本。有人打过这样一个生动的比喻：如果平时不审视自己，懒得给婚姻做卫生，一旦婚姻的皮肤有了问题痒得难受，有人就索性把整张皮肤一起换掉，既不用抓，又不用挠，更不用花时间去洗澡。只可惜这样的"换肤手术"代价太贵。而只要态度不变，下面的问题依旧，当"七年之痒"再一次降临时，会演变成另一次"七年之悲"。

所以，解决七年之痒的关键还在于我们怎样来看待爱情和婚姻的关系。婚姻需要男女双方日常的管理和维护。夫妇必须经常在感情的"土壤"上施肥加水，使婚姻的根基越扎越深。感情上的相互理解和沟通极其重要、必不可少。其实这也不难做到，有时简单到一方只需要另一方身体上的接触，如握手或拥抱，有时只希望另一方能带着同情心听听自己说的心里话。

③拥有和谐的性生活

爱情含有三要素，婚姻亦是如此，即承诺、亲密与激情。彼此忠诚，有情绪上的安全，即为承诺；生活中互相帮助、尊重、沟通，即达到亲密的程度；而性亲密即是激情。现代社会已经开始注重加强对准备结婚和已婚的青年进行性教育。性生活是夫妻生活的重要内容，也是夫妻关系是否和谐的重要因素。据国外有关研究报导，享受到较高或很高性满足的女子，认为她们的

婚姻是幸福和非常幸福的占79%，一般的占16%，认为不幸福的仅占5%。而性满足程度较低的女子，认为她们的婚姻是幸福的和非常幸福的占36%，一般的占43%，不幸福的占21%。可见性生活的和谐对于良好夫妻关系的建立与维持起着重要的作用。

然而由于文化传统的原因，很多人即使是结婚以后，即使是在夫妻之间，对性关系也往往是只做不说，很少去表达自己的感受。现代由于要注意的事情太多，注意力分散，这些都有可能造成夫妻之间的疏离、缺乏沟通、性生活公式化、太平淡。

影响性生活和谐的因素有很多。一般来说，婚内性问题可分为两类情况①：一是性功能障碍，一般指不能完成夫妇之间的性活动；二是对性活动的次数和方式存在分歧。如有的人认为夫妻日常生活关系要好，性生活不一定要多，但性生活质量要好，也有的人认为性和爱是有区别的，不一定要完全合拍。在这种情况下，对合适的、理想的性交次数和方式存在分歧是常见的。夫妻之间沟通缺乏是性不和谐的主要原因之一。

专栏：

男性性功能障碍及其心理因素分析

男性中，常见的性功能障碍主要有：阳痿、早泄或迟泄。女性中，常见的有性冷淡，性交疼痛、性感不足等。男性的性功能障碍绝大多数是以心理状态为基础的，即便是因生殖器官发育异常、病变，以及生理生化反应失常而引起的性功能障碍也仍有心理因素的作用。

阳痿，指男子有性要求，甚至有较强的性欲和性冲动，但阴茎不能勃起或勃起不够，无法正常性生活。产生阳痿的心理因素一般有：（1）性交的恐惧感。（2）怀有错误的性交观念，如错误地认为射精会伤元气等。（3）有自慰习惯，并内心负疚，自我暗示会阳痿，结果暗示收效。（4）夫妻之间感情淡薄或存有猜疑。（5）性交环境不利，如几代同堂而居，深怕性交为别人所知。

---

① 〔美〕维恩·维顿著，陈耀南、邵斌、曾钫译：《爱、婚姻和死亡——心理学在现代生活中的应用》，北京出版社1989年版，第230页。

（6）害怕由于性交失败引起女方不满，或女方因没有性的满足而责备；早泄，指射精过早，通常表现为尚未性交或刚刚性交就已射精。导致早泄的主要心理因素有：（1）过度的性冲动，使射精中枢过度兴奋而导致早泄。（2）纵欲过度。（3）过分担心会早泄，结果自我暗示奏效；迟泄，通常指阴茎进入阴道后 45 分钟尚不能射精。产生迟泄的心理因素主要有：（1）害怕泄精后女方受孕。（2）夫妻感情不和，性交是强迫性的。（3）纵欲过度。

女性的性功能障碍及其心理因素分析

女性的性功能障碍主要是性冷淡。性冷淡，是一种表现为对性生活没有要求没有兴趣，甚至讨厌的心理现象。性冷淡虽然在男性中也有，但更多的属于女性。有人对一组已婚妇女的调查表明：62% 的女性对性交有着明确的快感，16% 无何感受，10% 感到不舒服，12% 则不回答。这项调查表明至少有 26% 的女性有性冷淡。一般来讲，绝对的性冷淡是极少的，大多表现为短时性的。如新婚不久，不少女性有性冷淡，进入中年后期和老年期后性冷淡又较为明显。

造成性冷淡的主要心理因素有：（1）对性生活缺乏正确的认识，误认为性交肮脏下流，淫荡不洁，在文化知识水平低的妇女中尤为多见。（2）对性生活怀有恐惧感，担心性交会使身体产生疼痛，尤其初次性交确已产生疼痛者，或担心怀孕等。（3）男方性行为过于急躁或粗暴使女方得不到由性交而带来的快感，甚至因性交而产生疼痛。（4）对男女性功能过程的差异认识不足，误认为自己在性交过程中应处于被动地位和从属地位，性交只不过是迁就丈夫，为丈夫做出牺牲。如自己主动了，便是不端庄、不淑雅，从而抑制了性兴奋。（5）夫妻感情不和，性交为丈夫所迫。（6）婚前有较重的自慰习惯，性交不能使自己得到快感，或者男子的早泄、阳萎，使女子得不到性满足。（7）情绪状态不佳，或因居住条件太差而担心性生活为他人所知等。

应当指出，和谐的性生活并不是在婚后即刻产生的，通常要有个适应过程。美国心理学家柏格斯对已婚女子的适应研究表明，就性关系而言，约有65% 的夫妇在婚后不久即能适应，12.5% 的夫妇在婚后一年内能适应；而10% 的夫妇要在婚后一年到二十年内适应；另有 12.5% 的夫妇几乎一直不能适应。可见,个别差异是很大的。①

从这些影响因素来看,要克服由心理因素而导致的性功能障碍,无论夫妻双方都要认识到性的合理自然的一面,心态上要放松。日常生活中夫妻双方要和睦相处,培养情调;夫妻性生活要注意适当营造气氛,学会体贴,激发爱意。如果一方因身体不适等原因不能配合对方,要尽量用其他方法使其得到安慰。如果发现有生理上的问题,要及时就医,以便找出原因,及时诊治,扫除性生活中的障碍,促进家庭的幸福美满。

让我们借用美国心理学家卢瑟·伍德沃德的观点做一个小结。他在研究了幸福婚姻的特点后,提出了建立良好夫妻关系的十条建议②:

(1)幸福的家庭生活并非从天而降,而是家庭成员间相互体贴和合作的产物。

(2)性是自然界赋予人类的一种天性。它像视觉、听觉等一样,是极其有价值的。人们必须明智地、巧妙地利用它来丰富自己的生活。

(3)在婚姻中,各种因素都是相互关联的。共同的信仰和兴趣、和谐一致的谈话、融洽的性生活对婚姻的美满都有举足轻重的影响,这些同时又相互影响。

(4)真诚友好地相爱,但不要把爱变成一条绳索,因为虽然爱是婚姻和家庭的基础,但是一个人不可能时时刻刻表现出对别人的爱,要求百分之百地、时时刻刻地表示爱是一种幻想。

(5)作为配偶,夫妻之间应该有许多共同的志趣和爱好,但是两个人的志趣和爱好不可能完全一致。所以应该允许对方有自己独特的志趣和爱好,夫妻双方应该学会尊重对方的个性。因为,世界上没有两个人的个性是完全一致的。

(6)知足常乐,愉快地生活,生活不如意,偶尔发脾气是难免的,但切不可经常闷闷不乐,愁眉苦脸。

(7)自己有什么感受应该告诉自己的爱人,快乐两人一起享受,忧愁两人一起分担。

---

① 关于夫妻性生活方面的知识, http://www.teacher.com.cn/netcourse/tln003a/t5_2_7.htm。
② 维持健康夫妻关系的策略,2005 年 10 月,http://www.ourfeeling.com/news.php? id=162。

（8）多谈论自己爱人的优点和长处,讲给他（她）自己听或者熟人听,因为人们生来都喜欢听关于自己的好话,而不喜欢别人批评或指责自己,有时越是被指责,越是会顽固地抱住自己的缺点不放。

（9）家庭生活中夫妻之间有时难免会发生这样那样的争吵。明智的方法是吵过、争过就算了,不要耿耿于怀,有时一方发脾气,另一方要采取忍耐的态度,如果以牙还牙,只能使矛盾扩大和激化。

（10）尽管对方有这样那样的缺点,也不要嫌弃对方。切记不要有意去设法"改造"对方,这样的努力十有八九会失败。通过婚后生活在一起的潜移默化过程,人的个性自然而然会发生变化。

3 与子女关系的心理调适

（1）父母的教养方式与孩子的心理健康

许多研究都证实了父母的教养方式是影响子女成就和心理健康的重要家庭因素。家长的教育方式主要有四类:

①过分保护型

过分保护就是父母都代劳了,一些父母想尽可能地靠成人的努力来代替孩子解决一切问题。身为领导者,出于工作上或能力上的一些有利条件,有的父母常常表现为通过关系让孩子很容易地就能得到某些荣誉、地位,而不强调孩子自身的努力,使孩子有不劳而获的所谓"优越感"。有的表现为只是用家长的职权和关系替孩子扫除不良行为给他人造成的后果,而不注意让自己的孩子从中吸取教训,这反而使孩子更加有恃无恐。有的父母就像保姆一样干所有家务,而造成孩子的懒惰任性。这使孩子失去了正常的、积极的自由发展的个性,结果培养出的孩子懦弱、依赖与无能。这种个性心理特征熄灭了孩子的创造欲望,处处需要依赖,智力发展受到限制。

②过分干涉型

过分干涉就是限制孩子的言行,画框框、定调子。有的领导者在扮演父母角色时,也希望孩子能像自己的下属那样,处处遵从父母的认识和意愿去活动,不能超越父母的指令,导致孩子缺乏思维的批判性,做事没主意,人云亦云。这样做的结果是孩子很少有发散性思维,也缺乏创造力。

③严厉惩罚型

尽管不普遍,但还是存在。即教育孩子态度生硬,对子女缺乏感情,言语粗鲁、方法简单,强迫子女接受自己的看法与认识,常挖苦责备,甚至打骂孩子,损伤孩子的自尊心。这种教育方式,一方面可能使孩子的性格压抑,心理自卑,遇事唯唯诺诺,缺乏独立的能力,影响孩子健康人格的发展。同时也可能使孩子像父母一样粗鲁、冷酷,没有教养。

④理解民主型

这类家长能理性地指导孩子成长,在做人上要求孩子做一个正直有用的人,不要求孩子考多少名,学习上只要尽力即可。给孩子创造好的学习环境。

可见,父母的价值观、期望值、教养方式与孩子的心理和行为发展密切相关。家庭关系和谐,父母关爱,孩子长期在愉快心理氛围中生活,个性开朗、活泼、聪明、大方能干。相反,家庭中缺乏关爱,孩子不被父母接纳,长期在压抑、恐惧中成长,个性往往孤僻、胆小、自卑、冷漠。

(2)理解孩子要从倾听开始

如果孩子心目中的困扰能向爱自己的人说出来,通常问题就解决了一半。对孩子来说,随时有人倾听自己、关注自己,这是一种最大的心理上的支持;把自己心中的烦恼表达出来并且确知不会得到嘲笑,这更是对问题的一种再认和静化。孩子心中的烦恼就像一场暴雨后的水库,父母的倾听就像是打开了一道闸门,让孩子心中的洪水缓缓流进父母那宽阔的胸膛。如果经常得不到发泄和疏通,孩子心灵,这个还不坚固的小水库有朝一日就要决堤。所以,要保持孩子的心理健康,父母必须从倾听开始!

当然,倾听孩子的谈话也是一门艺术,也是有技巧的。

首先,父母应当注意自己的表情和动作。由于孩子往往个头较低,父母应当蹲下来或坐下来,面对着自己的孩子,身体微向前倾,表情应当平静、柔和,眼睛尽量平视孩子。

其次,在孩子说话的过程中,自己不要随便插话。父母应通过点头、微笑或者用"噢……"、"哦……"表明自己对孩子说的话很感兴趣。如果孩子停了下来,父母可以用一些引导性的句子,如"请你继续说"、"你的意思是……"等,引导孩子继续说下去。

再次,如果孩子在诉说时有不清楚的地方,可以让孩子举一些例子。孩子可能说"老师们都不喜欢我……",父母可以很平静地接着说"你怎么知道的?"、"比方说……"或"你可不可以举几个例子"等,让孩子说得更清楚、更具体一些。

最后,倾听的本质是设身处地地为孩子着想,尊重孩子。不要随意打断孩子或者武断地得出结论。例如孩子放学回家,怯生生地对母亲说:"妈,今天老师批评我了,老师让你明天去学校一下。"这时孩子最需要的是安慰和支持,而这种情况下典型的父母的反应是"你又给我闯什么祸了?!"这种反应就是武断地下结论,给孩子的感受是拒绝和指责。久而久之,孩子再有什么事情发生,也不愿让父母知道了,父母和孩子之间的隔阂也就会越来越大。等到父母与孩子的心灵之间出现了裂痕,到了这时,再想去弥补,虽然不是没有可能,但是就更加困难了。

当然,倾听之后,了解了孩子的心事,更重要的就是和孩子一起探讨解决问题的方法。这时千万不能讥讽孩子无知和瞎想,否则就会前功尽弃,孩子今后再也不敢跟父母交心了。父母可通过一些引导句如"你打算怎么解决这个问题?""咱们一起想想有没有什么法子"等,来引导孩子自己动脑筋解决问题。

(3)让孩子学会必要的规则与约束

请设想下面的情况:家中来了重要客人,但刚上小学的孩子却哭着闹着不让你得到安宁,怎么办? 夜里11点了,上初中的孩子作业没完成,却在看大部头的小说,怎么办? 上高中的孩子上课不爱听讲,一回家就和一帮同伴打网游,怎么办?

这时,家长想严厉管教孩子,但又怕伤了孩子,于是温和地劝他,可是没有效果,这时可能不知道怎么办才好。做家长的不愿跟孩子发生直接冲突,希望孩子自己领悟自己的错误,自己对自己的行为负责,自己慢慢地学会好的行为。可是后来,可能会发现,小小的孩子成了小皇帝,凡事都要按他的意愿才行,否则就要大哭大闹;也可能发现上了中学的孩子更经常地逃学,甚至还养成了其他坏毛病。

这时，家长可能会伤心欲绝，扪心自问："老天哪，我做错了什么，我避免了我父辈的粗暴，我充满了耐心，我按照平等、民主的方法来教育孩子，可为什么结果会是这样？"

为什么？因为这样的家长放弃了做父母的责任。作为父母，在很多情况下，必须快刀斩乱麻，果断地做出决定，要为年幼的还不成熟的儿女负责。我们试想孩子来到这个世上，他们是多么的无知和幼小，周围有多少事需要他们去学习、去了解，有多少事需要他们去适应、去解决。正像我们只身来到一个遥远的陌生神秘的地方，有荒凉的沙漠，有没顶的沼泽，甚至还有到处出没的狼群。我们多么希望向导给我们指点迷津，然而向导由于心虚，却借口让我们自己去探索，这是一种多么可怕绝望的景象呀。也许有人最终可能找到出路，然而也有不少人可能会在沙漠中迷失了方向，或陷入了没顶的沼泽，或被狼群所吞噬，再也走不出来了。

作为父母，有责任让孩子学会必要的规则与约束。如果您不能填平所有的江河海洋，您就必须禁止您那不会游泳的孩子随便跳入；如果您不能让所有的汽车停开，您必须让孩子遵守交通规则；如果您不能杜绝所有客人的到来，您就应当告诉孩子适当的礼貌……当然这种教育引导和直接干预也是有原则和技巧的。

首先，应当了解孩子，了解情况。只有有了这样的基础，才能减少冲突；并且当真正的冲突来临时，也就有了快刀斩乱麻的根据，而不至于心虚。

其次，必须以身作则。规则与约束不仅仅是针对孩子的，同时也是针对父母的。试想一个打麻将上瘾的父亲或母亲命令孩子不许玩牌会有什么效果。俗话说"近墨者黑，近朱者赤"，只有自己对命令身体力行，孩子才能更自觉地接受。

再次，必须少而精。谁也不喜欢经常有人在旁边唠叨，孩子们也一样。直接干预只应该出现在最需要的时候：①当孩子有迫在眉睫的危险时。例如绝不能让6岁的小孩在车流量很大的马路上玩。②当损害他人利益、冒犯他人尊严时。例如家长绝不能让孩子向别人乱吐口水、扔石头，也不能容忍孩子在商店乱扔商品。在这类情况下，必须采用马上而干脆的措施阻止孩子的行动,道理可以过一会儿再跟孩子讲。③当未来注定有不可挽回的坏结果时。例如家长不能任由孩子偏食、挑食,也不能容忍孩子懒惰不干分内的活。当然偶尔一次的挑食或者偷懒,并不是大问题,但是长期如此就会对孩子终身造成不良影响。对这种问题,最有效的教育方法是制定规则,分清哪是分内、哪是分外,那是必须做的,并且家长要以身作则,而不是暴跳如雷。

除了这些必须直接的场合外,其他可管可不管的事,则可以适当放手,对于孩子一些无伤大雅的小错误,做父母的可以让心态放从容一些,让孩子从自己的错误中学习。

🔳 4 婆媳关系的心理调适

在中国的文化背景中,非常重视养老尽孝,即使不是三代同堂,与老人的关系也对核心家庭有重要影响。限于篇幅,在这里,我们仅探讨其中比较典型的一类关系——婆媳关系。

婆媳关系是一种特殊的家庭关系。在婆媳关系中,既没有像夫妻关系中那样亲密的姻缘关系,又没有像亲子关系中那样稳定的血缘关系。婆媳关系是通过儿子、丈夫这一特定的双重角色,而间接发生的。由于婆媳关系缺乏天然的凝聚力量,所以处理起来比较困难。

在工作中身为领导者的女性在家庭中也会面临类似的问题,并且比起普通女性来,"女领导者"的角色与生活中的"婆婆"或"媳妇"角色之间的差异要大得多,必须面对和正确地处理好这种关系。而身为男性的领导者,在家里则往往会面临作为婆媳"中间人"的角色,要做相应的协调疏导工作。

我们认为,提倡人与人之间平等互助的新型关系,是处理好婆媳关系的前提。在婆媳关系的处理中,应着重抓好以下三个环节:

(1)女领导者在家作为"媳妇"角色时要主动适应

现在的婆婆,往往对媳妇有一种隐隐约约的惧怕心理。如果做媳妇的又身居领导职务,婆婆往往要比一般的情况下更担心儿子"娶了媳妇忘了娘";并特别怕儿子在媳妇面前"受气";怕一家大权为媳妇所独揽,等等。面对婆婆的心理状态,女领导者在家要注意角色的定位,主动地采取一些适应措施,以便帮助婆婆打消思想顾虑,建立婆媳之间相互信任的关系。在外是领导,在家是新时代的儿媳妇,让家人感觉到自己对婆婆的尊重,待婆如母;要理解婆婆,豁达大度;关心婆婆,多方照顾;适当顺应婆婆,趋利避害。

(2)女领导者在家作为"婆婆"时要宽容体谅

在婆媳关系的处理中,既需要媳妇的主动适应,也需要婆婆的宽容体谅,这是一件事情的两个方面,缺一不可。女领导在家作为婆婆角色时,应该做到:自重自爱,以身作则;一视同仁,待媳如女;作风民主,体贴媳妇;大处着眼,不计小节。

(3)男领导者在家作为婆媳"中间人"要协调疏导

在婆媳关系之间,除了婆婆与媳妇这两头之外、还有一个重要的中介环节起着至关重要的作用,那就是身兼儿子与丈夫两种角色的"中间人"的作用。"中间人"在婆媳关系中起着纽带、杠杆和缓冲的作用。没有"中间人"这个纽带,谈不到婆媳关系的建立;缺乏"中间人"这个杠杆力度与支点的调整,婆媳关系就很难正常运转。"中间人"应当注意以下几点:沟通信息,促进婆媳之间的心理交流;消除隔阂,加深婆媳之间的积极情感;善于调解,防止婆媳之间的矛盾激化。

一 | 琴瑟伴和谐 宽容调杂音
——领导者夫妻关系的心理调适

案例改编者:张雯

案例取材于真实人物

案例参考:2003 年 2 月,http://www.bookhome.net

人们常把家庭比作港湾,也有人把它比作登山的后援营地。追求生活幸福、事业成功的领导者,在筹备后援营地(家庭)上所花的时间,绝不能少于实际登山(干事业)的时间,因为他们的生存、登山的高度,常常与后援营地是否牢固和存粮是否充足有关。他们往往在努力干事业的同时,能够尽力兼顾家庭,珍惜幸福的婚姻。

以人们熟知的美国总统为例,华盛顿和玛莎堪称和谐家庭关系的典范,而林肯对待妻子玛丽的做法,也可从另一个侧面给人们有益的启示。

◢ 美满和谐的生活,名垂青史的事业——华盛顿和玛莎①

1732 年,乔治·华盛顿在北美殖民地弗吉尼亚州一个大种植园主家降生。他 20 多岁时,参加了弗吉尼亚民军。当时,英国和法国的殖民军队经常发生边境冲突,华盛顿在同法国人的作战中崭露头角,被提升为上校。尽管当时华盛顿名声已经很大,但在爱情方面却一直不如意。

华盛顿 24 岁时,有一次从战场去弗吉尼亚首府威廉斯堡,途中在张伯伦家晚餐时,经介绍认识了玛莎。她与华盛顿同年出生,父亲也是一个大种植园主。在那女子无才便是德的时代,玛莎从小受的教育相当有限,但她勤劳,为人谦和。玛莎长大后,出落得容颜娇美,楚楚动人。16 岁那年,父母把她嫁给一个年纪比她大一倍的富翁。这桩婚事对玛莎来说并没有什么爱情可言。几年后,丈夫去世,玛莎成了一个年轻而富有的寡妇。丈夫死后两年,玛莎应好友张伯伦的邀请,来他家小住。她没想到竟会在这里和华盛顿相遇。

华盛顿对温柔美丽的玛莎一见倾心。玛莎也对面前这位气宇轩昂的青年军官充满了钦佩和爱慕之意。他们愉快地谈论了很久,彼此都感到情投意合。此后,华盛顿在军旅奔波之中仍不断地给玛莎写信。不久,他们就订了婚。

1759 年,在同法国打完仗之后,华盛顿与玛莎结婚了。他不仅得到了一个年轻美貌的妻子,还获得了一大笔财产,这使他成了北美殖民地最富有的人之一。华盛顿很快就被选为弗吉尼亚的议员。他们虽然十分富有,但不铺张。穿的衣服、袜子、手套等,都是玛莎亲手制作的。他们相敬如宾,过着平静而安逸的庄园生活。

当时,北美殖民地人民已开始掀起抗英斗争的浪潮。1775 年 4 月 19 日

---

① 改编自《华盛顿和玛莎》,2003 年 2 月,http://www.bookhome.net。

凌晨,莱克星顿的枪声揭开了美国独立战争的序幕。在费城召开的各殖民地代表第二届大陆会议上决定以武力抗英,并把各地民兵整编为大陆军。由于华盛顿在军事上颇有名气,被一致推选为大陆军总司令。为了民族的独立,华盛顿欣然应召,离别了他的芒特弗农庄。玛莎见丈夫出征,也毅然来到军中。她热爱自己的丈夫,把他视为生活中不可缺少的伴侣。

大陆军是七拼八凑组成的军队,装备十分低劣,起初在军事上也完全处于劣势。华盛顿挑起了领导美国独立战争的重担,处处谨慎用兵,伺机打击敌军,使队伍不断发展壮大。玛莎悉心照料着华盛顿的生活,她深信丈夫的军事才华一定会打胜仗。她对艰苦的军旅生活毫无怨言,什么困难在她看来都是无所谓的。玛莎衣着朴素,平易近人,就像一个普通士兵的妻子一样。她的营帐里经常挤满了军官家眷,她组织她们为战士编织衣物,做针线活。在进行战争的那几年最艰难的日子里,玛莎始终跟随在丈夫身边。她每天都抽空去帐篷看望伤员,给他们送去可口的食物,并真诚地安慰他们。军营里的人都敬重地叫她"总司令夫人"。不久,战争形势起了根本性的变化,华盛顿调集一切可以调动的兵力,把英国主力围困在弗吉尼亚的约克敦。英军经过一番挣扎之后,主将康华里遂率部众 8000 人投降。这一战役后,美国独立战争基本结束。

玛莎是个不喜欢官场生活的女人,她一直向往着芒特弗农庄。那里有山丘、河流、猎场、花圃、房舍。所以,战争一结束,她就怀着愉快的心情返回庄园。两年后,英国终于和美国签订和约,正式承认美国独立。华盛顿功成身退,也回到了庄园。

华盛顿喜好骑马、打猎和经营农事,但隐退生活才过了几年,他又离开庄园了。1789 年 4 月,华盛顿当选为美国第一任总统,他偕同玛莎住进了总统官邸。华盛顿连当了两届总统,他坚决拒绝连任第三届总统。玛莎欣喜万分,迫不及待地于 1797 年和丈夫回到芒特弗农庄。

华盛顿原想在卸任后能平静地过几年安闲的晚年生活。但由于长年积劳成疾,他隐退后不久就病倒了。1799 年 12 月 14 日,华盛顿在他那只有 20 平方米的简朴卧室里去世。玛莎当时坐在丈夫的床边,她茫然失神地问在场的医生:"他去了吗?那么一切都结束了,我很快就会随他而去。我没有什么更多的考验要经受了。"

按照华盛顿的遗嘱，玛莎把他安葬在一片绿树成荫的山坡上。墓室像一座红砖砌成的小房子，面积约 10 平方米。他的石棺上只刻着"华盛顿"几个字。两年后，玛莎这个平凡的美国妇女也去世了。她与丈夫合葬在一处，她的石棺上刻着"玛莎·华盛顿夫人"几个字。她一生中虽然没有做出什么惊人的业绩来，但她无私地热爱丈夫，热爱自己的祖国。她富有，但不奢华；高贵，而不傲慢。她的高尚品德赢得了人们的敬重。

美国史书上这样评价华盛顿夫妇："在美国历史上，再也找不到像乔治·华盛顿和玛莎·华盛顿这样德高望重的天生一对了。"

理解之爱心，宽容之雅量——名人"惧内"面面观

美国总统林肯在事业上声名显赫，他为反对奴隶制度奋斗了一生，深受人民敬仰。而美国历史上的第一夫人中，大概没有比林肯夫人玛丽·托德名声更坏的了。她有个诨名叫"白宫泼妇"，经常不管不顾地向林肯发威，最过分的一次是当着工作人员和侍从的面，把一杯热咖啡泼到林肯脸上。在这些广为流传的故事中，林肯对夫人一贯是忍让有加，从不计较。

实际上，林肯夫妇的生活是有感情基础的，并不像外界渲染的那么可怕。

当年的玛丽是肯塔基州的一个富家小姐，她眼睛湛蓝，睫毛修长，头发浅棕，微透金黄，面容姣好。她聪明伶俐，从小接受贵族教育。她舞姿优雅，喜爱服饰，干练聪颖，更显南方多情女子的狡黠。相比之下，林肯却是个连"粉红色和蓝色都分不清"的穷小子，全靠自学成才。玛丽快 21 岁时到伊利诺伊州的斯普林菲尔德和姐姐丽莉安·艾德华兹夫人住在一起，并在那里遇见了亚伯拉罕·林肯——用他自己的话说，"当时还是个一文不名的穷光蛋。"

3 年后，他俩结婚了。虽然门不当户不对，而且性格相左，但爱情始终不渝——玛丽坚信丈夫的能力，而林肯对她的喜怒无常百般迁就。玛丽慧眼识英才，从嫁给林肯的那天开始，玛丽就从不讳言她相信林肯有朝一日将成

为美国总统。在林肯政治上失意的时候,玛丽始终在他身边给他安慰,帮他游说支持者,打点新闻界。在那个并不开化的年代,一个女人的这些作为显然太过"前卫",被一些传统而保守的人所反感。艰难时代的林肯需要玛丽的理解与支持,而她也总是作为林肯的"政治伙伴"出现。终于,她对丈夫的坚定信心得到了证明,1860 年林肯当选美国总统。

玛丽的转变是在她成为总统夫人之后,虽然她的地位满足了她对于社交的渴求,但在华盛顿的日子却是忧喜交加。内战期间,南方人不耻她背叛了自己的出身,而忠于联邦的人则怀疑她叛国。她若设宴,批评者就指责她不爱国、奢侈铺张。1862 年儿子威利去世,她心烦意乱,很少再办宴会。不过林肯眼看着她在白宫招待宴上待客自如的样子,仍然高兴地说:"我的妻子青春常驻,美丽依旧,我……爱上她了。而且,我自始不渝。"

由于她的一些南方做派不被"北佬"接受,玛丽从极度的自信跌落到极度的自卑,经常犯有神经性头疼病,于是,她的行为就时而出现怪异,脾气越来越暴烈,常对人大发淫威。据说在她头不疼时就显得很温顺、易于相处,然而头疼时却非常暴躁。林肯对此虽有无奈,但却也能够十分理解和包容,又念及夫妻多年的恩情,因此就有了外人眼中的忍让。林肯非常善于体谅和关心自己的妻子,能够设身处地地来爱护和安慰她。一次她的毛病又犯了,表现得颇为烦躁、大发脾气,林肯只是说:"这对她很有益,对我却没有任何坏处。"

玛丽·林肯做了总统夫人之后,还非常害怕打雷,林肯一看到天要下雷雨,就得赶紧跑回家去安慰她,使她感觉好过一些。林肯就是这样辛劳,在忙于处理总统之职的同时还要照料妻子,他希望并且坚信,要以自己身为丈夫的爱和持久的努力来治愈妻子的病,他宽宏地容忍着自己的妻子,即使别人不理解她,他也要理解她。

也许有人要问,长期的吵闹能使家庭平静吗? 在这一点上,林肯自有自己的办法——当自己的妻子吵闹得实在叫人受不了时,他就带着孩子去散步。等他们回来时,她已经平静了下来,连她自己都要对自己的行为后悔不迭。

结为伴侣的两个人就是要像林肯那样,相互关心对方的身体情绪健康状况，多为自己的爱人着想，和他（她）共渡难关。

一个事业成功的男人，离不开家庭的支持，但也要会果断而巧妙地处理自己家庭的内部事务，特别是我们常见的"枕边风"。林肯的妻子也是这样，她喜欢干预丈夫的"朝政"，经常试图改变林肯任命的官员。据说还有人看到她躺在地板上，非要丈夫允诺任命几个朋友，否则就不起来。一位林肯的助手这样抱怨说："那个悍妇越来越凶了。"

面对耳边的议论纷纷和怀疑，林肯不仅用语言，而且用行动表明自己不为之所动的坚定立场。他公开表示："我自己决定一切重要的问题。但在琐碎问题上，我允许妻子以她自己的方式发挥分内应有的作用。"林肯这样的表态，既显示出了自己在政务上坚持原则的权威性，又使那些政客和属下有所顾忌，同时，使自己的妻子也因此有所收敛。

其实，像林肯这样有一个泼辣妻子而又能够很好地调节自己的心态的人士，古今中外不乏其人。

据传大哲学家苏格拉底的老婆常常对丈夫大声斥骂，而苏格拉底却总是一声不吭，默默地忍受着。有一次，老婆在痛骂他之后，仍觉得不解恨，就提一桶水从他头上淋下。苏格拉底顿时成了落汤鸡。苏格拉底不仅不发怒，反而笑道："雷霆之后，必有甘露。"言罢从容离开。怪不得后来有人调侃说，大哲学家就是大哲学家，怕老婆也怕得机智幽默、从容超然。"假如你的妻子是温柔的，你便是一个幸运儿；假如你的妻子是粗暴的，你就会成为哲学家。"

在我国，作为新文化运动的创始人，胡适的"怕老婆"也是出了名的。据记载，胡适不仅把怕老婆当作他的一句口头禅，而且还喜欢收集世界各国怕老婆的故事和有关证据。性情温和的胡博士与识字不多的小脚女人江冬秀奉母成婚，忍痛割爱了人生中的几多红颜知己，数十年如一日地忍受"无法交流"的痛苦，其"怕老婆"的真实心声是"为恐东厢泼醋瓶"（胡适情诗中的一句诗）。从他的一些与此有关的风趣的故事中，可以看出他对此有逃避、自嘲与无奈，也体现了他文人的雅量。有一次，一位朋友从巴黎捎来十枚铜币，上面铸有"P. T. T."的字样。这使他顿生灵感，说这三个字母不就是"怕太太"的谐音吗？于是他将铜币分送朋友，作为"怕太太协会"的徽章。也许是为了表明自己怕老婆怕得非常彻底吧,胡适还风趣的号召男人们要像旧时代女子那样,恪守他著名的"三从四得"论:太太出门要跟从,太太命令要服从,太太说错了要盲从;太太化妆要等得,太太生日要记得,太太打骂要忍得,太太花钱要舍得。

作为领导者,夫妻冲突有一般的性格或日常因素所导致的,也有与领导特殊的角色地位有关的因素所引起。对于类似平常人"家务"事的那种夫妻矛盾,领导者不妨采用风趣自嘲的办法化解,或者在夫妻沟通中从容大度,表现出容人之雅量。而对于涉及"政务"方面的问题,则不能无原则迁就。要注意把"家务"与"政务"分开。像林肯那样,既体现了对妻子和家庭的看重,又注意把握了公与私、内与外的区别与分寸,刚柔并济,堪称表率。

二 "拿什么奉献给你,我的小孩"
——领导者教育子女方面的心理调适

案例改编者:张雯

案例取材于真实人物

案例参考:甘地的家教,2006 年 4 月,http://www.jyjyzx.com.cn/Index.asp。

丁力编著:《李嘉诚教子》,2006 年 9 月,http://www. cctv.com/program/zwsj/20060904/ 102677.shtml。

《盛世警钟———武汉反腐警示录》,汉网 -《长江日报》2003 年 6 月 11 日,http://www.sina.com.cn。

有一首流行歌曲这样深情地唱道:"长路奉献给远方,玫瑰奉献给爱情……白鸽奉献给蓝天,星光奉献给长夜……我拿什么奉献给你,我的小孩?我不停地问,我不停地找,不停地想……"

是啊,爱子之心,人皆有之。怎样表达我们的爱?这是一个颇费思量的问题。领导者有特殊的身份和背景,要给孩子什么样的爱?什么样的财富才能真正让孩子受用一生?下面这几个故事中,不同的处理方式引人深思。

甘地家族教子有方

阿仁·甘地是印度名人圣雄甘地的孙子。阿仁·甘地8岁那年,跟随祖父来到南非,在当地一所小学读书。由于肤色不同,班上的白人和黑人小朋友经常欺负他。小阿仁非常愤怒,他在心中暗暗发誓:等我锻炼好身体,我会"以牙还牙",一定要叫你们知道我是谁。于是,他开始刻苦地锻炼身体,准备将来报仇。圣雄甘地得知此事后,语重心长地对小阿仁说:"愤怒就像电流,滥用会造成危害,运用得当则成为有益的能源。与其受愤怒所左右,不如控制怒火,用在造福人类的事业上。"甘地的一席话,终于让小阿仁消除了以暴制暴的错误想法。

还有一次,小阿仁在家里做完功课,顺手把用短的铅笔扔到窗外,恰好被圣雄看见了,于是他要小阿仁把丢掉的铅笔捡回来。阿仁把铅笔捡回来后,圣雄又教育他说:"铅笔虽小,但也是耗费天然资源做成的。如果不加以爱惜,就是糟蹋大自然的恩惠。现在人们动不动就花钱消费,但是,过度的消费就是浪费资源,也等于是漠视世界上贫困的人们。这就如同对民众施加暴力一样。"通过这件小事,小阿仁明白了"过度的消费也是一种浪费"的道理,并从此养成了节俭的良好习惯。

阿仁的父亲马尼拉勒是老甘地的次子,他也很注意家教的方法。阿仁16岁的时候,有一次,他开车送父亲马尼拉勒到几十公里以外的地方去开会。到达开会地点后,阿仁与父亲约好碰头的时间和地点,便把车子交给车厂检修,自己则跑到电影院看电影。电影的情节很吸引人,等影片结束,阿仁才发现比约定的时间晚了半个小时,便赶紧取了车子开到与父亲约定的地点。这时,马尼拉勒早已等候在那里。阿仁怕父亲责怪,便撒谎说是修车耽误了时间。谁知马尼拉勒已同车厂通了电话,阿仁的谎言当即被戳穿。然而出乎意料的是,马尼拉勒并没有责备阿仁,而是说:"今天你缺乏讲真话的勇气,这是我平时管教无方,我决定走路回去好好反省。"

此时,天已经黑了。马尼拉勒默默地走在泥泞的乡间公路上,阿仁只好开着车子慢慢地跟在父亲身后,用车灯为父亲照路。他们就这样在路上走了整整 6 个小时。望着父亲艰难行进的背影,阿仁十分后悔,他决心以后再也不说谎了。

如果马尼拉勒当时只是简单地把阿仁责骂一顿,阿仁很可能会想,下次撒谎的理由要更高明点,别再出纰漏。而马尼拉勒采用这种自责的方式,却让阿仁深刻地认识到了自己的错误,取得了非常好的教育效果。

❷ 李嘉诚教子自立

2000 年,美国《福布斯》杂志推出新一轮全球十大富豪排名榜,李嘉诚以 126 亿美元(约合 983 亿港元)的个人身价,排名第十,成为第一位跻身全球十大富豪的华人。加上次子李泽楷所辖盈科集团旗下 5,807 亿港元的总市值,综合市值达 13400 多亿港元,占香港股市总市值约 30%。李氏家族的财力由此可见一斑。

李嘉诚是香港家喻户晓的人物,在他的经济王国中,有两个接班人:长子李泽钜和次子李泽楷。李嘉诚把自己成功的秘诀概括为"一个宗旨"即"稳健中求发展,发展中求稳健","三个原则"即"勤力、信用和不断学习",正因为李嘉诚独特的教育方式,使得他的两个儿子在商界取得了很大的成就。

李嘉诚坚信,教孩子学会做人、学会与人相处是家庭教育最重要的内容,他说:"以往 99% 是教孩子做人的道理,现在也有约 2/3 教他们做人的道理,其余 1/3 是谈生意。世界上每一个人都精明,要令人家信服并喜欢和你交往,那才最重要的。"

"我经常教导他们,一生之中,最重要的是信。我现在就算再有多十倍的人也不足以应付那么多的生意,而且很多是别人主动找自己的,这些都是为人守信的结果。对人要守信用,也许很多人未必相信,但我觉得一个义字,实在是终身用得着的。"

"十几年前,我曾带两个孩子去旅游,一样的山色,一样的环境,100 年后,1000 年后,山色依旧,人可不同了。当你想起人生只是短短的旅程,便希望趁着有能力做事的时候,尽量在世上播下好的种子,这是值得的。成功之后,利用多余资金做我内心想做的善事,心安理得,方寸间自有天地。不义而富且贵,于我如浮云!"

李嘉诚对两个儿子李泽钜和李泽楷的教育抓得很早。他要求儿子生活上克勤克俭,不求奢华;事业上注重名誉,信守诺言。他特别教导儿子要时刻考虑对方的利益,不要占任何人的便宜。当李泽钜和李泽楷八九岁时,他就让儿子坐在专门的小椅子上列席会议,开始兄弟俩觉得新奇好玩,瞪着眼睛看父母和各位董事讨论工作,有时大家争得面红耳赤,吹胡子瞪眼睛,兄弟俩吓得哇哇直哭。李嘉诚说:"孩子别怕,我们争吵是为了工作,正常现象,木不钻不透,理不辩不明嘛!"有一次,李嘉诚主持董事会讨论公司应拿多少股份的问题,他说:"我们公司拿10%的股份是公正的,拿11%也可以,但是我主张拿9%的股份。"董事们有的赞成,有的反对,争论不休。这时李泽钜说:"爸爸,我反对你的意见,认为应拿11%的股份,能多赚钱啊。"弟弟李泽楷也急忙说:"只有傻瓜才拿9%的股份呢!""哈哈!"父亲和同事们忍俊不禁。他说:"孩子,这经商之道学问深着呢,不是1+1那么简单,你想拿11%发大财反而发不了,你只拿9%,财源才能滚滚而来。"实践证明李嘉诚的决策是英明的,公司虽然只拿了9%的股份,但生意兴隆,财源广进。

他认为富家子弟就好像温室的花朵,根基不稳,经不起风吹,他将自己艰难创业的历史比喻成在岩石夹缝中生长壮大的小树。他说,根基不稳的植物,在外界的压力下,不易存活,而夹缝中的小树,却能傲立风霜而不倒,因此,他绝不放纵自己的两个儿子,他希望,儿子能够自强自立,独立面对打击,面对困境。

次子李泽楷的零用钱,都是自己在课余兼职,通过当杂工、侍应生挣来的。每逢星期日,他都到高尔夫球场去做球童打工,背着大皮袋跑来跑去,通过自己的劳动,领取一份收入。李泽楷将打工所得,除了用作自己日常的零花钱之外,有时还资助生活困难的同学。李嘉诚知道后十分高兴,他对妻子说:"孩子这样发展下去,将来准有出息。"

他回忆泽钜与泽楷留学斯坦福大学时,说道:"我朋友的仔(儿子)去外地读书,买辆豪华敞篷车代步,我两个仔买的只是两部单车。"直至他赴美探望儿子,在雨中看到其中一名儿子骑单车在车群中之字形穿插,险象环生,那时才叫两兄弟学车,买一辆坚固但旧款的新车。

两个儿子从美国斯坦福大学以优异的成绩毕业后,想在父亲的公司施展才华,干一番事业。不料李嘉诚沉思片刻说:"我公司不需要你们!"兄弟俩都愣住了,说:"别开玩笑了,您这么多公司不安排我们工作?"李嘉诚说:"别说我只有两个儿子,就是 20 个儿子也能安排工作。但是,我想还是你们自己去打江山,让实践证明你们是否合格到我公司来任职。"兄弟俩这才恍然大悟,原来父亲是把他们俩推向社会,去经风雨,见世面,锻炼成才。兄弟俩到了加拿大,李泽钜开设了地产公司,李泽楷成了多伦多投资银行最年轻的合伙人。李嘉诚打电话问兄弟俩有什么困难,他可以帮助解决。兄弟俩总是说:"谢谢爸爸关心,困难是有的,我们自己可以解决。"其实李嘉诚不过是关心地问问,并非真的想代替他们解决什么困难。当然兄弟俩对父亲的为人再清楚不过了,真的要他帮助解决困难,他也不肯帮助。父亲"冷酷"得似乎不近人情,但兄弟俩理解他的良苦用心……后来兄弟俩在加拿大克服了许多常人难以想象的困难,把公司和银行办得有声有色,成了加拿大商界出类拔萃的人物……

两年后,李嘉诚把兄弟俩召回香港,满面春风地说:"你们干得很好,可以到我公司任职了。"并面授他们一些经验说:"注重自己的名声,努力工作,与人为善,遵守诺言,这会有助于你们的事业。"

李嘉诚指出,父母的看法与教育,对下一代的将来影响很大:"中国有句老话:富不过三代。但今日教育,令事业可以继续,这句话日后会修正。"李嘉诚欣慰地看到两个儿子的迅速成长和出色业绩,终于可以心安理得地宣布退休了。

每当人们称赞兄弟俩时,李泽钜说:"感谢父亲从小对我们的培养教育,它是最好的商业教师,尤其在教授'不赚钱'这点上。我从父亲身上学到了最主要的是怎样做一个正直的商人。"

李嘉诚真是用心良苦啊,他让儿子们吃点苦遭点磨难,是为了磨砺他们的意志,陶冶他们的情操,丰富他们的阅历。他把做人的道理和生存的本领毫无保留地传授给孩子,给孩子的财富是天下最大的财富,是人世间最好最完美的财富。兄弟俩拥有了这一份珍贵财富,他的事业就后继有人,而且将来可以放心地把庞大的财产托付给他们了,家族的荣耀和企业的辉煌也可以继续下去。

李嘉诚看似"冷酷无情",实际上是把孩子引导上了自立、自强之路,陶冶了他们勇敢坚毅、不屈不挠的人格和品性。

3 贪官纵子,情到误区铺错路

相比之下,我们看到也有一些人的目光实在太短浅了。总有那么一些人,把大把钞票塞给子女,任他们随心所欲地享乐,结果成器的没有一个,倒是把父母先前的基业掏得空空荡荡;还有个别的干部家庭,子女们趾高气扬,家长更是认为自己的子女高人一等,为所欲为。我们知道,姑息只会养奸,家长们如此纵容子女是要付出代价的。

据报道,原武汉城建委主任张某任职期间,利用职务便利,单独及伙同妻儿收受贿赂几百万元、挪用公款几千万元给他人营利。案发后,2001年,张某和妻、儿均受到法律严惩。

张某的儿子自小顽劣,初中毕业就到了部队。复员回来又受不了工作的约束,一年之后辞职回家。从此便在社会上吃喝玩乐、无所作为。张某很想为儿子铺就一条平坦的大路。张公子打着他的名号到处为人牵线搭桥,收取钱财。1997年初,某外地建筑公司想进入武汉建筑市场,公司经理找到张公子,先期付给了他10万元,要他帮忙。在儿子的多次要求下,1997年2月,张某批示同意。此后,张公子先后收受该公司人民币共计240万元。

1997年底,张公子带着某酒店老板来找父亲帮她解决土地批租纠纷。张某知道自己的儿子吃住在这家酒店,用了人家不少钱。因此,他亲自召开几次协调会,要求市土地规划局将产生纠纷的那20亩土地直接批租给该酒店老板的公司。事后,他收受该酒店老板人民币5万元。

张某由于放纵家属子女,终于妻离子散,废职亡家。

日本思想家福泽渝吉说:"教育就是授人独立自尊之道,并开拓躬行实践之法。"然而,我们仍有不少家长"心太软",对孩子的一切均要大包大揽,进行"一条龙"、"全方位"、"系列化"服务,饭来张口,衣来伸手,并进而代替孩子打通关系,"设计"前程,孩子们成了"抱大的一代",如同温室中的花朵,患了"软骨症",见不了世面,经不了风雨,着实令人担忧。而作为领导者的子女,又很容易有不同于一般家庭的优越感,有时并不需要父母出面,许多方面都可能会有人主动安排或"代劳"。如何防止这些因素造成不良影响,如何培养孩子的独立人格,自立精神,实在是我们做家长的必修课。

最后,让我们以著名教育家陶行知的名言共勉——让孩子出自己的力,流自己的汗,吃自己的饭,才是英雄汉!

三 | 一位副局长的难言苦衷
——基层领导面对家庭经济压力的心理调节

案例改编者: 张雯

案例取材于真实人物

案例参考: 郭刚、杜海:《重庆大足人事局副局长自尽系因无钱尽孝》,《重庆晨报》,2006 – 2 – 27 http://news. 163. com/06/227/15/2AVQP83D1,122B. html。

▨ 案例主体

2006 年 2 月的一个下午,重庆某县的人事局副局长李某被发现倒在自家楼顶天台,浑身鲜血,手中有刀,腹部有刀伤。县警方查明,李某系自杀身亡。只见他身边有两个空酒瓶和许多烟头。据此推断,李某自杀前内心曾做过剧烈的斗争,最终选择了死亡。出事前一天他本应安排春节团拜会,出事当天本来说是要去参加下乡慰问的。但他却关了手机,后来就发生了这一幕。

据了解,李某年过 40 岁,老家在云南,从部队转业后到县里工作,曾在县委组织部担任干事,两三年前调人事局任副局长,分管职称改革。李某工作表现良好,性格有些内向,与同事关系非常融洽。

李家多位邻居说他们夫妻感情一直很好,应该不是因为夫妻斗气所致。

而且李某为人和蔼，与邻居关系也很融洽。据了解有关情况的同事说："他工作踏实负责，属实干家，平时少言寡语，可能容易走极端。"

据介绍，平时李副局长性格内向，为人和善，只是出事前压力过大，有点异常。事业机关压力大，当时正是全国地方干部换届的时候，而在人事局工作的李又处于十分关键的位置，工作上责任很重。

事发前10多天，单位领导和同事就发现他时常心神不宁，神情恍惚，心情烦躁，做事也和以前有些不一样：从喜欢喝酒到拒绝喝酒；周末及下班后，不再和同事一起聚会；工作闲时独自在办公室踱步、沉思，不时长叹。单位领导曾找他谈话，李某没透露原因。上周，县人事局办公室主任也曾和李谈心，想问一下情况，但他只说了一句："云南老家有事，春节准备回家一趟。"

李某老家在云南省某县的一个偏远的农村，其家人在经济上一直很依赖他。李某经常寄钱回家接济父母和兄长。

李某的妻子说，2004年初，丈夫的父亲在云南老家重病后去世，由于丈夫只有一个贫穷的哥哥，他们承担了公公治病和丧葬用3万多元钱，家中变得拮据。可最近，婆婆也病重，哥哥经常打电话来催李寄钱回家，丈夫因此事急得焦头烂额。但孝顺的李某积蓄不多，他每月工资不到1200元钱，妻子的工资不到1000元，他们还有个16岁的儿子。因为在经济上无法满足母亲和哥哥的要求，李某长期背着思想包袱。

李某的同事向记者透露，最近因其老人需钱治病，的确让李某伤脑筋。春节临近了，家人又在等他接济。母亲盼儿带笔钱回家过年。"他实在是无奈啊，想尽孝道又没有经济实力。看来他是压力太大，一时想不开做出傻事。"曾是李某同事的陈主任也对李某的遭遇十分感慨。

据陈主任介绍，李某虽然沉默寡言，但做事很稳重，工作能力也很强。李某在生活上比较节俭，抽烟都抽很便宜的烟。据人事局旁的小卖部老板回忆，他最喜欢买的烟就是5元钱的朝天门。出事后，记者在李某的家中看到，家里设施都很一般，没有值钱的物件。李某的家人正在忙着为其操办后事。陈主任表示，有关部门会处理好李某的后事，安抚其家人。

综合各方面情况可见，李某工作上认真负责，且正处于干部换届的紧张压力之下。而老家的穷亲戚经常打电话来，有的要求给其解决工作，有的要求给予经济支持。李婉言拒绝引起了亲戚的不满,最近又经常打电话来求助"骚扰",加上李的母亲需钱治病,李因不能承受才自杀的。

心理分析

自从事件被报道之后,同情惋惜者有之,无端猜疑者有之。让我们先来了解一下这些不同的看法,这可以有助于分析当事人李某当时处境下的心理。

首先,我们对怀疑论者做一番分析。

有人对大足人事局副局长自杀缘自无钱养母觉得不可思议。如网上有人认为"李月收入千余元,不可能为经济负担而自杀。一个县的人事局长无力供养老母,实在与老百姓的经验有出入,存疑。"

有记者向了解李某的同事们了解情况,得知他还时常参加公益捐助,并进一步查访到当年 7 月和 12 月李某两次的爱心捐款:分别为 200 元和 50 元。有人就根据这个认为"这就说明他自己用钱并不困难。"

这种心态恰恰从一个侧面反映了李生前所要面对的种种压力:

一般拿工资的机关工作人员,如果不了解他老家的详细情况,自然而然的可能会做这样的估计:"作为一个副局长,就算别的没有,每月的收入只看工资吧,就有上千元,在这个地方也算可以了。反正不比我们少,到了公益捐助的时候,总要带头表示一下吧?而且一些慰问活动还要你来组织呢。"

——在这种情况下,李某无论是出于爱心或责任,还是出于人之常情来维护一下基本的面子,做出一些捐献自然是少不了的。

而来要钱的穷亲戚,可能会有这样的说法:"我们在老家实在是太穷了才来求你帮助,你一个做县领导的能没钱?恐怕不是有没有钱的问题。是的,当时父亲的病是你出的钱,那是你该出的,事实证明你也出得起。可现在母亲又得重病了,你拿的钱远远不够用的,让我们怎么办?要是真没钱的话,遇到单位的捐献活动,怎么还每次都参加?为什么还能捐献给别人?再说,春节就要到了,你在外做官,不说是衣锦还乡,大过年的,对老家的人们也总要有像样儿的表示吧?"

——在这种情况下，李某要面对的，已经远远不只是付出一般的赡养老人的日常生活费的问题了。谁知道在这种情况下，要出多少钱，才能够给老母治病？要怎样表示，才能满足亲戚们对他这个"在县里做大官的人"作为一个孝子的期望值呢？

面对求他安排工作的老家亲戚朋友，可能又会听到这样的声音："要是你做别的官也就罢了，偏偏你做的是人事方面的官儿，求给亲戚朋友安排个工作，只要你想帮忙，那还不是很简单的事吗？"

面对机关工作换届调整，少不了有大会小会都在强调："大家认真工作，努力奋斗了这么多年，这可是关键的时候，千万别出什么原则性纪律性的问题！"是啊，现在大学生找工作都不容易，要安排个农村亲戚工作哪有那么容易！关键时候要注意维护自己的形象，比平时还要注意搞好关系。而且本来就要过年了，大家平时不错的，一起出去聚一下也是人之常情啊！可是次数多了，从何处开支呢？一想到老家不时打来的电话，不由得揪心。又怎么能有心情呢？

——在这种情况下，李某的工作和生活种种事情纠缠在一起，其压力可想而知。

接下来，我们再来看看持同情理解态度的人的说法。

也有不少人表示非常理解李某的处境，如有人在网上发表这样的评论："李的确不容易。因为，每个人都面临方方面面的生活压力，只是看一个人承担责任的意愿了，你不担事儿也就没有什么困累可言，你对生活质量没有要求，那也就没有什么烦恼了，正像有句话说的：好人不长寿啊！我是能理解这个人的，看到亲人的难处就觉得自己有责任，亲人有求于自己，就张不开口推脱，又好面子，受不了别人的非议，又不愿意降低自己的生活质量，能不痛苦吗？"

曾经见到有人很有体会地说："没当领导时，不理解当领导的难处。等当上领导后才明白，当领导也难，能干的都不好管，好管的又不能干，偏偏还有不好管又不能干但又有后台得罪不起的，这可是中层领导最头疼的了。中层领导最难当，上边压力重，下面不好管，工作往往还要亲自动手做。太严了容易得罪人，怕下属造反，太松了又怕自己丧失权威。"

"机关或公司到调整的时候都乱,最乱的就是中层,要找位置,所以要增加权重,就会拉帮结派,一到临近岗位调整的时候,中层提前就已经开始拉帮结派,各部门各'团体'都有饭局,而且都是个别人买单。一个晚上,就可能接到二通电话,要请去吃饭,说是大家聚一聚,聊一聊,增加一下感情。等位置定了就开始整理下面,过了那一阵子就好了。"

这些说法背后,有同情理解,也有无奈,从其中可以看到一些现实问题的反映。问题是,同样是有责任的人,同样面对并不尽如人意的状况,有人难以接受,苦恼万分,抑郁消沉,而也有人能用现实的态度去思考,以积极的心态去应对。那么,如何应对才能更好地调节自己呢?

3 应对策略

第一,要学会正向思考,变消极的自我评价为积极的自我评价。人在心情抑郁消沉时,往往有一些典型的消极性的自我表述,如"我真没用。""没满足老家的要求就是我不孝,人家会看不起我。""既然他们觉得我没用,我也觉得自己没用,还不如死了算了。""我应该对人有求必应,要不就没有面子。"这时,可以试着让自己用积极性的语句取而代之,如大声对自己说:"我已经做了很多有用的事! 不管别人怎么说,我知道自己的价值! ""老家提的要求不现实,实在太没数了,我这边能做多少我自己清楚。这说明我还有难得的自知之明。""实际上我做到这些就已经很尽力了,已经给老家做了很大的贡献","我没有必要也不可能做到对人有求必应,这很正常","我有权按自己的计划安排自己的事情,这不但不丢面子,反而表明我有我的自尊。"

第二,寻找时机,适当倾诉,寻求理解与支持。我们看到李某的悲剧在某种程度上与他较为内向的性格有一定的关系。虽然身边有关心他的同事和领导,看到他心情不佳,几次主动谈话,并关切地问过他,但很遗憾他只是让自己承受痛苦,并没有借朋友关心的机会,让自己说出心里话。要是他对现实中出现的烦恼,能尽量说出来,情况很可能是另一个样子。沟通理解可以给心理减压。要把自己的感情出口放宽,适时向亲人朋友倾吐内心苦闷,取得社会支持。

如果想保留自己的隐私，要注意选择合适的时间，找对合适的倾诉对象。也可以在安静独立的环境下将自己的情绪写下来，可以让自己的情绪有充分的表达，再将写下的内容烧掉或撕得粉碎再冲入下水道，想象不良的情绪也随之而去，自己又可以接受自己了，可以理智地去处理事情了。这样做会使郁闷的心情得到宣泄，有助于平和不安的心境、重获心理上的平衡。

第三，适当运动，放松调节。心情不好时还可以用运动法释放减压，经常做些简易气功、健身操或打球、跳舞来活动筋骨、舒展身心。每晚临睡前用热水泡脚，再搓搓脚底。运动是我们所拥有的最好的天然抗抑郁症剂。或者走向大自然，不妨暂时离开平时的生活环境，让身心融入大自然的怀抱，体会大千世界日月更替、斗转星移、海纳百川的变化，从大自然中汲取智慧和精神力量。

第四，接受现实，从容面对，不苛求自己。对于工作中的成就要欲望适度，"当淡泊处且淡泊"。用心去品人生中平凡的充实，于功名、财富的追求中存几分"古今多少事，都付笑谈中"的心态。

在生活中，处理事情要量力而为。无论是对自己的子女，还是对于父母、对亲友，即使自己再有责任心，也要认识自己作为一个人所能承担的责任是有限的，不要过于看重面子而跟自己的实际情况过不去。不现实的期望不仅于事无补，更无益于心理的健康。我们不必过于看重外在评价，但求自己问心无愧。

四 | "铁娘子"与贤妻良母
女领导在事业家庭兼顾方面的心理调适

案例改编者：张雯

案例取材于真实人物

如今，女警官、女经理、大学女校长越来越多了，越来越多的女性成了本行业耀眼的明星。人们不时地还会看到女部长、女外交官、女总统的报道。

有相当数量的妇女已跻身领导岗位。女性正在以一种全新的方式与"领导力"结缘。毋庸置疑,随着教育背景的提高,女性正在人类生活中拥有持续增长的权力。

这些成为领导者的女性要面临的一个难以回避的问题是:如何解决作为一名领导者的胜任特征与传统上的女性角色期待之间的冲突? 而如何兼顾事业和家庭,正是这一问题的集中表现。

✐ 撒切尔夫人的故事①

提起英国首相撒切尔夫人,人们都知道她是一位杰出的政治家,却不大晓得她还是一位贤淑的妻子和慈爱的母亲。

玛格丽特·撒切尔毕业于英国著名的牛津大学,丈夫丹尼斯只受过中等教育,长她 11 岁,离过婚,地位要比她差得多。但她并不在乎这世俗之见,25 岁时与丹尼斯结为伉俪。

1987 年 12 月 13 日是玛格丽特和丹尼斯结婚 35 周年。35 年来,他们恩爱如初,从未发生过争执,对彼此的事业互相尊重,互相支持。首相在接受记者采访时说"他忙他的事,我忙我的事;他的事对他很重要,我的事对我也很重要,我们从不干涉对方的事业。"担任一家大公司董事长的丹尼斯说:"在我看来,夫人品质高尚,始终如一。她美丽、乐观,非常慈祥,更有思想。"撒切尔夫人在谈到他们夫妇的关系时说:"作为夫妻我们的地位是同等的,不能说谁强谁弱。丈夫对我的帮助很大,我常请教于他,聆听他的意见,他是一个见多识广、很有主见的人。"

撒切尔夫人喜欢孩子也善于教育孩子。她婚后生有一对双胞胎儿女。但这没有影响她的事业,1963 年她获得律师证书,1969 年成为国会议员,1970 年当上教育大臣,5 年后当选为保守党首脑。撒切尔夫人被问及地位高升对家庭生活有何影响时说:"影响家庭生活的不是地位问题,而是家中多了两个孩子。他们从牙牙学语到入学读书都要我悉心照顾。孩子们长大

---

① 本故事选自《杰出的政治家和贤淑的妻子——撒切尔夫人》,2003 年 2 月 10 日,http://www.bookhome.net。

了有了他们自己的朋友，自己的天地，作为母亲的我，也因而结识了不少年轻的朋友。"

到 1988 年 1 月 3 日，撒切尔夫人在任时间已满 8 年又 8 个月，成为 20 世纪英国在任时间最长的首相。当天她在唐宁街 10 号官邸向记者发表讲话说，英国政府将继续进行大规模的住房地方财政改革，控制通货膨胀，保证经济稳定增长。她的讲话受到英国公众的赞赏。

撒切尔夫人政务缠身，家务又料理得井井有条。她是怎样安排一天生活的呢？请看法国《观点》杂志报道的她在 1987 年英国大选前一天的作息时间表吧：

早晨 6 点，首相起床后，先在唐宁街寓所的小厨房里冲好一杯浓咖啡，加上两片维生素 C。然后她一面听着英国广播公司电台的广播，一面打开标有王室印记的红皮箱。她一边浏览大臣送来的汇报和外交函电，一边等着理发师的到来。

9 点，她来到"神圣"的办公室，一伙忠实的合作者正在那里等候着她开每日常务会议，政府发言人为她概述早晨的新闻。

9 点 30 分，一位身边工作人员送来信函，她略略溜上一眼，便走出办公室去找政府秘书长罗拜尔·阿姆斯特龙，因为此人能量很大，操纵着白厅的行政机器，对于政府的所有决定都有举足轻重的影响，她要听取他的意见。

10 点整，首相出席每周一次的内阁例会。她最先来到会议厅，当 22 名内阁成员进来时，她并不站起来，而是坐在那里迎候他们。

11 点例行接见，今天首相在白厅会客室里接见了苏联副外长，谈话主题是戈尔巴乔夫最近提出的裁军新建议。

11 点 30 分到 13 点准备答辩。首相每星期有两个下午要在议会上口头回答问题，这是颇艰难的一件事，没有哪位首相对它掉以轻心。在下院，很可能什么问题都会被问到，因此，她必须牢牢掌握各方面的材料。今天托盘里的午餐都是在看文件时吞下的。

14 点，首相用了 15 年的达莫莱轿车载着她和她的贴身警卫、秘书来到首相在下院的办公室。撒切尔夫人在这里娓娓不倦地开导议员们，为他们竞选打气。

15点，首相坐在下院的政治席位上，不动声色地听着议员们强词夺理、甚至夹带着谩骂的争辩。随后，她一跃而起，目光逼人地说："可敬的先生，您至少该知道您都说了些什么……"

17点，首相回到唐宁街10号官邸，接受《快报》记者的采访。18点30分，出席招待农业界代表的便宴。她关注所有的细节，从来宾名单到餐桌的摆设，从饮料到鲜花。宴会朴实无华，没有浪费，因为所有被招聘的经管人员都对此心领神会。

20点30分，首相回到自己的私人住宅，平日家里没有厨师和侍者，她要自己动手做晚饭。她从冰箱里拿出冻肉，打开一瓶豌豆胡萝卜雉头。不一会就烹制出两三个美味可口的菜肴，夫妇俩共同享用。首相的饭量很小，因为她时时注意自己的身段和线条。在丈夫看电视连续剧时，她在另一屋子里放上一张自己喜欢的唱片，在长沙发上一靠便又工作起来。当闹钟敲响12下时，她才解衣上床。这天夜里，她睡觉前看的书是《一些原材料对人类未来的影响》。

🔖 和谐社会价值观的变化：从片面强调"公而忘私"到提倡"事业家庭兼顾"

从以往的一些领袖人物的事迹上看，当领袖的，似乎必须牺牲家人，才显得出伟大。中国人的家庭就因这句话产生了多少悲剧。典型的例如"大禹治水，三过家门而不入"，以往是曾被人们如此歌颂过的。但一位有名的演说家换了一个视角，这样分析道：以现代眼光来看，这男人怎么这么过分？揣摩一下大禹太太的心声："老公，今天国家需要你，看你终日奔波、为民除害，我以你为荣。你放心，我能让你无后顾之忧。然而，我虽不要求你天天准时回家或三两天就带我散步一次，但是，结婚十多年了，很少看到你的人，而你今天刚经过家门口，却不进来看一下？偶尔一次没关系，你却连续三次？问题绝不在于你太忙，而是你不再关心这个家了！"

这一分析角度，反映了在大力提倡以人为本，创造和谐社会的时代，人们越来越认识到领导者也有作为普通人的一面，而那种"为了别人好，就一定要牺牲自己的私人生活"的做法,现在已经不再被认为是理所当然的最佳选择。

领导者无论是男性还是女性,都有多重角色。人们希望寻求更好的解决办法,希望事业的成功不是简单地以忽视生活中的角色为代价。如果人们对男性领导者过于"公而忘私"的必要性与合理性都已经提出质疑的话,那么,在女性参政议政的情况下,对女领导是否能兼顾事业和家庭问题,更是格外引人关注了。

踏上从政之路的女领导,肩挑家庭、社会双重重担,既要"相夫教子",又要挑战未来;既要做好媳妇、好妻子、好母亲,又要做好领导,所以常有人说女性从政太难,女性从政太苦……承担人类自身生产客观上使女性干部的起步滞后,虽然怀孕、哺乳期只有一两年,但影响进步至少有 3—5 年,加之国家规定女性退休时间早 5 年,更加剧了女性干部成长时间短的矛盾。女干部的多重角色,使女性的负荷极为沉重,女性事业上的每一项建树,每一次拼搏,都要比男子多付出"三分汗水,五分勇气,七分毅力,十二分艰辛"。如果家庭问题处理不好,就往往导致要么走极端不成家,宁愿过独身生活;要么家庭破裂或战火纷飞,有损女干部形象和公信力。女领导者如果无暇顾及家属、子女,甚至个人的正常生活秩序也受到影响,会导致爱情亲情不稳定,其压力可想而知。

据报道,一些女厅长们在畅谈参政时,同样提到一个普遍的心理压力是怕成为"异类"。这一担心背后的潜台词是,很多人认为男人参政而且成功是理所当然的,而女人参政并成功发展到较高职位,则很可能是所谓异类。

"有人说我像女强人,我不同意,对我来说重要的不是要做'女强人',而是自己要做'强女人'。在女性魅力与职业能力很难协调的时候,职业能力绝对是考验女人综合素质的关键筹码。"一位文化传播公司企划部高级主任说。她也提到:"有时候我觉得自己好累,做着与男同事同样的工作,背负着同样的压力,却还要兼顾家庭,身为职场女性,我们付出的往往比男性要多得多。"

实际上,事业与家庭并非不相容,如前面所说,英国首相撒切尔夫人日理万机,可家庭还是搞得井井有条。无论在外是多么重要的角色,在家庭中仍是普通一员,有责任担负起家庭成员的义务。经过协调,生活可以规划,工作可以安排,家庭与事业是可以在一定程度上得到兼顾的。

❸ 女领导在事业上要突破传统的精神禁锢

领导者的性格应是有主见、有魄力、有胆识、有理智、敢决策。而由于受我国几千年来形成的"男尊女卑"、"男主外、女主内"的旧观念影响,传统女性的性格特征往往被认为是被动、抑制、胆怯,缺乏开拓性和创造性的。现在一些女性管理者潜意识中仍有自卑依附、害怕竞争心理。在传统与现代之间,她们往往处于两难境地,形成双重人格。一方面诅咒传统,另一方面常常不自觉地充当传统的卫道士,如不善于张扬、宣传自己,压抑参政欲望。

女领导者要想有所作为,首先要冲破精神枷锁的禁锢,树立自信心,锻炼有胆有识的果敢魄力。自信是自强的基石,自信是成功的法宝。人类进入知识经济时代,越来越多的工作不是凭借体力,这对于体力上不占优势的女性是一种很好的机遇。要自觉消除"女不如男"的心理障碍,树立自尊、自信,变压力为动力,变依附为独立。当面对复杂局面和挑战性强的工作时,女性领导者要努力克服自己的退缩心理,让自己勇敢地迎上去,大胆独立地承担起来。

据心理学家分析,很多时候,女性在管理风格上具有这样一些特点:对团队感受敏感、强调授权清晰、讲求沟通和对话、较少与团队成员强势争夺利益,而且往往更能理解被领导者的心理,耐心细致,善于协调,更易促成团队的团结。"感人心者,莫过于情"。这些特点恰是一种让人容易接受的领导艺术的体现。不少女领导对工作认真执著,表现出了特别坚韧的一面,这是走向成功的重要条件。如果再加上正直的人品,其社会影响力就不可小视。这就是为什么在实际生活中,一个女领导完全可能带来很高的整体效益。

❹ 女领导在生活中要注意角色转换

在家庭生活中,领导者要注意角色转换,注意某些领导特质可能对婚姻与家庭的影响。领导者常要分配和支使别人,如果把领导的习惯带回家,家就不像家了。如果作为领导者在外发号施令久了,受到太多赞美和跟随,有时容易对家人也发号施令,忘了自己在家的角色定位。领导在外面是决策者,需要决策时,通常两三句话就结束了。但如果和家人沟通也是三言两语,多少会影响沟通层面。

在外边从事社会工作常需要很认真、很尽心尽力。这可以满足工作上的期待而受到称赞,但有时一回到家就感觉疲惫不堪了。家里一些事情需要商量该怎么办时,如果觉得自己太累太烦而不耐心商量,而用生硬"指示"的处理方法,往往会使家人感到不开心。

领导者回到家,角色是家里的平等一分子,而不再是领导。所谓的一分子,是指要参与、要分担家事的责任,家庭的事大家一起来做,家的感觉才会出来。婚姻中要重感觉。领导者不仅行为要正,还要抓得住感觉。夫妻沟通未必需要高谈阔论,比起冠冕堂皇的大道理,倒是不时地谈谈一些日常感受,在一些看来不起眼的生活小事上经常交流,会让双方感受到更加亲密自然。那些拥有幸福家庭的领导者,通常是好好对待家人的行为和感觉的人,而不会只被外面的掌声与喝采所陶醉。有一点是很清楚的,回到家一定要强调家的感觉,营造和睦的家的气氛。

关于角色转换,作为成功管理者的王嘉陵女士分享了她的心得。在IBM,王嘉陵曾负责亚太地区 14 个部门的业务,从营销,到市场规划,到信息管理等各方面的部门。她认为,人生是多元化的,有非常多的角色,我们要认定我们的角色,每一个角色有不同的范畴,在这个范围之内,我们要把角色扮演好,这是我们的责任,也是我们的义务,不需要越过这个角色的范围,也不要把这个角色混淆了。"尤其是女性,我们有许多需要扮演的角色,每个角色有他的范围,当我工作时,我的角色就是做老板、就是做同事,我不在公司扮演女儿的角色,不在公司扮演太太的角色,我就是扮演员工的角色、老板的角色、同事的角色,这是我该扮演的,我就把这个角色扮演好。回家或者下班以后,在家庭中扮演好的女儿、好的姐妹、好的妻子的角色。"①

---

① 《快乐地成功,成功的快乐——前 IBM 亚太区副总裁王嘉陵女士成功观》,2005 年 3月,http://www.cngm.org。

📷 打好时间差，双重的收获是最大的慰藉

女领导者面对不同角色需要，要善于通过自我调适和放松，自如地处理好多重微妙的关系，为自己营造一个良好宽松的工作和生活环境。在认真做好本职工作的同时，尽力照顾好家庭，平衡好感情砝码，扮演好贤妻、良母等多重角色，使家庭美满成为成就事业的坚强后盾，取得家庭事业双丰收。

巾帼英雄、南京市鼓楼区检察院副检察长兼反贪局长谢健，不时要面对人们的提问："当您的检察官身份与母亲的身份发生冲突时，您是怎么协调的，成功的女人背后也有一个辛劳的男人吗？家务事情主要是谁来承担？"

谢健朴素的回答是："我觉得家庭是我工作的一个支柱，家庭幸福工作可以干得更好，可以让我去掉后顾之忧。确实有时为了工作，对家庭是有影响的，我能认识到这一点，所以家里面在埋怨我的时候，我能接受，而且我会在工作不忙的时候，一心一意地照顾家。"①

是的，只要对工作与家庭的重要性有合理的定位，就有可能在尽力搞好工作的同时，不淡化家庭观念，就会想出办法来协调安排时间，转换并扮演好领导、下属、贤妻、良母、孝媳等多重角色，使事业成功成为家庭幸福的基石，使家庭成为安全的港湾、成为成就事业的旅途上的加油站。取得家庭和事业的双丰收，是人生最大的慰藉。

📷 接受现实的限制，不苛求完美

不管我们有多聪明、多能干，但我们不得不接受"每个人一天只有 24 小时"这个极限。在有限的 24 小时内，我们如何最充分地达到我们的理想，这才是真正的挑战，就是在这个极限之内，找几个少数的角色好好地扮演，就会有更多更大的角色让我们扮演。

既然是双肩挑，我们在生活上就要接受一个现实，那就是不能苛求自己

---

① 第二届全国十杰网上交流（整理版），正义网，2004 年 2 月，http://www.jcrb.com/zyw/sjdb。

像全职主妇那样为家人做一切事情。所以,在当今社会的女领导,虽然在家里要关心一家人的衣着,但已经不再需要扮演缝纫高手的角色;回到家里虽然可以下厨,但不必过于苛求自己每餐都展示复杂的厨艺。即使事情单独看起来自己动手是完全有能力做好的,但加在一起,却要花费那么多的时间和精力。而我们依靠科技进步,可以大大提高家务劳动现代化、社会化程度,把自己从繁杂的家务事中解脱出来。

综上所述,只有当我们能够正确认识看待家庭与工作之间的关系时,才可以更有效地缓解由于工作与家庭关系失衡造成的矛盾冲突,促进工作与家庭相得益彰。愿我们的工作因家庭而增添力量与效能,希望家庭生活因工作而更有活力更加充实,让生命因工作与家庭的和谐而更加快乐精彩!

五 | 一失足成千古恨 可怜老母教子心
——面对家庭成员与关系罗网的心理冲突

案例改编者:张雯
案例取材于真实人物

◢ 成长道路[①]

郑道访是一个来自贫苦农家的子弟,一个靠自身的努力完成了重庆交通学院学业的莘莘学子,对物质生活更不会有不切实际的奢求。改革开放后,作为知识分子中的一个佼佼者,时任交通部四局技术员的郑道访已锻炼成一名业务骨干,并多次因为工程技术创新,善于节约工程造价而受到组织嘉奖,郑道访受到上级的重用,第一次走上了领导岗位。1994年,郑道访因他主持修建的成渝路重庆段受到各方好评和交通部的表彰;同年,便从重庆市交通局副局长一职调任省交通厅副厅长,分管全省高速公路建设。

----

① 本案例改编自罗学蓬:《来自反腐前沿的内幕故事》,2005年1月12日,http://www.sina.com.cn。

② "郑母教子"

这是一个令人敬重的普通农村老太太绝不普通的故事。这位老太太，就是郑道访的母亲韩素清。郑道访到成都上任之前，特意回长寿老家看望了一下年事已高的老母亲。当地各级官员得知郑道访即将赴省城担任要职的消息后，纷纷赶来奉迎巴结，提前作感情投资，短短两天时间里，便收到了3万多元的礼金。面对这样一笔从天而降的巨款，一般的农村老太婆可能是欢喜得要死，可是，郑老太太却并没有像常人那样喜出望外，相反，她却似乎从这一大堆金钱中看到了儿子前程似锦如日中天的人生道路上即将面临的陷阱和危机。没有任何令人惊天动地的豪言壮语，朴实的老太太只坚持一条为中国老百姓所认同的朴素信条：不义之财切莫贪。这些钱不是自己的，要了会伤自家的清白。她硬是逼着儿子答应把这笔钱一分不少地交给组织才放下心。

这一次，郑道访也果真没让母亲失望和担心。而且，更令郑道访感动的是，在他临离家门的前一夜，母亲居然把家中大大小小几十口人全召集到堂屋里，开了一个家庭会，当着儿孙们的面，她把自己靠种地卖菜一分一文攒下为自己备办后事的1000元钱交给郑道访，对儿子说道："妈老了，在世上的日子已经不多了。你在城里，喝口水也要钱，用度大，这点儿钱，你拿去用吧，我们一大家子在乡下凭劳力吃饭，虽说苦累一点儿，但活一辈子图的就是个心安，可我眼下最不放心的就是你，当了大官，就有那么多小官来讨好送钱，妈怕你把持不住，会在这个钱字上栽跟斗啊！"

就在这次家庭会议上，郑老太太为了让儿子能够安安心心地做一个清官，宣布了一个"约法三章"：一是不能打着郑道访的招牌随便接受别人的礼品和吃请；二是不准答应帮助别人办事；三是全家任何人都不能去找县、乡、村领导办私事。

郑道访当上主管全省高速公路建设的副厅长后没多久，长寿县的一位领导到她家慰问，并主动提出让郑老太太的一个儿子到县城里工作，老太太没有半点儿犹豫，当面便谢绝了这位领导的"好意"。还有一次，她和女儿用三轮车拉着桔子到县城里卖,被交警没收桔子并罚款 100 元。女儿准备向交警亮出哥哥郑道访的招牌,被老人家制止,最后她们因交不起罚款三轮被交警拖走。第二天,韩老太太借来 100 元钱交了罚款才把三轮赎了回来。

有这样一个深明大义的母亲,是郑道访的福气;可是,他最爱的妻子和一个儿子,却是与母亲截然相反的另一类角色。

3 关系罗网

1994 年 9 月,郑道访刚到成都走马上任,第一个给他送"财喜"的不是别人,却正是刘厅长的公子。对于这样一位身份特殊的来访者,郑道访自然会客气地接待。刘公子寒暄几句后,直奔主题,请求郑叔叔帮助某某公司在广邻路 D 段工程中中标。郑道访明白刘公子是利用老子的地位在中间为自己谋私利,虽然心里有些不痛快,但考虑到初来乍到,又是个副职,不便因刘公子的关系而影响和刘厅长的关系,便勉强应承了下来。

谁料这件事办成之后,没过几天,刘公子把 10 万元所谓的中介费交给郑道访的儿子郑勤,让他转交其父,并代他感谢郑叔叔的帮忙。这是郑道访走上领导岗位后的第一次大额受贿。面对如此轻易得到的这笔巨款,他的心动了,虽然表面上他装模作样地批评了郑勤几句,叫他以后不要再收别人的钱物,却并没有叫儿子将这笔钱退还。贪婪的心灵之门一旦打开,便再也难以关闭。

4 越陷越深

自那以后,郑勤便经常会收到别人赠送的巨额金钱。1996 年,某工程处处长为了在隆纳路、成雅路工程中中标,一天晚上揣着一个装有两千元钱的信封来到郑家。郑道访不在,郑妻接待了他。当这位处长拿出两千元现金请高家兰转交郑厅长时,她鼻孔一哼,斥责对方简直是不懂规矩,让这位处长碰了一鼻子灰,她并别有用意地将儿子郑勤的电话号码告诉对方,叫他今后别老往家里跑,有事找郑勤,比找郑厅长还管用。处长感谢"高人"指点,第二天便找到了郑勤,郑勤直言不讳地给他开出了价码,告诉他如今通常的规矩都是承包方必须拿出预算的 3%—5% 来作为中介费,少了这个数,事情便不好办。在这一"开导"下,处长答应了郑公子提出的条件,结果如愿以偿。当然,这位处长也忍痛给郑勤送上了 35 万元的"好处费"。

1998 年,某局为使本单位在达渝路中中标,找到郑勤。酒酣耳热后,局长助理试探着问郑勤:"这次投标,两次议标我们都排在第一,可能中标没有问题吧?"郑勤笑道:"议标的前三名都可以中,不是你们认为合理就会中,而是要省交通厅认为合理的才会中。"言下之意,他父亲认为合理的才合理。本来中标是情理之中的事,经郑勤一说,对方没把握了,"吓"出了 135 万元(至案发前已交给郑勤 85 万元)。

而郑妻的贪婪,比起其子毫不逊色。她打着丈夫的招牌日进斗金不说,她还鼓动郑道访利用职权,为其妹、其侄分包工程,专门为高速路推销建筑材料,仅从暴富的妹妹、妹夫手中,她便拿到了 135 万元好处费。

✍ 悲剧惊心

郑道访案发后,可怜那郑母急火攻心,一下子病倒了。为了帮儿子还赃款,80 岁高龄的老人,带着 6 岁的曾孙女上街卖菜,当老人在电视上看到儿子案情的报道,得知儿子受贿了上千万元时,一口气没上来,就活活气死了。死的不单他的母亲,还有他的岳母,也是在案发不久,无法忍受这突发的变故,岳母服安眠药自杀了。

说到两位老人的死,郑道访已是老泪纵横,无法自禁,痛不欲生地斥责自己是对国家不忠,对母亲不孝……即使是冷面如铁的办案人员,听着也不由地鼻子发酸,眼睛发潮。

专案组组长老江道:"郑案一审,郑道访被判死刑,老婆和儿子也被判了十几年,好好一个家庭,全都毁了。回到看守所后,郑道访的情绪低落到了极点,几天几夜不能睡觉。他向警方要求,想见见我,我去了,我们俩面对面谈了几个钟头。对于这样一个曾经无比显赫,而现在面临死之将至的人,心情的复杂,不是用语言能表述清楚的。我问他是不是有什么个人的事情需要我帮助他办理？郑道访说，不，没有什么事情，我就想找你来陪我说说话。我注意到他眼神呆涩，思维跳跃性很大，说起话来也有点语无伦次，甚至前言不搭后语，但是，他要表达的意思我还是能听明白的。"

"他絮絮叨叨地跟我谈了他的一生，幼时在农村过的穷苦生活，大学里如何刻苦发奋，工作中如何任劳任怨，兢兢业业，最初走上领导岗位后，他如何严于律己，老婆用公家的木料做了一个衣柜，他知道后也曾大发雷霆，但后来权力大了，看到周围的人都在想办法为自己大把大把地弄钱，而且也没出什么事，所以自己也就产生了不弄白不弄的心理，以致发展到后来越弄越多，越多越想弄，因为那钱实在是来得太容易了。他甚至痛悔道：'其实，我这个人一辈子从不讲究生活上的所谓享受，我弄那么多钱来做啥子呀？'"

心理分析

郑道访身上有着许许多多的悲剧因素。据调查，郑道访长期养成了俭朴的生活方式，穿着上从不讲究，熟悉他的人都说他穿的衣服像是从腌菜坛子里抓出来的，吃东西也很随便，即便当上副厅长，家中有了金山银海，生活习惯也没有改变。他从不上舞厅、夜总会，家中的摆设也显得很简陋。他休息时喜欢去交通厅老干部活动中心的小茶馆里打麻将，一块两块的，打得极小，连一块钱的茶钱，也是自掏自买，从不给人买单，也不允许别人替自己买单，认真得近乎吝啬。而这样的生活，仅凭他的工资，便绰绰有余。

走上领导岗位后，他最初也能严格地要求自己，对生活并没有更多的要求，对金钱物质看得也不是太重，原本更看重的是事业和精神方面的东西。如果没有足以让人的私欲充分膨胀的合适的土壤和气候，要让郑道访这类人物单纯为金钱而导致人格堕落，那并不是一件容易的事情。但是如果官员们手中的权力基本不受任何有效的制约，而完全取决于他们自律的程度，这种自律的保持能力在现实压力下就会相对脆弱，其心理防线就相对容易被攻破。

郑道访对专案组长老江谈到，最初对他影响最大的是一个姓潘的包工头给他带来的心理冲击。郑在主持成渝高速公路重庆段建设时，这个包工头就在他手下承包土石工程，一字不识，但做事很踏实，工程质量完成得也不错。后来他调到省里以后，姓潘的也就经常来找他要工程，因为对此人印象还不错，也就满足了他。几年后，这包工头不仅置起了上千万的家产，而且还成了他所在地区的政协委员，地方上一位大名鼎鼎的实业家，而自己呢，无论学识、专业、地位、影响，都非姓潘的所能比，可每月的收入却不过一千多元，和姓潘的手下几百号农民工差不多，这种心理上的不平衡像一把火，烧得他的心中的五脏六腑痛得不行！

收入上的反差，是他内心发生变化的最初的内驱力之一。而面对那些送上门来的钱，又似乎"不拿白不拿"，特别是上级领导的儿子送上门来的钱，更似乎是做了一个暗示：大家都这样，连上级都这样做，我又怕什么呢？何况顺水人情大家都高兴，而办事时要是太认真、不照顾面子反而会得罪上级，又是何苦？就在这推力和拉力之间，他的心理上的原则防线彻底被攻破了。错误的寻求平衡方式，使他后来终于滑下深渊。

那么，面对这种种社会现实引起的心理不平衡，怎样应对呢？

第一，心理上对自己要有稳定的价值定位。看得出他的人生目标最初是努力做一个对社会有贡献的人，对钱考虑得较少。后来由于突出的表现被提拔为专家型领导后，他最初服务于社会的人生目标好像已经得到较好的满足了。而另外的需要的缺失上升为主要的矛盾——对比起另外一些发财了的人，他开始在意起个人薪水的高低，虽然他还享受国家特殊津贴，却没法与包工头比收入。当他不择手段地受贿时，这时的价值参照系已经偏离了最初的轨道，置道义于不顾了。

第二，当原有价值定位发生动摇时，要用理性思考调整认知，清醒地认识自我，全面分析评价，量力而行，决定取舍。

无论哪种取舍，毫无疑问都是要首先建立在合法的基础之上，其次考虑社会背景、以往经验、自我的性格特点与能力特点。其实，想提高收入也有正当的方式，所谓"君子爱财，取之有道"。如果真认为做国家干部"收入低"，而自己又实在很难做到"不注重从收入方面体现自我的价值"，从心理上难以调整自己，这就说明自己不适合在这个岗位上继续做下去。那么，可以选择辞职，让更合适的人选来做这相对"低收入"的国家干部，而自己可以光明正大地做实业挣钱,合法纳税。这样在实现自己的价值定位的同时,同样也为国家做了贡献。当然,做出这一选择是需要自己具备相应的能力,并勇于承担相当的风险。

如果深入思考之后,感到自己更适合做从政的工作,也许薪水相对不高,却很看重这个位置所特有的自我实现、服务于社会的价值感,则要好好珍惜这个机会,在领导工作中当好权,用好权,真正用权力为人民服务。

第七部分　反腐篇

背景知识

　　随着改革开放和社会主义市场经济的发展,社会价值观以及生活方式受到西方文化的强烈冲击,领导干部的腐化行为不断增多,在社会上造成了极坏影响,甚至成为党执政地位的严重威胁。近年来,领导干部尤其是党员的违纪违法事件时有发生,同时大案要案更加触目惊心,给人一种雨后春笋,层出不穷的感觉,老百姓对此已经屡见不鲜,变得有些麻木了,这种行为事实上已经严重影响到我们党及整个中华民族今后的发展。领导干部违法犯罪已经引起全社会的关注。目前党中央已经认识到腐败问题的严重性,并相应出台了一系列的政策。江泽民在党的十五大政治报告中指出:"反对腐败是关系党和国家生死存亡的严重政治斗争"。加强领导干部的党风廉政建设,关系到国家的成败兴衰。在建立社会主义市场经济的新形势下,要坚持以邓小平理论和"三个代表"重要思想为指导方针,紧密结合我国的现有国情,积极进行经济建设谋发展的同时,也要进一步加强领导班子的党风廉政建设。2006年1月6日中共中央总书记胡锦涛在中央纪律检查委员会第六次全体会议上发表重要讲话。他强调,要紧密联系建设中国特色社会主义的丰富实践,紧密联系党的建设特别是党风廉政建设和反腐败工作的现实需要,认真学习党章,自觉遵守党章,切实贯彻党章,坚决维护党章,努力促进党的执政能力建设和先进性建设,不断解决好提高党的领导水平和执政水平、提高拒腐防变和抵御风险能力两大历史性课题,更好地带领全国各族人民为全面建设小康社会、加快推进社会主义现代化而努力奋斗。根据目前的状况来看,确实取得了一定的效果,但一些位高权重的领导干部"傍大款","钱权交易","跑官卖官","前腐后继"等腐败现象依然存在,领导干部的腐败意识和滋生腐败的根源还没有得到完全遏制。

　　腐败现象产生的原因纷繁复杂,既有现实原因,又有历史原因;既有国内因素,又有国际因素;既有主观失误,又有客观情况;既有文化和环境原因,又有体制和机制原因;既有生理原因,又有心理原因。有些人可能认为反腐败,制度建设是根本。但俗话说:外因是变化的条件,内因是变化的根据,外因通过内因起作用。我们认为在错综复杂的诸多因素中,心理上主观因素是最根本的原因。对权力的有效制约,不仅依赖于完备的体制,完善的法律法规等外在客观约束,更依赖于健康的心理、健全的人格等内在的心理因素。心理是生活的重要背景,微妙的心理变化导致个体行动的变化,健康的心理产生积极的行动,反之则导致消极后果。人格包括了所有存在于个体身上的心理特征,即性格、气质、价值观、态度、需要、兴趣、认知能力和情绪情感、道德品质等心理成分。体制和法规等外在的客观约束必须通过内在的心理因素才能起作用。腐败心理演变是经历一定过程的,并且在不断加速和拓展变化过程中,推动和促进腐败心理演变,把内在腐败心理转化为外在腐败行为。所以,腐败和毒品一样,沾上就会成瘾而难以放弃,陷入就会强化而难以抑制,堕落就会质变而难以自拔乃至无法自拔。许多腐败分子走上不归路起初都是由心理源头引起的。因此,只有构筑反腐败的心理防线,按照规律预防和认清腐败心理机制,才能制止腐败的蔓延。实现对腐败的有效遏制,必须从心理层面上分析腐败的成因。反腐败在加强制度建设等外因的同时,必须从心理源头防治腐败。从心理源头分析以及防治腐败,是当前我国廉政文化体系和反腐败体系的一个薄弱方面。近年来反腐败大案要案反复和充分地表明,任何腐败分子从有所作为到渐进蜕变和最后堕落犯罪,首先并且贯穿了失衡补偿、侥幸心理、补偿心理等心理机制。剖析腐败心理演变过程,把握腐败心理演变规律,构筑反腐败的心理防线,既有针对性,又合乎规律,从而切实有效地预防和矫治腐败心理演变,不仅是从源头上建设廉政文化体系的重要环节,而且是从源头上建设反腐败体系的重要方面。因此从领导干部的心理层面来探讨腐败问题不仅具有理论价值,同时对于现实情况下反腐败问题的开展有更大的实际意义。

目前我国众多学者已经从不同角度出发以心理学为背景对这一问题进行一系列探讨。有的学者认为,腐败的不良行为是渐进式演化的过程,同时在这一过程中也必然伴随着心理的一系列变化过程。而这个心理变化大概可以分为四个阶段:

1 起始阶段

在心态处于这一时期,有了腐败的打算和尝试的念头。在没有真正的腐败行为之前,还不会构成真正意义上的心理冲突。如果有机会,它们存在着腐败的可能。在真正出现腐败机会的时候,也并不能完全排除因各种考虑而放弃腐败的可能性。

2 冲突与适应阶段

这一阶段内心会有较大的变化,从起初的焦虑到后来的逐渐适应,大部分的腐败行为是在这一阶段习惯化的。

3 为所欲为阶段

在这一阶段领导干部对于自己的腐败行为不会有任何的内疚,而堕落的程度也达到了极端。

4 心理崩溃阶段

由于自己的劣行被暴露,而开始重心认识自己,心理防线处于崩溃阶段。

李凯林总结出了"前腐败心理",认为起始阶段是腐败分子变坏的关键阶段,同时也是可以改变的阶段,抓好这一阶段是解决问题的关键,并且对这一阶段的心理特点也进行了描述。

心理学认为,人的行为总是在一定的心理支配下产生的,特定的行为总是与特定的心理特点相联系,那么究竟是什么样的心理导致领导干部的腐败行为呢?

(1)攀比心理

随着改革开放的逐渐深入,社会主义市场经济不断发展,传统经济利益格局被打破,不同群体间的利益分配出现差距,社会上出现了分配不公的现象,由此引发了一种相互攀比的社会心理。受这种社会心理影响的个别领导干部,也滋长了一种盲目攀比的心理,自然而然地愿意参照别人的生活方式。根据行为主义学派的理沦,人是通过比较、模仿和学习来改变自己的认知和行为的。所以,攀比心理和攀比行为都是常见的现象,关键是攀比对象的选择。领导干部所选定的参照对象和参照行为,往往都是非积极的,有的与暴发户、大款、大腕比,甚至与某些搞以权谋私等不正之风的人比,同他们比金钱,比享乐,比不健康的生活方式。攀比结果,认为自己比他们有才华,吃更多的苦而为什么会没有他们过得舒服,潇洒。在这种比较中就会逐渐产生心理上的不平衡,产生信念价值观的动摇。总认为自己在物质利益上吃了亏,别人有的自己也不能少,这种不顾条件不顾身份盲目攀比的心态最终使一些意志薄弱的干部忘记了党的艰苦奋斗优良传统和全心全意为人民服务的宗旨。在这种心理的驱使下而慢慢出现了行为上的偏离,不严格按制度办事,甚至发生违法乱纪现象。

(2)侥幸心理

在新旧体制转轨时期,由于制度和机制还有许多不健全的方面,权力有时缺乏有效的监督和制约。个别人就会产生一种企图靠偶然的机会捞取好处,靠钻制度和政策空子得到实惠的心理。这种心理就是侥幸心理,这种心理一般是指人们企图偶然获得成功或意外地免去不幸的一种心理。正是这种侥幸心理使个别领导干部主观认为做点出格事不会有大问题。他们认为这种事情只有"你知我知,天知地知",更严重的则认为身居权位,贪点没啥,上级难察觉,群众更不知道。他们忽略自己的职责与责任,相反利用自己手中的权力来谋取私利。在这种侥幸心理的支配下,很容易做出违法乱纪的事,一旦侥幸得逞,就会助长强化这种心理,形成恶性循环,并且导致腐败行为的严重性进一步加大,最终陷入泥潭不能自拔。

(3)补偿心理

这种心理状态是指个体在某方面感觉有一定缺失从其他的方面来补偿自己。当领导者某一方面的要求得不到满足时,便通过其他渠道和方法捞取好处,达到所谓的心态平稳。大多数领导干部产生这种心理也有相互攀比的心理在作怪,通过比较产生了一定的需要,而一旦这种需要没有得到满足,就会紧张焦虑,驱使得到一些补偿来保持心理平衡。什么"政治损失经济补"、"仕途损失金钱补"等就是这种心理的典型表现。这种心理的思想根源是极端的个人主义价值观,把衡量人生价值的标准看作是个人的利益是否获得了满足,在解决各种问题时,开始想到的总是个人利益,而把党和人民的利益摆在后面,对个人利益总是患得患失,斤斤计较。讲到地位、待遇、名利、享受时,总想要超过别人。一旦个人欲望得不到满足时,往往假公济私寻求各种途径来满足自己。而且随着腐败环境的滋长,行为反应模式一旦建立就很容易形成习惯,千方百计寻求各种机会来为个人谋取私利。有的认为自己干了一辈子革命也辛苦了一辈子,却没有享受过,因而认为"过几年就要退休,也应该考虑自己的晚年生活了。"于是就利用手中的权力,在最后的几年里狠狠地捞一把,以补偿昔日失去的光阴和金钱。这样的病态心理驱使着一小部分人在很短的时间疯狂敛取大量财物,从而滑进了万劫不复的腐败深渊。

(4)从众心理

从众心理是指个体有害怕偏离所在群体,一旦不被群体所认可或观点举止与其偏离得太远,就会产生恐惧而自觉地往大部分人的行为上所靠拢的心理。在集体领导过程中,个人由于受明显或内隐的压力,而在观点和行为上努力与多数成员或权威成员保持一致的心理倾向也是一种从众心理。在改革大潮推动下,社会上流行这种"潮"或那种"热",是不足为怪的。但个别领导在这种情况下,头脑跟着发热,产生了随大流的心理。有的衣食住行讲高档,赶时尚;有的追潮赶热,看到社会上一些人炒股,下海经商发了财,自己也跃跃欲试;有的不分真善美和假恶丑,"跟着感觉走";有的认为大家都这样干,我也要这样干,甚至发出举世皆浊,我何独清的偏激感叹。一些领导干部看到他人以权谋私、权钱交易,还可以逍遥法外、春风得意,甚至有些人还得到升迁和重用,于是产生一种效仿的不健康心态。其实一些钱权交易实施者也正是利用领导干部的这一心理设下各种陷阱等你跳。这种从众心理常使某些领导干部在大是大非面前缺乏理性思考,对腐败现象随波逐流,最终做了腐败的俘虏。

（5）人情难却心理

有的领导干部受感情、人情因素的支配，认为亲友熟人有求于己或接受了别人的好处，如果不替人办事人情上说不过去。往往明知是违反原则的事，也想方设法去办，即使自己办不到，也运用手中的权力及影响，通过其他渠道，搞"曲线办事"。这种权情交易导致的结果，损害了党风，助长了腐败。官员有权在手，易于自大，在对家人亲戚的亲情回报上，也易于价值腾升，表现在常想为子女、家人谋取非分的好处。这种心态虽有其"人性化"的一面，但其实是官员自我价值的膨胀。在这种膨胀的自我价值和回报意识支配下，很容易走向事情的反面。有的领导干部重视友情义气，漠视法纪，有"情大于法"、"出门靠朋友"等一系列不合理信念，完全把群众和人民的利益抛在脑后，最终酿成大错。

其实腐败的心理蜕变过程是很复杂的，导致不同个体走向腐败道路的原因虽然有一些共同因素，但也具有一些独特性。以上五点从共同的心理机制入手简要阐述了这一问题。相信随着制度的进一步完善，以及对腐败心理原因的认识的进一步深入，反腐斗争一定会取得显著成效。

一 ｜ 直面金钱诱惑，保持清廉本色
——领导者在面对金钱时的心理调适

案例作者：王瑞

案例属于原创

■ 案例概述

一位普通搬运工人，竟掀开一起隐藏多年的秘密；一个秘密的揭开，竟牵扯到一名"优秀"共产党员；一直以来人们心中的好官，竟是一令人唾弃之辈。一串串疑团在河南某县的百姓心中炸开，引起了一场轩然大波。

时间定格在2003年4月17日傍晚，搬运工小张推着一辆三轮车给县长家运白菜。按照家人吩咐把白菜送到院子后面仓房里。刚运到一半，他不

小心被没摆好的白菜绊了一下，重重地摔在地上。可奇怪的是地上竟发出："哐，哐，哐"的声音，小张很诧异，起来后用脚跺了几下。同样声音又一次从地下传出来，小张意识到地下应该是空的。他低下头，仔细观察了一会儿，竟发现一块松动的木板。掀开地板竟发现下面有一地道。小张感到很吃惊，自己预感到有些不对劲，赶忙把白菜摆好走了。事后小张把县长家地道的事跟朋友小赵说了。说者无心，听者有意。小赵对这事情产生了兴趣，过几天借机来到有地道的仓房，不但发现了地道，还看到里面有十多个大编织袋子，更为吃惊的是袋子里装满了百元大钞。事情就这样慢慢浮出了水面，故事的主人公是河南某县县长徐某。

　　徐某，河南某县县长。在任30年间可谓成绩斐然，先后多次被评为"党内优秀干部"、"河南省优秀共产党员"、"省优秀公仆"，并于1997年4月，获得了全国"五一"劳动奖章。1998年，徐某又获得"全国先进工作者"称号。如此耀眼的光环再加上平日艰苦朴素，为人和善的性格，百姓一直认为徐某真是百年难得的清官，是当地的福气呀。可谁也不会想到竟是这样一位"清廉"之吏，竟于2003年由于贪污巨额公款在万人瞩目中走上了刑场，一夜间成了千古罪人。从清官走向贪官，究竟经历了什么事情，经过哪些心理过程导致了这样的悲剧。

　　徐某生在河南省一个偏僻山村，他是家里长子，上面有两个姐姐，下面有一弟弟和妹妹。他自己讲述道："自己的人生分为三个阶段"。第一阶段对他来讲是十分艰苦的。徐某自幼聪明，喜欢看书。但家境窘迫，他一边割草放羊，一边读完了小学课程。后来又到省城求学，考取了当地一所师范院校。求学的几年是很艰难的，时常是一天只吃一顿饭来维持。有时眼巴巴地看其他同学吃饭，自己只能多找些书看来"充饥"。

　　第二个阶段是踏实苦干阶段。徐师范毕业以后，分配到镇里中学教书。由于徐某专业知识扎实，工作尽职尽责，深得领导赏识，后调到县武装部从事事务性工作。在武装部工作的五年是徐某人生的第二次转折。武装部环境是很艰苦的，但苦孩子出身的徐某适应很快，工作上肯干，更为可贵的是徐为人和善，常常帮助有困难的同事，得到上下的一致认可。短短五年从办事员逐级升到武装部部长，可谓仕途一帆风顺。升官后徐并没有放松要求，无论生活上还是工作上都一如既往地严格要求自己,接连几次获得省市嘉奖。1988 年,徐所在县赶上百年不遇的洪涝,他不但带病亲临现场指挥,而且与官兵一起在险堤上奋斗了 30 个日日夜夜,最终保住了县城。市委省委高度评价了徐的表现并提升他为县委书记。新官伊始,徐做了三件令当地百姓拍手称好的大事:"招商引资","村村通公路工程","严整政府内部不正之风"。十几年来徐带领全县人民从一个落后的穷县发展到经济总产值居全国前列的宝地。上级几次下文将其调到省市工作,但他都婉言谢绝。并在电视里动情地说:"我是这里培养出来的干部,我将在这块土地上一直工作下去。"他生活简朴,一直住在 20 世纪 80 年代的政府大院里;经常穿着洗白了的蓝色汗衫;平时出门上班总是骑着磨得很破的二八自行车;对于办公纸张一直是两面都用,等等。对于这样一位看起来似乎很难同贪污联系起来的廉官,背后究竟发生了什么?

第三个阶段是堕落腐化阶段。徐某自述,工作以来他都勤恳踏实,从未收取任何不易之财。可是自从改革开放市场经济走向高潮的那几年,很多人思想都发生了一定转变,徐某也不例外。一次在某小餐馆吃饭,不经意听到隔壁桌聊起某地某某科级干部竟能买起别墅,某某处级干部送公子出国等一系列事情,末了两人还说了句:"时下就这形势,当官的不贪是傻瓜,我们县县长别看表面清廉,实际上不知道收了多少昧心钱,我听说……"徐某讲述到:"以前听到外面风言风雨都不会在意,可当时不知哪来的一阵感伤。自己为党和人民勤勤恳恳工作了这么多年,现在想送孩子到国外读书都没有这个能力,连个开商店的小老板都不如呀。"过几天恰逢一位私企老板过来谈投资的事,走时留下一信封,说是计划书,打开一看竟是整 5 万的支票。徐在诉说这些时表示,当时想马上给送回去。可一个念头闪了过来,工作这么多年,为国家和人民创造那么多财富,自己拿这么一点儿"报酬"也是应该的吧。在这种心理的驱使下,他心惊胆战地收下了这笔钱。一次以后就自然地有了第二次,第三次……后来他也不知道为什么会那么迷恋钱财,觉得每天晚上闻一闻钱上的墨香,心里就会有种满足感。此后他不但收取别人贿赂的钱财,而且还依靠着自己德高望众的地位暗中搞项目挪用了许多公款,对钱的渴望达到痴迷状态。

可奇怪的是他多方收集钱财但并不挥霍,而是把它们作为宝贝一样地欣赏,这才演绎了开篇的一幕。

🖋 心理分析

上述案例虽仅是个案,但透过整个案例却折射出了许多领导干部贪污腐败案件的共性。即:这些腐败行为主体在通往腐化堕落"征途"上是经历过一定心理过程的,而在心理斗争过程中正是一些坏思想占了上风,最后支配了他们的违法行为。因而从心理层面对领导干部腐败问题做进一步探讨具有重要的理论与实践意义。纵观徐某堕落腐化的整个过程,不难看出最后他倒在了一个"钱"字上,同时他也代表了一批把金钱视为人生最大追求的领导干部,这些人由于错误地形成了"以金钱论英雄"的拜金主义价值观,终酿苦果,留给我们的启示是十分深刻的。目前,我国正处在经济转型期,经济体制和政治体制改革还不完善,难免出现一些漏洞和空隙,给腐败带来了许多可乘之机。这样就对领导干部的抗腐败心理提出了新的挑战。纵观徐某从毫不放松要求自己到最后到了对金钱痴迷的状态,除外界环境即外因的影响外,行为主体即内因的心理变化是导致行为腐化的最直接原因。而且每个个体行为背后都有一定动机的存在,个体究竟出于什么样心理最后采取了腐败行为,都是我们所应该关注的。根据徐某自述,我们认为影响他最终走向腐败的有以下几种心理:

(1)不平衡心理

从前是一位严于律己的同志,从不收取任何贿赂,而到后来像"守财奴"一样对金钱过度贪迷。在此过程中对他影响最大的就是不平衡心理。当看到周围一些人在市场大潮中捞了钱,发了家,过得比较舒坦,而自己却过着相对清贫的日子,因此就产生了强烈不平衡感。而且一旦个体出现不平衡状态,他就会寻求解决办法来达到心理平衡。文中主人公采取了消极应对策略,即利用手中的权力来满足自己的私欲。认为自己学问高,工作能力强,对人民贡献大。但与社会上一些人的暴富相比,发现自己收入不高,学识才能似乎被湮灭,产生"贡献大,收入少"等情绪而导致心理的极度不平衡感。在这种不平衡心态的驱使下,很多领导干部大敛钱财,把为人民服务抛到了九霄云外,大搞钱权交易,最终等待他们的结果只能是法律的制裁。

(2)金钱万能心理

有些领导干部认为金钱是财富的象征,是权利和人生价值的体现,金钱的多少是衡量人生意义的依据。因而把金钱价值神化,想方设法收敛钱财,最终成了金钱的奴隶,悔之晚矣。案例中徐某似乎也有这种情结。他不断积累钱财但从不乱花,在他眼里钱似乎不是可以使用的东西,而是贮存的宝贝,是自身价值的体现。生活中还有一些人把金钱作为享乐的工具,他们认为以前革命工作吃了一些苦,现在和平年代就应该是享受的时期了,于是铺张浪费,生活奢华,整天吃喝享乐,到处挪用公款,最后坠入金钱的坟墓。还有领导干部认为当今"改革开放的年代就是发财致富的年代","这个年头不发财以后就没有机会了"。于是这种人便置党和国家的三令五申而不顾,大借改革之机狂捞不易之财。

(3)居功自傲心理

很多领导干部在枪林弹雨的战争年代或和平建设时期,为党和人民做了一定工作,做了一些贡献。党和人民给了他一定的权力,他自己就错误地认为:自己有功,一些东西是自己应该享受的,别人管不着他们。一旦有这种想法后,他们就会利用手中职权为自己,为家庭,为小圈子谋取私利,滥用手中权力,自己亲手毁了自己的一生;还有一些领导干部一生都克己奉公,深得百姓信赖。但在即将任职届满之时,就忽然感叹自己"青山留不住,毕竟东流去"。自己一生为党和国家拼搏也应该为自己考虑了,于是便利用一切可能的机会,拼命地"占房子,捞票子,买车子,安排孩子",生怕过期作废了;还有的认为该捞的都捞了,该办的都办了,就是自己现在马上下台也够本了。把人民赋予的权力抛在脑后,只为自己着想,最终定会被党和人民所抛弃。

(4)侥幸心理

从徐某反省中也可以看出他也是有过挣扎和犹豫的,但还是抱着侥幸的心态,自欺欺人,认为自己的行为不会暴露,以至不能自拔。许多在金钱上落马的领导干部都抱有这种心态,认为:"被罚者倒霉,不贪者吃亏"。而且很多贪官从小贪发展为巨贪,在这种贪污的变化过程中也伴随着心理的"成长过程",尤其与"这次不出事,下次也没事;别人出事,我没事"等侥幸心理的存在有关。刚开始可能会有点儿胆战心惊,但发现一两次没有出事,也就会胆子越来越大,发展到后来的贪污数额竟达到六七位数字。一些领导干部在工作中也存在着"法不责众"的侥幸心理,认为虽然已经违法了,但大多数人都违法,似乎也没什么可怕的。

(5)有权当用心理

影响领导干部走向腐败历程的另外一种心理是"有权当用,过时作废"。本案例中徐某也是在仕途的后期思想开始动摇的。他们认为应该利用职务便利即时捞钱敛财,这样晚年才能与家人共享衣食无忧的"天伦之乐"。更有甚者当风声特别紧,打击力度比较大时竟把捞足的财源源源不断地输出——放到国外。还有一些干部价值观发生扭曲,认为人生价值在于享乐,因而只要手中有一点儿权力,便不择手段地谋取私利,讲排场,图享乐,认为即使下了台,官也没有白当;当官不风光简直白当,并把存款的多少作为衡量当官的价值标准。

党的十五大以来,腐败现象得到一定遏制,但中国仍处在腐败易发期。俗话说:"善除恶者观其本,善理疾者绝其源。"只有清楚知道腐败问题的源头在哪里,正本清源,才能从根本上解决腐败问题。从预防,控制腐败问题的角度来看,主体心理活动水平直接影响着是否采取腐败行为与否,而且一些在具体情境面前所具有的特殊心理也直接影响腐败行为的实施。在面对金钱问题上可能一些领导干部存在着:不平衡心理、金钱万能心理以及有权当用等不正确心理。如何针对主体心理状况进行调适,直接影响到腐败心理的遏制。根据人的心理过程可分知、情、意、行等方面,领导干部应在认知上端正对自己以及对金钱的看法,在情绪上保持愉快平和的心态,在意志力上坚定共产主义信念,牢记作为人民公仆的责任与义务,提高防腐拒变能力。

①正确认识自我。"旁观者清当局者迷"。很多人能够清醒地认识别人却不能客观地看待评价自己。正确认识自我是我们每个人必修的功课,只

有意识到自己的长处与不足,才能够合理地规划并把握好自己的人生之旅。领导干部能不能正确认识自我,不仅关系到自身的发展,更关系到广大群众切身利益乃至整个中华民族的前途。如何更好地认识自我呢?

首先,要能够积极接纳自我。对于自我的态度一般有两种,一种是能够客观地认识自己。另一种是对自我的认识比较片面,对于自我的评价也不够准确。在生活中,领导干部既不要认为自己是干部就高高在上,也不要因为社会上对领导干部的一些偏见而否定自己。不要把自己摆在功名簿上,认为自己取得了一点儿成绩就应该有权享受,要知道成绩的取得是多方努力的结果,而不是你一个人的功劳。应该意识到作为一名干部是党和人民对自己极大的信任,这种责任是人生价值最高的体现,应该在思想上追求进一步升华,让广大百姓所认可。同时不要受到"金钱万能"、"十官九贪"等思想的麻痹,而放弃了自己的信仰。每个人都希望被需要被肯定,作为领导干部在其位谋其政,能够为更多的百姓做一些事情,得到广大百姓的认可,这种自我价值的体验是何等深刻呀!

其次,心理学上讲:"别人是自己的一面镜子。"领导干部通过观察别人的言行,可以更好地认识自我。对于领导干部而言,这个"别人"的范围要更广一些,不仅包括上下级同事,而且还要包括衣食父母——广大人民群众。能够做到多方面全方位地争取意见,把其他人作为自己的参照系,才能多角度、全面地认识自己。做好工作的前提就是对自己要有清醒的认识,领导干部认识自我的意义更为重大,不仅涉及自身业务素质的提高更关系到各项工作的开展。做到多方了解情况,领导干部就能够清楚自己是否在为人民谋福祉,是否在履行人民干部应有的职责。还可以通过借鉴其他领导干部成功或失败的经验教训,更好地把握自己的人生。

再次,学会自我心理保健。能够多看一些减压放松的书籍,在遇到心理特别失衡的状态下能够寻求专业心理帮助。生活中难免会碰到各种心理压力,领导干部肩负着更多的职责,有更多的压力源,因而如何缓解,如何平衡心态就显得格外重要。在自我的心理保健方面,郑日昌教授提出了"阴阳辩证,内心和谐"的心理保健观,对于自我调节很有益处。他指出:阴阳辩证思想博大精深,掌握了其中的道理就可以调节身心,使内心和谐。阴阳辩证的心理保健观指出:看待任何问题一定要全面,遇事不能以点代面、以偏概全,要学会多角度、多层次地看待事物,要看到尺有所短,寸有所长,凡事有利有弊,在大好形势下要看到阴暗面,在困难的时候要看到成绩和光明;在日常生活中倡导相对论,学会在危险中看到机遇(危机),在痛苦中体验快乐(痛快),认识到舍即是得(舍得),得即是失(得失)的哲理;同时意识到万事万物皆在发展变化之中,只有看到变化,接受变化,不断与时俱进,才能接纳自己,善待他人,遇事想得开。

②培养正确的金钱观。很多人之所以贪婪金钱是因为他们对金钱有错误的认识,认为能够占有更多金钱是他们人生价值的体现,所以我们有必要探讨一下人生价值问题,有钱是不是就等于有价值,有钱是不是真正意义上的幸福。正如一位领导干部所说:"人为什么活着? 如果只是为自己,为家庭活着,那个意义是很有限的。只有为国家为社会为民族为集体他人的利益,尽心竭力地工作,这样的人生才有真正的意义。"金钱可以满足我们的物质需求,但它不能够完全带给我们精神上的满足,不能带来群众的爱戴,人民的信任。同时拥有钱也不一定就有幸福,倘若以权谋私,贪污受贿,即使拥有再多的钱财,但整天坐卧不宁、心惊肉跳,这种心理上的折磨恐怕带来的不是幸福而更多是痛苦。所以领导干部要淡泊名利,淡化物质享受,把自己的精力更多投入到对工作的热情上,当好人民的公仆。

③调节情绪,保持好心态。个体在认识外界事物以及做某种行为时,会产生对事物的态度,引起喜爱、厌恶、憎恨等一系列的主观体验。这种主观体验就是情绪,它在很大程度上影响着人的行为。健康愉快的情绪能够活跃思维,提高对事物的判断能力。反之,不良情绪,不平衡心态等会使人们意识范围狭窄,从而失去正常的判断能力,影响工作的开展,甚至会使领导者一念之差酿成大错。时下一些领导干部在外部金钱等诱惑下,往往难以调整好自己的心境来扎实工作。而是把眼睛盯在"大款"跑官和要官得逞者,导致心理的极度不平衡。所以如何调整好自己的心态,做自己情绪的主人就显得格外重要。

首先,要学会往下看。领导干部要想到自己是普通群众中的一员,深入到群众中去,多看看百姓的疾苦,多体察民情,更多地关心有困难的群众,把自己的时间精力花在更多地为群众办实事上。培养良好的个性品质，富有同情心、宽容精神和利他精神。凡事要从好的一面入手，多挖掘积极的一面。学会智慧看待人生，能够做到知足常乐。知足，并非满足现状不思进取，而是在勤奋之中不奢望、不贪欲、不抱怨，不斤斤计较个人的得失，而是能经常自觉地与周围很辛苦、很困难的人作比较。

其次，学会及时调整自己。在生活及工作中，如果遇到可忧、可怒的事陷入困境而不能自拔，要能够调整好自己的情绪状态，学会调整和降低自己的要求和目标，积极寻求解决办法。在现实生活中有些时候往往是我们对自己的要求、期望过高。在面对工作压力时，尽量多换位思考，多替别人想一下。凡事不急不躁，遇事冷静沉着。时刻保持积极乐观的心态，调整好自己的心态。

④培养优秀的意志品质，提高防腐拒变的能力。意志品质指在人的意志行动中形成的比较稳定的意志特点或特征。优秀的意志品质具有自觉性、坚韧性、果断性、自制性等特点。作为领导干部可能时常会面临着金钱等一系列物质方面的诱惑。在这种情况下能否挺得过来扛得过去在很大程度上是由领导干部的意志水平决定的。坚定的意志能够使人们在困难面前不动摇，坚持自己的原则。同时还应该把这种坚韧的精神运用到行为上，真正做到"手不能伸"，"不占一点儿小便宜"，这样才能成为党和人民心中的好干部。

行为上的模仿也会使一些领导干部走上腐败道路。模仿的内容包括行为举止、思维方式、情感取向、风俗习惯以及个人性格等诸多方面。根据美国心理学家班杜拉的研究，模仿心理不是先天的，而是在后天社会化过程中逐渐习得的。一些领导干部在看到社会上一些人通过不正当手段而迅速发家致富，便产生模仿心理，并且落实到行动上，利用手中的权力捞取个人好处，从而走上腐败道路。因而如何杜绝效仿不良的行为也会在一定程度上抑制领导干部的违法犯罪行为。作为领导者生活上要尽量做到不与其他人攀比，做好自己的主人。要约束好自己，按照自己的行为方式来做事情，要对事物有独立的思考和判断能力。要以优秀干部为参照系，不断加强自身修养，始终坚持讲政治，讲正气，做到自重、自醒、自警、自律。

勿以善小而不为,勿以恶小而为之。领导干部一定要防微杜渐,从小事做起,严格要求自己,在思想意识上要时时警惕,如果稍有放松,很有可能走上不法之路。许多干部在忏悔书中都提到"伸手必被捉",提醒其他官员在原则问题前一定要坚持自己的坐标与方向,否则必然会出错。我们认为领导干部也跟普通人一样在遇到某些事情时有一定的心理波动,产生一些消极的意念。在这种情况下应该充分冷静一下后再采取一定的行为。例如,有人给你第一次行贿时,你可能会经历一定的思想斗争,这时应该充分衡量一下事情的利弊,然后再决定所采取的行为。可以在仕途初就给自己做一次人生规划,这种方法也可以在无形中来约束自己更好地洁身自好,清廉守法。

◢ 结语

吴官正曾在反腐工作中指出:领导干部贪污受贿,本质上和做贼、做强盗是一样的,是反社会、反人民、背叛党的行为。我们无数革命先烈用鲜血换来的江山,绝不能毁在腐败分子的手里。这一番话,一针见血地指出了贪污受贿的本质与性质,再一次表达了党中央进一步加大反腐力度的坚定决心。我们相信随着反腐力度的加大,腐败现象一定会得到遏制。

二 | 积极应对腐败,坚定个人信仰
——领导者面对周围腐败现象的心理调适

案例作者:王瑞

案例属于原创

◢ 案例概述

2001 年 9 月 17 日,晴空万里。黑龙江某市省中级人民法院门口熙熙攘攘挤了好多人,预示着今天审理的案子不同寻常。高悬的国徽下,被告席

上,那位年近 40 岁的文雅的中年男子眼睛无神地望着远方。他就是该市叱咤风云的市委书记郑某。郑某平静地站在那里,似乎预感到今天是自己最后一次站在法庭上了,脸色虽憔悴但却平静。法庭里挤满了前来听审的人,气氛很安静,鸦雀无声。时钟定格在 9 点,法庭正式开庭。时间一点一滴地流逝,长达 4 个小时的审理终于结束了。最后法官宣读了结果:郑某,贪污国家公款达 670.54 万元,性质恶劣……剥夺政治权利终身,死刑,缓期两年执行。郑某缓缓地低下他沉重的脑袋,似乎世界已经与他隔离了,当然隔离的还有他近在身边的亲人和那个曾经充满欢乐温暖的家。腐败的名单上又赫然多了个郑某的大名,留给我们是怎样的思考呢?

让我们将历史的时钟倒拨回到 40 多年前。1961 年,郑某出生在东北小城的一个知识分子家庭。他家在小城里真是算得上书香门第,祖上乃是文人辈出,祖父当过军区参谋长,父亲也是留过学的,担任某大学校长。母亲是医院的技术人员,郑某从小在黑土地上长大。古城文化的熏陶,家庭教育的影响,使他茁壮成长起来。后来,郑某以优异的成绩考取北京大学管理系,给这样的家族又增添了一份光环,令人甚是羡慕。大学 4 年的学习生活结束后,郑某放弃了京城的高薪生活回到了自己热爱的黑土地上。回来后的郑某被分配到市里的教育局工作,在教育局工作的日子里,郑某尽显过人才华,做工作既扎实又有创新,再加上人品出众,很快就脱颖而出被调入市政府工作。在一片赞扬声中,他多次立功受奖,被鲜花和掌声包围着。不到两年由文秘逐渐升到副局级,也算得上年轻有为了。对于工作满怀热忱的他并没有骄傲,还想大展鸿图大干一场,但意想不到的事情就这样悄悄降临了,郑某的蜕变从此拉开了序幕。

在 1997 年的年终总结报告会后,流传起某某将被提升,某某被下调的"小道"消息。据传郑某可能由于根基不牢会下调。事情开始吵得沸沸扬扬,郑某起初根本不在乎,认为凭借自己的能力和才略,自己应该不会受到什么影响。可这一传不要紧,周围的气氛却发生了很大的变化,以前客气打招呼的人现在对他都是躲躲闪闪的,自己下属竟然也不把他放在眼里了,甚至有些交往甚密的同事开始疏远他,周围环境给他的感觉就好像瘫痪了,短短一个月就似乎改天换地一样,令郑某感到很窒息,不由得感慨事态炎凉。

后来事情有了结果,郑某又出乎意料地破格提升,直接做到了正局级干部。人们又转为笑脸,180°的大变脸,纷纷来祝贺,就好像什么都没有发生过。周围环境的大起大落,郑某觉得很反感。他似乎看透了官场的炎凉,感到心灰意冷,不再像原来那样热情高涨了。

正当郑某心情跌宕起伏之时,事情又发生了新的变化。郑某有个同事李某,是当年人民大学毕业的,比郑某年长2岁,郑某称呼他学长,直到两人在职位上平起平坐,郑某仍称呼他为学长。两人都想在政治上干出一番事业来,真所谓志同道合,所以平时关系一直不错,而且经常在一起探讨工作上的事务。即使在前一段调职风波上,李某也会给郑某一些关心。可郑某慢慢发现李某开始变化了,据说李某在市郊有一处别墅,以前不太重视穿戴的他现在衣着上也开始讲究起来。两人在一起聊天的内容也开始发生了变化,以前胸怀大志的李某开始长篇大论地批判政府,经常感叹自己生不逢时,才能不浅却不得施展。他经常告诫郑某时代变了,现在如果不趁自己有权的时候谋后路将来不定会怎样。郑某后来又听说李某与市里某大企业老板交往甚密并私下里卖工程标等一些事情,他的思想防线受到了一定冲击。

古人云:"君子不可以不修身"。修身要看怎么学,从谁那里学。郑某深知学为己用的道理,在官场上不断磨练自己,慢慢学会了一些自己原本比较唾弃的东西。郑某自己也不清楚自己什么时候开始羡慕灯红酒绿的生活,但只知道自己后来看惯了身边像李某这样的好友"令人羡慕"的生活,自己也开始去尝试,去体验。在一次大的转折事件后,郑某的人生轨迹开始发生改变。郑某的顶头上司是王某,50多岁,工作认真负责,郑某平时很敬重他。在一次人大会议后,王某叫住了正往外面走的郑某。"小郑,有个事想让你看看,鸿际花园工程是谁负责的,怎么进展得这么慢,这个是关系到我们市门面的问题,一定要好好抓紧呀。你亲自负责。"郑某回去了解情况才知道,工程款省里早就下达了,但不知什么原因款项却不到位。后来,神通广大的李某提醒郑说:"老弟,王自己早在京里置办了别墅,你在这里急也没有用呀?"这件事对郑某的打击很大,没想到奉公守法、兢兢业业的改革功臣,现在也是公饱私囊,成了贪污腐败的领头羊了。郑某忽然觉得自己很可笑,工作这么多年,付出了那么多的汗水,究竟为了什么,他厌恶了周围人的丑恶嘴脸,开始把精力放在为自己敛财,把时间花在搞权术上。郑某开始用"新的方式"来生活,走上了不归的人生路。可叹才华横溢、雄心壮志的他没有把握好人生的方向盘而陷入了深渊。

☑ 心理分析

纵观郑某腐化的整个历程,我们不难看出他起初并没有滋生出任何腐败思想。当初是一腔热血地想好好干出一番事业的,后来在慢慢接受一些负面的影响后,才逐渐近墨者黑,最后人生留下的只有遗憾了。到底是哪些心理在作怪而造成了这样的结果呢?

悲观失望心理。有的领导干部看到周围的个别腐败现象,认为世风已经没有办法好转,自己也没有信心独善其身,只好跟着潮流走。并且认为遏制腐败已无希望,对战胜这种不正之风缺乏信心,于是以消极方式来应对工作。从思想上放松对自己的改造,从行为上开始堕落,越陷越深,最后到达不能自拔的地步。上例中的郑某不但悲观失望,而且还走入极端,认为这样可以发泄排遣自己的愤怒。

从众心理。从众心理是在群体和社会环境的压力下,放弃自己正确立场和原则,采取和众人相同行为的社会心理现象。有一些领导干部在面对周围腐败现象时认为:别人搞得,自己也搞得,法不责众;同时还有一些人认为,一旦出事可能还有别人顶着。一些领导干部认为在官场上做事要入乡随俗,不能脱离周围的人。因而即使在腐败问题上也要与大家保持一致。尤其是自己地位低下,跟着领导做事不会有错,就是搞了腐败领导也不会让自己吃亏。有些领导干部认为:"人云亦云总是安全的,不担风险的。"所以在现实生活中一些领导者往往采取从众行为,以求得心理上的平衡,减少内心的冲突。

见怪不怪心理。不可否认,改革开放以后,市场经济得到了蓬勃发展,而社会上的一些不正之风却一直没有得到有效遏制。如请客吃饭、赠送礼品等已经见怪不怪了。因而一些领导干部认为接受一些礼物或者钱财也是被社会默许的。其中一些人认为灰色收入是很合理的，所以对于腐败已经很习惯了。他们还认为腐败发展到今天，涉及面广，盘根错节，你贪了我也沾了，对于腐败已经没什么耻辱感。思想防线一旦崩溃，那么行为上就会受到吞噬。从小的礼品，小的放纵开始，越走越远，越走越偏了。

清廉吃亏心理。有的干部本来很清廉，但在新形势下看到有人钻改革开放中制度不完善的空子而占了不少便宜，捞了不少油水时，心理开始躁动不安，反思自己的行为，觉得从前清廉吃了大亏，再也不能无动于衷、安分守己了。于是便步他人后尘而为之。在现实生活中有的人总爱唱"清廉吃亏，老实吃亏"的调子。但历史一再证明，从长远来看，清廉者老实人并不吃亏，而吃亏的恰好是不老实的人。其实公道自在人心，所以做人要实在，为官更要实在。

不平衡心理。有的领导干部认为腐败发展到今天，胆子大的过上了舒服的日子，胆子小的只能拿着工资照旧清贫。心理出现不平衡就开始动脑筋找些"外财"。近两年来，顶风作案的大有人在，反腐败的阵势对这些人似乎难以起作用，所以更加重了一些领导干部的腐败心理。你敢贪，我也敢拿。而且心理上还感觉很良好，久而久之慢慢陷入了贪污腐败的泥潭。

针对以上的心理，我们该如何应对才能够做到出污泥而不染，独善其身呢？

（1）保持冷静，切忌浮躁心理

浮躁是一种不良心态的反映，它往往使人急功近利，随波逐流。改革开放以来，由于经济高速发展，一部分人暴富，致使一些干部感到心理失衡，感到自己"吃了亏"，产生"浮躁"心态，忘记了共产党员的身份。同时当面对周围一些领导干部"占到便宜"后不但没有受罚，反而过得更加逍遥自在后，自己本来坚定的思想也开始浮躁起来。作为党员领导干部，在面对别人腐化面前，如果没有坚定的人生信念和良好的心理素质，浮躁病症就极易侵蚀我们的灵魂，人生观、价值观就会产生倾斜。千万不要形成"你捞我也捞"、"你可大捞，我可小捞"，"不捞则是吃亏"的心理。如果我们能够保持一种冷静的心态，就会在欲望面前自珍自爱，筑起一道坚固的思想防线，邪恶将无法侵入，腐败也自然会远离我们。

（2）善于自我剖析，有清醒的自我认识

一个人贵在有自知之明，也难在有自知之明。如果既能看到自己的长处和优点，并不断地加以完善和发展；又能看到自己的短处和缺点，并勇于承认和加以克服，那你就始终可以保持自信。成功时不自满、不自傲，挫折时不自卑、不自弃，"不以物喜，不以己悲"，诱惑面前保持清醒，这样心理上才能达到真正的成熟、健康和坚强。领导干部如有这种心态，就能在各种诱惑面前坚持自己的价值观、人生观和世界观，不为外物所动，把真心实意为人民服务作为自己的人生追求，踏踏实实，做一个真正心系群众的好干部。

（3）善于自我调节

解铃还需系铃人，领导干部要在实际生活中学会自我调节。不要明知是错，还自欺欺人地往下走。每个人都要坚定自己正确的信念，不要因为周围的变化而改变了自己的看法。人生难免会遇到一些挫折与困惑，问题是如何进行调节。领导干部要学会科学的调节方式，这样才能在不良情绪面前更好地排遣自己，以良好的心境应对困难与挫折。领导者平时应该学会把挫折的痛苦、绝望、焦虑和愤怒等不良情绪真正释放出来，以使内心真正平静下来，从而以客观理智的态度去处理问题。调节自我的方法有很多，如可以培养一些兴趣爱好，把注意力转移到自己喜欢做的事情上；同时还可以向自己比较要好的朋友倾诉自己的痛苦与困惑；领导干部还可以把自己的不满写在日记里，这样的方式既排遣了自己的不满又不会造成什么后果。还可以找一些有意义的书来读，丰富自己的精神世界，坚定自己的信念。

（4）保持"名节"心态，力戒干出蠢事

中国人注重名，更注重节。古人云：饿死事小，失节事大。可见名节是比生命更为重要的。在可能发生腐败现象时算一算人品账、名节账。欲贪赃时，便会扪心自问：我难道就值这些钱吗？欲枉法时，便会自我反省：今后如何做人？如此一来，可使灵魂净化，与腐败无缘。明代张伯行有名言曰："一丝一粒，我之名节。一厘一毫，民之脂膏。宽一分，民受赐不止一分。取一文，我为人不值一文"。当看到别人"伸手"后，不要光看那些逃脱法网

的,还要看到那些受到法律惩罚的人的可悲下场。多少人因此失去了幸福的家庭、美好的前程,悔当初错走一步,而发出做人要老老实实、本本分分的感叹呀!领导干部,在当今改革开放时期,必须牢牢记住,权力是党和人民给的。当我们利用手中权力的时候,是否应该想一想:人民答应不答应,人民满意不满意,不能忘记人民,也不能失了"名节"。

(5)培养良好的性格品质

性格品质是领导者心理品质的核心。恩格斯说过,人物的性格不仅表现在他做什么,而且表现在他怎样做。"做什么"反映对现实的态度,"怎样做"反映行为方式。性格是人对现实的稳定态度和习惯化的行为方式,具有相对的稳定性,但是,随着环境的变化,以及领导者的主观努力,性格又会不断变化。要塑造良好的性格品质,一方面要学会有意识、有目的地培养;另一方面必须在实践中边体验、边总结、边提高。为加强性格修养,领导者还要对自己的性格有个正确的估价和了解,经常自我反省,总结出一套适合自己特点的性格修养方法。如有的领导者习惯于自设学习榜样;有的领导者习惯于写日记;有的领导者喜欢针对自己的心理弱点,用条幅、座右铭、警句等进行自我激励。

(6)培养积极的心态

积极的心态对于每个人都是很重要的。事情总会有利有弊,关键在于你以怎样的心态来看待。倘若郑某能够积极去应对而不随波逐流,可能他的人生轨迹会与后来有很大的不同。一位哲人说得好:"你的心态就是你的主人。"要么是你去驾驭命运,要么是命运来摆布你。积极心态给你战胜困难、走向成功的力量,而消极心态让你心灰意冷,"坐以待毙"。领导干部由于其特殊角色,会时常面对很多压力,所以更要以自信、乐观的 心态来应对。可能你换个角度来看问题,事情就不会想得那么糟糕。领导干部在压力和矛盾面前要把苦难视为挑战,化压力为动力,保持好心态,这样才能提高领导能力。

(7)要有健康的人际关系

俗话说:近朱者赤,近墨者黑。一些领导干部的腐败经历告诉我们,正是因为交友不甚,而最终迷失了自己,走向了人生的深渊。领导干部的人际活动对他心理环境的影响是很深远的,因此,培养正确、健康的交际观至关重要。在工作中不光要协调好各方关系,同时更要结交品质好的朋友。从这些朋友身上吸取营养,更好地提高自己的个性修养。在社会交往中,领导干部要牢记择善而交的信条,做到"不义不亲,不义不近",多结交能相互学习的学友,多交敢言己过的净友,而不能搞"桃源结义",拉"小山头",搞势力之交。

3 结语

英国大文豪莎士比亚说:"有很多良友,胜过有很多财富。"清末名人曾国藩曾说过:"一生之成败,皆关乎朋友之贤否,不可不慎也。"友谊是人生的重要组成部分,一个人在一生中,都会有自己的一些朋友,领导干部也不例外。但由于领导干部的身份、地位和社会影响力等因素,决定了领导干部交友绝非个人小节,必须慎之又慎。否则,稍有不慎,就有可能迷失方向,甚至走上违法犯罪的道路。从近年来查处的违纪违法案例来看,正是由于缺乏对权力和友情的正确把握,少数领导干部热衷于与有钱的企业经营者交朋友,并被一些不法分子拉拢,利用手中权力为其大开"绿灯",谋取私利,从而陷入行贿者早已挖好的陷阱中,结果不仅害了自己,而且祸及家庭和亲人,严重败坏了党风、政风和社会风气。领导干部一定要升华交友的境界,时刻坚持原则,保持清醒头脑,不能忘记自己作为党员干部的身份,把握好工作关系与私人关系的尺度。要明白这样一个道理,在市场经济中,任何投资包括感情投资都是要讲求回报的,尤其要警惕个别不法"朋友"的所谓"感情投资"和形形色色的"公关"。对于那些一开始就怀有不正确的交往动机的领导干部来说,更要坚决摒弃各种错误认识和侥幸心理。无数事实证明,一旦别有用心的"朋友"认为贪官失去了利用价值,就不会再顾及所谓朋友之情,而把自己和贪官的肮脏交易和盘供出。因此,领导干部切记要慎交友,交好友。

三 | 培养高尚情操，立志抵制美色
——领导者在美色面前的心理调适

案例作者：王瑞

案例属于原创

■ 案例概述

韩非子说："罪莫大于可欲。"古往今来，一个"欲"字，不知断送了多少人的锦绣前程。因欲而犯罪，身败名裂，沦为囚徒的事，时有所闻。尽管很多人都知道"欲不可纵、""欲纵祸速"，但还是有人忘了这样的警世诤言，经不住色欲的种种诱惑，以身试法，成为贪欲的牺牲品。下面讲的是某省一位年轻有为的干部赵某的故事。听了他的故事，你一定会为他的失足而感到惋惜。透过这样活生生的例子，如果有更多人能够从中"提取"出人生的感悟与真谛，那就是我们把故事展示出来的最大慰藉了。

2005 年 9 月，湖南省纪委接到多封举报信，举报某市组织部部长赵某贪污受贿挪用巨额公款。省委很重视此事，组织了专门调查小组进行调查。从纪委、监察局、检察院、公安局和审计局抽调骨干力量组成联合办案组，全力以赴清查此案。同年 11 月，各方证据确凿，赵某共贪污公款 876 万元，性质恶劣，最终落入法网。虽然他追悔莫及，但在法律面前，再多的忏悔都显得无奈。

让我们看看赵某的成长足迹，了解一下真实的他吧。赵某出生在湘西武陵山区一个普通农民的家庭。家里一共姐弟 5 人，老实巴交的父母，不知在贫瘠的土地上倾洒了多少汗水，才把这 5 个子女拉扯成人。赵某在家排行老三，是兄弟姐妹中最聪慧的一个，也是父母最引以为荣的一个。他吃着故乡的红薯长大，小小年纪就深知父母供他读书的不易，立志要为家里争口气，他也努力做到了。从小学开始成绩就一直优秀，后来又以年级第一的成绩先后完成了初高中学业，于 1989 年考取了武汉大学经济系。当鲜红的录取通知书送到赵某父母手中时，乡亲们赞不绝口，父母泪花在眼里直打转。为了赵某上大学，家里倾其所有，亲戚乡里都筹钱凑学费。"穷人孩子早当家"，赵某知道自己这次上大学机会的珍贵，在大学里千方百计，寻找各种赚钱的机会，立志要刻苦完成学业，报答父母的养育之恩。在大学那几年，赵某不仅顺利完成了学业，而且还由于成绩突出，被保送为本校的硕士研究生，毕业论文获得优秀论文的称号，圆满地完成了学业。

告别母校后，满怀雄心壮志的赵某被分配到湖南某市纪检委工作。他牢记年迈父母的教诲："工作时一定要努力，对得起共产党。"工作初期，他在实践中很好地运用学到的深厚理论，做事情兢兢业业，多次获得各方领导的好评。自从调到市委以后，他仕途之路一步步走得很顺，真可谓春风得意马蹄疾。从副科长、科长到组织部部长，一直深得上级赏识。婚姻也是挺幸福的。赵的妻子李某是他大学期间结识的，毕业于武汉一所师范院校。两人后来在同一城市工作，很自然地走入了婚姻的殿堂。婚后生活夫唱妇随，又于一年后添了个白白胖胖的儿子。

面对一路光明的前途和美满的家庭，谁也不会想到他会在外面有情妇。平时部里同事对他的评价是："赵部长平时工作积极性可高呢！"也有同事说："他极少与女性来往，即使偶尔有女性来找他办事，他总是很快按规定处理完就打发人走，这样的人怎么会养情妇？"

事情的转折发生在1998年。那年市委组织到黄山游玩。在黄山的那段日子，赵某结识了宾馆招待员小孙，小孙是一个开朗和善、健谈而又很聪明的姑娘。当她了解赵的身份后更是对他的衣食起居照顾有加。两人经常在一起聊天，赵某觉得与小孙在一起很轻松，有一种久违的快乐。因为自从家里有了儿子以后，赵明显感觉到妻子把生活重心放在了儿子身上，与自己交谈的次数明显减少，也不像以前那样关心自己了。小孙的出现似乎给他生命注入了新的东西。短短几天，两人感情急剧升温。虽然两人像朋友似的交往，没有越雷池，但在他心里已经泛起了一些波澜，他很喜欢这个活泼开朗的小孙。后来赵某由于假期已到回了湖南。事情看起来似乎很平静，但回去后赵某内心却没那么平静，他多次想起自己在黄山游玩的那段日子，想起了"善解人意"的小孙。忽然一天赵某收到了小孙的电话，说自己来到省城办事想见一下他。一天下午两人见了面，小孙见到赵某后马上哭了，而且说起自己在原单位受人排挤的事情，想调动一下工作。赵某安慰了一番，也很清楚她的用意。回来后他心里波动了很久，他很清楚自己现在所做的事情。聪明的小孙又找过他一次，告诉他自己只想和他像朋友一样交往不想介入他的生活。后来赵某把小孙调到了省城，两人真的像朋友似的相互帮助，彼此鼓励。最令赵某感动的是小孙并没有把他看成是高高在上的部长，而是从朋友角度去关心他，帮助他。但他告诫自己一定要把持住自己的感情，并没有与小孙有进一步的发展。一次部局级干部的聚会上，赵与其他省市的干部住在一起。大家随意聊了起来，谈到兴致，谈起了女人问题。一个对自己外面有三四个漂亮女人津津乐道，一个周旋在多个女人电话间，不用问也是"三宫四院"。问到赵某，他觉得自己似乎没了面子，自己也是这么大的干部竟身边没别的女人，连自己心仪的小孙也没有得到。从那时起赵某就觉得孙某应该是他身边的女人了。事情的发展总是从量变到质变，回来以后赵某主动向孙某展开攻势，孙某本来就对官运亨通的赵某有意，于是自然两人走在了一起。孙某很懂赵某的心思，不仅给他生活上的关爱，而且还从精神上支持赵某，令赵某感到甚是温暖，觉得孙是自己的最爱。

孙某是那种很有野心的女人，在得到赵某的信任以后，慢慢学会了索求。从贵重的首饰，到各种高档用品，胃口越来越大。赵某明显感觉到自己的工资已经明显满足不了孙某的要求了。赵某一方面不想失去温柔妩媚的孙某，另一方面又感觉自己手中的"银子"有点少了。于是动了点脑筋，想到了解决的办法，心想自己权力这么大，拿点钱应该算不了什么，别人也查不到，只要自己别把事情弄大就没事。但"英雄难过美人关"，在孙的要求下，赵某也顾不了太多了，只能拿一些私房钱来维系身边的美人。一来二去，赵某对于拿些公款，搞点"消遣"也就习以为常了。好景不长，偶然的机会孙某认识了香港一著名企业家，抛弃了赵扬长而去。小孙的离去对赵某的打击最大，他伤心了好长一段时间，整天混混沌沌的。再加上与妻子的感情早就名存实亡，赵某对爱情彻底伤心，而后就开始了自己的糜烂生活。从那以后，赵某包养了"二奶"刘某。对于与刘某的邂逅，其实他并没有动过真情，充其量只是把她当作泄欲的玩物。可是赵某越陷越深，最终在美色面前丧失了自我,先后又包养了"三奶"、"四奶"。染上了贪恋女色的嗜好,把许多钱都花在供他寻欢作乐的女人身上。为了讨好情妇,赵某多次给几个情妇买房置车并提供日常花销。他先后共贪污公款 800 多万元。在赵某案发以后,在其一个情妇那里就搜缴出价值 170 余万元的名贵手表、钻石戒指等。

从赵某大起大落的人生历程中,我们不难看出,他的失足与愈演愈烈的贪欲不无关系。留给人们的反思确实是深刻的。在我们的周围,经常有这样的事例。有的人在没掌握权利之前,表现得堂堂正正;一旦掌握了大权,便经不住形形色色的各种诱惑,后来发生了蜕变。有贪恋金钱的,也有迷恋女色的,总之,正是掉入欲望的泥潭最后不能自拔,把自己的整个人生都输了进去。有句古语是:"以铜为镜,可以正衣冠;以古为镜,可以知兴替;以人为镜,可以明得失。"希望看过这个故事之后会让你有更多的思考,带给你更多的启迪。

心理分析

贪恋女色便不可能坚守清廉。从贪恋女色的那一刻起,腐化的思想便占居了上风。很多人在没有作风问题之前,能够保持洁身自好,自觉抵制各种不良风气,但是,一旦沾上了女色,一直坚守的道德底线便被攻破了,贪恋女色需要金钱投入。在现代社会,养情人不是靠感情,而是靠利益。情人牺牲身体,追求的是物质利益;官员贪求色欲,就需要为此利用权力,腐败由此而生,且一发不可收。一些领导干部在私欲的驱使下陷入权色交易,最后导致整个人生方向的失落。到底是哪些因素导致了这样的结果呢?

(1)思想根源

物必内腐而后朽。领导干部的世界观、人生观、价值观发生扭曲,个人主义和私欲不断膨胀,把党和人民交给的权力作为以权谋私的资本是腐败产生的思想根源。许多领导干部在事发后的忏悔书中都提到过自己因为理想信念的丧失和思想道德防线的崩溃而走上犯罪道路的心路历程。正如上文中的赵某,原本是思想十分坚定,有理想有抱负的好同志,但是由于长期放松政治学习,放松思想改造,让别有用心之人有了可乘之机,而自己又深陷享乐主义中放松了警惕，最后因女色而陷入了人生的深渊。很多这样的例子告诉我们，一个领导干部不管在什么时候、什么条件下都必须始终树立正确的世界观、人生观和价值观，以抵御形形色色的诱惑，否则就会陷入人生的泥潭而不能自拔。

（2）攀比心理

也叫盲从心理。许多领导干部有一定的思想政治觉悟，最初他们对各种腐败现象看不惯，也很反感。然而看到一些人在外面包"二奶"而没有受到什么制裁时，于是意志动摇，产生了"别人能干，我为什么不能干"的心态，从"看不惯"，到"跟着干"。在这种"攀比心理"的作用下，随波逐流，比享受，比奢侈。赵某思想的转折在一定程度上就是由于这种心理的影响。看到别的干部美女围绕，自己却没与别的女人来往，于是感觉到自己很没有面子，于是才有了他后面的故事。一些领导干部由于在参照别人生活方式时选择了消极的对象，于是越比越腐败，最终害人害己。

（3）特权心理

具有这种心理状态的领导干部，往往是权高位重。他们由于自己手中的权利比较大，所以高傲自大，目空一切，认为："谁也管不了自己，谁也不敢查"，于是大搞权色交易，把"人生苦短，及时行乐"奉为自己的人生目标。文中赵某的心理过程就是这种心态的真实写照。他认为自己为党和国家作出了贡献，同时把自己现在拥有的权势和地位看成是自己奋斗的结果，忘记了自己的权力是党和人民所赋予的，放纵自己，结交各种酒肉朋友，疯狂地追求淫乐，最终步入歧途不能自拔。

（4）享乐心理

享乐的需要是人们追求幸福的一个内因，但一旦把享乐作为自己人生价值的最高追求，把享乐和幸福等同起来就不对了。享乐主义把享乐作为人生的最高目的和理想，结果只能使信奉者丧失人性和完完全全的精神空虚。古人语："乐不可极，乐极生哀；欲不可纵，纵欲成灾。"过度享乐，不仅会影响事业，会破坏家庭，更会造成坏的社会影响。所以领导干部一定要严格约束自己，没有规矩不成方圆，要严格执行党的各项纪律，在任何时候，任何情况下都要记得自己身上的责任。

走
中浦院

领导心理调适案例

"万恶淫为首",而且钱与色是一对孪生兄弟,大多贪色者必贪钱,所以领导干部一定要克制自己,不能置社会主义道德、法律和党的纪律而不顾。那么究竟领导干部应该怎样做才会抵挡住美色的诱惑呢?

①要立大志。领导干部要做到"做官要有为,有为才有位。"理想和信念是人的强大精神支柱,它会产生无穷的动力,激励你克服困难,勇往直前,实现自身的价值。对于领导干部而言,更要有理想,有事业心,把自己的热情和精力倾注到自己的政治舞台上,在自己的岗位上干出样子,干出成绩,为百姓谋福利,做到"为官一任,造福一方"。领导干部应该树立正确的政绩观,把人民群众的利益放在首位,甘做人民公仆,这样的人生是何等的有意义呀!人民赋予了我们权力,同时也赋予我们一定的责任,用权力来履行职责,在这样的过程中达到自我实现,而且在这样的过程中必然会体会到幸福。

②培养坚定的意志品质。很多时候人的行为不是自己真实内心的反映,而是在特殊情境下由一些刺激引起的。但人又是有理智的,可以客观地分析事情。所以在心理上有矛盾冲突时一定要提醒自己"静下心来,想一想,别着急"。在冲动时更要告诫自己,控制好自己的情绪。理智地分析,要冷静,切忌冲动。时下在市场经济的影响下,一些人在领导身上动起了脑筋,利用各种"诱饵"包括金钱、美色来达到自己不可告人的目的。所以领导干部一定要培养坚定的意志品质,深知自己作为人民干部的职责,作为丈夫的责任,真正做到在美色面前不为所动,不给他们留下可乘之机。

③学会换位思考。能够换位思考对于每个人都是很重要的,因为你的行为不但会影响到自己而且会波及他人,所以为自己考虑的同时也要想到别人。领导干部也不例外。在陷入美色不能自拔时,要想想自己的结发妻子,自己可爱的孩子。如果他们知道你的行为,他们的感受会怎样,会给他们带来怎样的伤害。领导干部对待工作要有责任感,同时对待自己的家庭也要有责任感。家和万事兴,以感恩的心来对待自己身边的家人,想想他们为你所付出的,自己就明白应该以怎样的心态来对待他们。同时领导干部也要换位想想如果地方百姓知道自己的行为会怎样想,会给社会带来怎样的影响。一定要三思而后行,不要一失足成千古恨。

④培养广泛的兴趣爱好。领导干部平时生活压力比较大,更要多培养适合自己的兴趣爱好,这样不仅能排遣压力,更能够陶冶情操。在日常生活中,可以通过运动,欣赏音乐,观花等活动来转移注意,舒展心情。跑步、疾走、游泳等运动是化解不良情绪的最有效的方法。因为运动可使心率加快,促进血液循环,改善机体对氧气的吸收,从而使人精神振奋。同时还可以欣赏一些优美的音乐,获得好的心情。观花养草也可以减轻人的紧张和压力,达到沁人心脾、调神益智的目的。阅读也是不错的选择。书是人们最好的老师,读书不仅能提高思想修养,而且还可以转移人的思想,冲淡不良情绪。

⑤具有良好的审美素养和健康的审美情趣。这是领导者健康人格内涵中不可忽视的心理品质,它直接影响领导干部的思想道德情操以及个性品行。所以领导干部一定要培养自己健康的审美态度,不断提高自己的辨别力和鉴赏力。"爱美之心人皆有之",但不要被外表貌美、内心低俗、另有企图的美色所迷惑。要分清善与恶、美与丑的界限,培养健康高雅的审美格调,自觉抵制丑恶生活作风的侵蚀,陶冶高尚的道德情操和积极向上的人生境界。

⑥建立良好的家庭关系。家庭是社会的细胞,对于塑造人的个性培养人的品质有很重要的作用。夫妻关系的好坏不仅影响到领导干部的工作效率,同时也会对他们的政治生涯发生作用。夫妻双方的行为具有相互影响和暗示的作用。中国有句古语:"妻贤夫祸少"。无论是妻子还是丈夫都应该在对方的事业上有所帮助和支持,在生活上倾力照顾和体贴,当配偶遇到困难和挫折时,给予理解和分忧,并给一些善意的提醒。如果夫妻双方互相严格要求,就有助于形成良好的廉洁氛围,形成自我监督意识。同时,夫妻朝夕相处,哪怕只是细微的心理情绪变化,都会在家庭中流露无遗,如果领导干部的配偶,多敲廉洁的"枕边钟",就可以监督和规范对方的行为,腐败行为就难以滋生。

🌀 教训

唐代诗人白居易的《长恨歌》,是一篇久为传诵的名作。据记载,这篇诗写出不久,就给诗人带来很高的荣誉,被称为"《长恨歌》主",后世评论家亦誉之为"自是千古绝作"。《长恨歌》是一长篇叙事诗,所咏的是历史上唐玄宗和杨贵妃的故事。但对这样一篇为大家所喜读的作品,它的主题思想究竟是怎样的,却一直是古今研究者所争论的问题。但细细品味发现诗的目的很明确,就是让统治者以贪色为戒,从而堵塞祸乱的根源。整首诗通过唐玄宗因贪色而宠幸杨贵妃,从而使国家招致祸乱,也使自己陷于凄凉境地的故事叙写,说明贪色误国误身,要统治者引为鉴戒。中国自古以来就强调为政者要戒"三贪",因为"三贪"危害国家,会引发出国家的祸乱。一是戒贪功,因为贪功就会不实事求是,就会弄虚作假,就要独断专行,就要打击别人抬高自己,从而引发祸乱;二是戒贪财,因为贪财就要不择手段地搜刮聚敛,引起民怨,招致祸乱;三是戒贪色,因为贪色极容易荒败、乱政,最后导致失政。贪色误国误身的主题思想,直到今天仍有现实意义。在社会主义市场经济的大潮中,有些人不是经不起金钱美色的诱惑,走上了犯罪道路,从而给党和国家造成了严重损失和不良影响,同时也毁掉了自己的前程吗?因此,有的人,特别是有的领导干部实在应当牢牢记住贪色误国误身的历史教训,注意洁身自好,千万不能贪恋女色。

参考文献

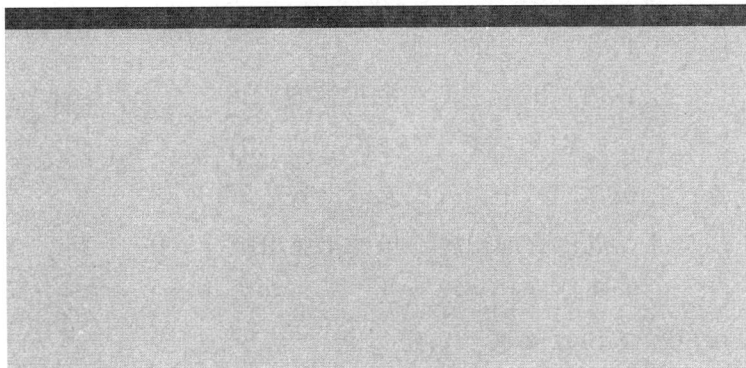

[1] 胡月星:《领导干部健康读本》,中国人民大学出版社2005年版。

[2] [中国台湾]蓝采风:《挑战压力》,中国纺织出版社2001年版。

[3] 李剑锋:《组织行为管理》,中国人民大学出版社2000年版。

[4] 肖永春、齐亚丽:《成功心理素质训练》,复旦大学出版社2005年版。

[5] 高伟:《心理调适能力》,人民出版社2005年版。

[6] 许倬云:《从历史看领导》,广西师范大学出版社2006年版。

[7] 许倬云:《从历史看管理》,广西师范大学出版社2005年版。

[8] [英]伯特兰·罗素:《罗素自选文集》,商务印书馆2006年版。

[9] 俞文钊:《领导心理学导论》,上海教育出版社1999年版。

[10] 袁建志:《"冲突"会毁了整个团队?》,《当代经理人》2005年第2期。

[11] 沙献玉:《领导人际关系学》,北京中国国际广播出版社1990年版。

[12] [美]B. E. Gilliland,R. K. James 著,肖水源等译:《危机干预策略》,中国轻工业出版社2000年版。

[13] [美]劳伦斯·巴顿:《组织危机管理》,清华大学出版社2002年版。

[14] [美]诺曼·R. 奥古斯丁等,北京新华信商业风险管理有限责任公司译校:《危机管理》,中国人民大学出版社2004年版。

[15] 张玉波:《危机管理智囊》,机械工业出版社2003年版。

[16] [美]J. P. 韦斯:《快乐的自我——自我发现与心理调适实用方法》,重庆出版社1997年版。

[17] [美]卡瑟琳·C. 卡拉斯:《怎样解除焦虑与烦恼》,科学技术文献出版社1990年版。

[18] [日]多湖辉:《奇妙的自我心理暗示》,世界图书出版公司1991年版。

[19] 吴应快、张志强:《扫雷——企业不得不面对的危机公关》,东方出版社2004年版。

[20] 张玉波:《危机管理智囊》,机械工业出版社2003年版。

[21] [美]劳伦斯·巴顿著,符彩霞译:《组织危机管理》,清华大学出版社2002年版。

[22] 翁国旗:《突破停滞》,清华大学出版社2004年版。

[23] 石林:《健康心理学》,北京师范大学出版社2001年版。

走
CELAD
中浦院

领导心理调适案例

［24］黄丽、罗健:《肿瘤心理治疗》,人民卫生出版社 2000 年版。

［25］郑日昌:《学校心理咨询》,人民教育出版社 2004 年版。

［26］蔡长水、刘振华:《新世纪党建九大问题》:江苏人民出版社 2001 年版。

［27］《中国共产党艰苦奋斗 100 例》,中共中央党校出版社 2000 年版。

［28］廖成林,深圳市纪委:《沉浮与反思·续集:1994—1999 深圳反腐败典型案例点评》(下),海天出版社 2000 年版。

［29］中国日报社:《财富·中国——北京〈财富〉全球论坛·思维的盛宴》(第二版),新世界出版社 2005 年版。

［30］胡月星:《领导干部心理健康刍议》,《领导科学》1998 年第 6 期。

［31］李中海、廖建桥:《现代企业中的工作压力管理》,《工业工程》2001 年第 4 期。

［32］仲祖文:《要重视和关心干部的心理健康》,中共中央机关刊物《求是》,红旗论坛 2005 年第 16 期 。

［33］张树兴:《领导心理健康与领导的有效性》,《昆明理工大学学报》,1997 年 10 月,第 22 卷,第 5 期。

［34］初春华、程宝华:《维护心理健康,构建社会和谐》,《广东省社会主义学院学报》,2006 年 1 月,总 22 期,第 1 期。

［35］舒小兵、廖建桥:《工作压力研究:一个分析的框架——国外有关工作压力的理论综述》,《华中科技大学学报人文社会科学版》2002 年第 5 期。

［36］高飞、陈龙:《企业员工应激源的因素结构研究》,《中国临床心理学杂志》2004 年第 3 期。

［37］徐兴宇:《正确对待领导工作中的非正常压力》,《领导科学》2004 年第 20 期。

［38］姜文锐、马剑红:《公务员和企业员工工作生活压力比较研究》,《人类工效学》2003 年第 3 期。

［39］冯百侠等:《领导干部的心理障碍与心境调适》,《健康心理学杂志》1998 年第 6 期。

［40］张玲等:《关于领导干部心理健康状况的调查与分析》,《理论与现代

化》2002 年第 4 期。

[41] 霍团英:《中青年处级干部心理健康及人格特征调查分析》,《中国健康心理学杂志》2004 年第 4 期。

[42] 张树兴:《领导心理健康与领导的有效性》,《昆明理工大学学报》1997年第 5 期。

[43] 李新华等:《中年知识分子心理健康影响因素分析》,《健康心理学杂志》2003 年第 8 期。

[44] 高兴武:《领导者与下级的协调艺术》,《行政论坛》2003 年 1 月。

[45] 谢玉国:《赢得认同和领导沟通艺术》,《经济论坛》2003 年第 15 期。

[46] 袁燕红:《内蒙古科技与经济》,《浅论职业生涯规划设计》2004 年第20 期。

[47] 尹征刚:《河南教育学院学报》,《员工职业发展研究》2004 年第 1 期。

[48] 陶济:《构筑反腐败的心理防线》,《反腐在线》,资料通讯,2006 年第2 期。

[49] 江泽民:《全面建设小康社会 开创中国特色社会主义事业新局面》,《人民日报》2002 年 11 月 8 日。

[50] 陈毕君、刘旭、吴文平:《腐败犯罪心理实证分析》,《公安学刊》2004 年第 6 期。

[51] 尚百花:《权利腐败行为心理分析》,《安阳工学院学报》2005 年第3 期。

[52] 戴先君:《影响党政干部为政清廉的心理障碍分析》,《南京政治学院学报》1997 年第 2 期。

[53] 朱效梅:《腐败的根源》,《探求》2004 年第 1 期。

[54] 康杰、王丽英、陈绍辉:《试论腐败现象的社会心理成因》,《辽宁商务职业学院学报》2002 年第 4 期。

[55] 赵德昌:《腐败心态分析,反腐倡廉》,1996 年 9 月号(总 54 期)。

[56] 戴先军:《影响党政领导干部为政清廉的心理障碍分析》,《南京政治学院学报》1997 年第 2 期。

[57] 《领导者的健康情绪及其培养》,《辽宁教育学院学报》,第 15 卷,1998

年第 1 期。

[58] 朱效梅:《腐败的根源分析》,《探求》2004 年第 1 期。

[59] 尚柏花:《权利腐败行为心理分析》,《安阳工学院学报》2005 年第 3 期。

[60] 李华俊:《论加强领导干部的人格培养》,《探求》1997 年增刊(新 37 期,总 100 期)。

[61] Rogers. On Becoming A person[M],Boston :Houghton Mifflin company , 1961.

[62] Spielberg CD ,Reheiser EC. Measuring occupational stress:the job stress survey, In Rick Crandall and Pamela L. Perreme (Eds.). Occupational stress:A Handbook, 1995.

[63] 蔡丽琼:《也谈〈长恨歌〉的主题思想》,楚雄州政府网站,http://www. cxz. gov. cn。

[64] 黄平用、朱保国:《对反腐败的十种心态》,《改革参考》,http://www. cnki. net。

[65] 反腐倡廉,领导干部要保持健康心态,http://www. cnki. net。

[66] 胡锦涛,在学习《江泽民文选》报告会上的讲话,2006 年 8 月 15 日 16 时 22 分,来源:新华网,http://news. tom. com。

[67] 《危机管理 6F 原则与经典案例》,http://www. manage. org. cn/zt/ 06026weijiguanli/,2006 年 3 月 20 日。

[68] 《欧典品牌危机的非典型诊断》,http://www. shanyenet. com/ ypnew_ view. asp? id = 1898,2006 年 6 月 28 日。

[69] 《横向沟通:小心暗战还是痛快搞掂》,2005 - 9 - 14 ,http://www. hr. com. cn,中国人力资源网。

[70] 《危机管理 6F 原则与经典案例》,2006 年 3 月 20 日,http://www. man-age. org. cn/ zt/06026weijiguanli。

[71] 李绍章:《官员自杀的"非常 6 + 1"》,2006 年 2 月 26 日,http://www. lawexpert. cn/bbs/ printpage. asp? BoardID = 1&ID = 104474。

[72] 诺曼·R. 奥古斯丁:《对力求规避的危机的管理》,《哈佛商业评论》,

1995 年 11 月 12 日。

［73］王庆东：《慎交友，交益友》，《廉政论坛》，中国纪检监察廉政建设网，http：//www. jijian. net。

［74］《中国公务员制度的特点》：http：//news. xinhuanet. com/edu/2002 － 10/31 /content_614681. htm。

［75］《如何处理与此种下级的关系》，http：//zhidao. baidu. com/question/12289740. html？ si = 1 ,2006 年 9 月 13 日。

［76］全球品牌网，石章强：《跳槽，短线还是长线？——兼谈个人职业生涯规划》。

组稿编辑:张振明
责任编辑:刘彦青
封面设计:肖　辉
责任校对:吴海平

图书在版编目(CIP)数据

领导心理调适案例/郑日昌 编.-北京:人民出版社,2015.1
（领导案例丛书）
ISBN 978－7－01－014362－0

Ⅰ.①领…　Ⅱ.①郑…　Ⅲ.①领导心理学-案例　Ⅳ.①C933

中国版本图书馆 CIP 数据核字(2015)第 004046 号

领导心理调适案例
LINGDAO XINLI TIAOSHI ANLI

郑日昌　编

人民出版社 出版发行
(100706　北京朝阳门内大街 166 号)

北京龙之冉印务有限公司印刷　新华书店经销

2015 年 1 月第 1 版　2015 年 1 月北京第 1 次印刷
开本:710 毫米×1000 毫米 1/16　印张:18.25
字数:265 千字　印数:0,001-5,000 册

ISBN 978－7－01－014362－0　　定价:36.00 元

邮购地址 100706　北京朝阳门内大街 166 号
人民东方图书销售中心　电话 (010)65250042　65289539